JN034294

監査役実務入門 3訂版

ゼロから始める監査役監査

國吉信男／松永 望／柳澤文夫／加藤孝子

国元書房

3訂版の出版にあたって

本書は、日本監査役協会の監査実務部会の1つである非製造業第1部会第2グループの幹事4人が、新任監査役のためのテキストを作りたいという思いから出発しました。2012年に初版を出版し、会社法の大きな改正に合わせて版を重ね、今回3訂版の出版に至ったことは感慨深いものがあります。

当初は、会社法の改正点の説明と文中の内容を改正会社法と照らし合わせて、変更になった部分を見直すことを考えていました。しかしながら、2015年に改訂版を出版した後、コーポレートガバナンス・コードの実施や改正、有価証券報告書の内容を規定する内閣府令の改正、監査基準の見直しに伴う「KAM」の導入、また「収益認識に関する会計基準」の新設など、監査役を取り巻く環境は大きく変化し、複雑さを増してきております。会社法だけでなく、法務省令、内閣府令、会計基準、監査基準の改正や新設に対応するものにしなければならないことになり、改訂版と同様に今回の3訂版も大幅な見直しを行うこととなりました。その結果、最新の法令や会計基準等に準拠したものとなりました。

『監査役実務入門―ゼロから始める監査役監査―』は、はじめて監査役になった方々を勇気づけ、環境整備や職務の遂行を支援し、なるべく早く監査役として独り立ちできることを願って初版を上梓しました。その精神はいささかも変わっておりません。本書の特徴を以下に掲げます。

【本書の特徴】

① 長年監査に携わってきた者が協力して制作したものです。PART Ⅰの「監査活動雑感」などを通じて、監査役のやりがいや生きがいを感じ取っていただけたら幸いです。

② 就任したらまず知っておくべきことを、PART Ⅱ「監査役監査の基本」でまとめています。なかなか人には聞きにくい基本中の基本について取り上げました。

③ PART Ⅲ「年間監査活動」では、定時株主総会を起点に監査役の活動サイクルに合わせて、基本的な事項を解説しました。

④ 監査活動のなかで、個別に解説が必要な職務や知識として、「会計監査」、「内部統制監査」、「コーポレートガバナンス・コード」を取り上げ、PART Ⅳ～Ⅵで解説しました。

⑤ PART Ⅶでは、2021年3月から施行される改正会社法について、改正内容を

整理し、これまでと何が変わるのか、わかりやすく解説を加えました。

⑥　巻末に、「勘定科目の解説」と「資料集」をつけています。
資料集は、本書に掲載しているもの以外にWEBのみに掲載しているものがあります。すべての資料は、発行元である国元書房のホームページから無料でダウンロードすることができ、監査役の方々の効率的な監査に資するものと考えています。

⑦　コラム「CHECK!!」を11ヵ所設けています。これは、重要な論点（善管注意義務・忠実義務、経営判断の原則、監査役監査基準の重要性など）について、企業不祥事と関連づけて興味をもって、理解を深めていただくことを目的としています。企業不祥事は過去の判例を要約したものですが、事件そのものの詳細の記録を意図するものでなく、また、著者陣の私見を述べた部分もあることをご承知おきください。

本書の出版にあたって、国元書房　社長　國元孝臣氏には、コロナ禍のなか、数多く実施したオンライン編集会議にお付き合いいただき、一方ならぬご支援をいただきました。アンダーソン・毛利・友常法律事務所外国法共同事業　塚本英巨弁護士からは会社法、法務省令等の解釈について助言をいただきました。また、日本監査役協会　新井義洋氏には監査に係る立場からアドバイスをいただきました。この場を借りまして、感謝の意を表します。

本書が監査役等監査に携わる皆様のお役に立てることを念じて、結びの言葉といたします。

2021年2月

著者一同

改訂版の出版にあたって

はじめて監査役に就任したとき、監査役とは何か、まず何をやればいいのか、どの程度のことをやれば合格点がつくといえるのかなどについて、知識や経験をもっていない方が大半であるということを日本監査役協会の部会の活動を通じて知りました。そんな監査役の方々を勇気づけ、なるべく早く監査役として独り立ちできるようにと思い、自分たちがはじめて監査役に就任した頃を思い出しながら平成24年11月に初版を出版しました。

初版を執筆した監査役の一部は任期満了で退任しましたが、非製造業第１部会第２グループ（略称「B1－2G」）の新たな幹事が加わり、改正会社法の施行に合わせて改訂版を出すという目標を立て、編集会議を重ね、ここに出版の運びとなりましたこと、大変よろこばしく、読者の方々、ご支援いただいた方々に厚く御礼申し上げます。

当初は、法改正に伴う小規模な改訂にとどめる予定でありましたが、この機会に内容の充実を図ることとし、「コーポレート・ガバナンスと監査役」、「改正会社法の概要」という新たな項目を追加し、会計監査についてはより詳細な説明と重要な勘定科目の解説を追加することとしました。また、本文に関連した不祥事事例を要約し紹介することで、より理解しやすく、興味をもって、読み進めることができるような工夫をしました。

そのため、改訂とはいいながら、紙面の構成が大幅に変わり、国元書房　社長國元孝臣氏には大変なご協力を頂き、またご負担をおかけすることとなりました。厚く御礼申し上げます。同時に、本書が、読者である監査役の方々の監査活動のお役に立てることを祈念しています。

最後になりますが、本書では不祥事事例（裁判所の判決が出た事例に限定）について判例等をもとにその内容を簡単に紹介していますが、本書の内容の理解を深めて頂く目的で掲載したものであり、各事例に関係した方々の責任追及や誹謗中傷を意図するものではございません。

平成27年３月

編著者一同

はじめに

日本監査役協会は、監査役が相互に研鑽していく場として監査実務部会を設置しております。監査実務部会は監査役協会の会員であれば誰でも加入できる監査役の勉強会であり、情報交換や交流の場でもあります。

私たち4人は、そのなかの非製造業第1部会第2グループ（略称「B1-2G」）の第38期（平成22年9月〜平成23年8月）の幹事として、活動してまいりました。

実務部会における幹事の役割は部会員の皆様とともに、1年間の部会運営を担っていくわけですが、その延長線で、せっかく幹事を拝命し活動をしているのだから、何か部会員の皆様に役に立つ成果物を残したいとの考えが湧いてまいりました。

私たち幹事4人は議論の末、「幹事自主研究を行っていこう。」と合意しました。そして、具体的にはどういったテーマを選定したらよいかを協議した結果、各幹事とも自らが監査役に就任した当時、「監査役の仕事って何だろう」と素朴な疑問を抱きながら手探りで監査役活動を行ってきたことを思い起こし、「新任監査役のミニマムプラクティス」をテーマとして取り上げることにしました。その背景には、B1-2Gの先輩・同輩監査役からの情報や指導をいただいたことで現在の自分があるという共通認識がありました。

平成23年8月、小冊子『現役監査役の監査活動事例　－グッド・プラクティスを目指して－』にまとめ、B1-2Gの部会員に配布いたしました。その結果、部会員の皆様からはそれなりの評価をいただくことができました。

その後、国元書房さんから出版物にまとめてみないかとのお話をいただきました。私たち幹事4人は想像もしていなかった提案に素人の私たちがとてもできることではないと戸惑い躊躇しておりました。

国元書房さんから再度お話をうけたまわり、私たちは当初の原点に立ち戻り、新任の監査役が監査の仕事を最低限度イメージできるものにしたいと考えて当初の小冊子を見直し加筆してまいりました。

本書では、私たち幹事4人の監査役活動を振り返って、「監査役雑感」としてまとめました。また、監査役になったらまず何をすればよいのか、最低限知らなければならない知識とは何か、監査計画の策定から定時株主総会までの1年間の監査活動と重要なポイントなどを整理しました。また、末尾にチェックリストや調書その他諸々の資料を付けましたので今後の監査活動の参考にして頂ければと思っています。

当初の小冊子発行以降、昨年秋の大きな企業不祥事や会社法制の見直し等、監査役を取り巻く環境も大幅に変わろうとしております。監査役の存在が改めて問われる昨今ですが、これらを見据えたなかで、本書が新任の監査役はじめ、悩みながら監査活動をされている監査役の皆様に少しでも参考になれば幸いです。

なお、本書は第38期幹事の経験・知見・意見に基づくものであり、規範性を有しているわけではありません。また、著者それぞれの個人的見解に基づくものであり所属する会社の見解を示すものではないことをお断りしておきます。

平成24年11月

著者一同

目　　次

PART I 監査活動雑感―これまでの監査活動を振り返って―　1

PART Ⅵ　コーポレート・ガバナンスと監査役 129

PART Ⅶ　改正会社法の概要 137

資 料 一 覧

＊ BO は巻末「資料編」とホームページ掲載資料
＊ WO はホームページのみ掲載資料
http://www.kunimoto.co.jp/contents/audit/s_auditorguide3.html
資料の**ダウンロードが可能**ですので、ご活用ください。

【監査方針・監査計画】

- B1 監査方針・計画
- B2 年間監査活動計画（上場会社事例）
- B3 監査計画書
- B4 職務分担（非上場会社事例）
- B5 年間監査活動計画（監査役会非設置会社事例）

【監査役会の運営・監査日程等】

- W1 監査役会招集通知（株主総会終了後）
- B6 監査役会議事録（リモート開催事例）
- B7 監査役会議事録（株主総会後事例）
- B8 監査役会議事録（事例集）
- B9 監査役会・取締役会出席状況一覧
- W2 監査役選任議案に関する同意書（依頼書）
- W3 補欠の監査等委員選任議案に関する同意書
- W4 会計監査人再任決定通知書
- W5 常勤監査役選定書
- W6 特定監査役選定書
- W7 監査役報酬協議書
- W8 会計監査人報酬同意書
- W9 監査役会監査費用計画
- W10 監査役会監査費用計画（月別、費目別）
- W11 監査役会議事一覧
- W12 監査役協議会議事予定
- W43 社外役員の独立性判断基準

資料一覧

【事業所等の監査】

- B10 監査への協力依頼
- B11 部門監査結果報告
- W13 子会社往査依頼
- W15 営業部門業務監査調査票
- W16 事業部門業務監査調査票

【代表取締役等との定期会合】

- B12 代表者面談（依頼書）
- W14 幹部面談実施要領

【取締役会】

- W17 書面取締役会通知書
- W18 書面取締役会同意書（取締役）
- W19 書面取締役会監査役異議の有無に関する書面
- W20 取締役会監査調書①
- W21 取締役会監査調書②
- W22 取締役会監査調書③

【期中監査】

- B13 中間監査実施結果報告
- W23 月次業績の推移表（貸借対照表・損益計算書）
- W24 損益概況分析
- W25 経費見込分析

【期末会計監査】

- B14 棚卸資産チェックリスト
- B15 貸借対照表の推移と分析
- B16 損益計算書の推移と分析
- B17 計算書類監査記録
- B18 計算書類監査調書
- W44 有価証券報告書チェックリスト
- W46 分配可能額計算シート

資料一覧

【事業報告、業務監査】

- B19 事業報告等チェックリスト（上場会社事例）
- B20 事業報告監査調書（非上場会社事例）
- B21 競業・利益相反・無償の利益供与　監査調書
- B22 内部統制チェックリスト（会社法）
- B23 財務報告に係る内部統制チェックリスト
- B24 内部統制監査実施結果
- W26 会計監査人報酬の監査
- W45 会計監査人の評価調書

【監査報告書】

- W27 監査報告書根拠資料一覧
- W28 監査報告書ひな型（日本監査役協会へのリンク集）
- W29 監査報告送付書（会計監査人宛）

【定時株主総会】

- W30 定時株主総会関連日程（上場会社）
- W31 定時株主総会までのスケジュール（非上場会社）
- W32 期末から定時株主総会までの監査の方法と内容
- B25 定時株主総会監査結果報告（上場会社事例）
- B26 定時株主総会前後の実施事項の監査
- B27 定時株主総会前後の実施事項の監査（電子提供措置をとる場合）
- B28 株主総会監査役口頭報告事例
- B29 株主総会想定問答　事例①
- W33 株主総会想定問答　事例②
- W47 株主総会監査チェックリスト
- B32 備置書類の監査

資 料 一 覧

【諸様式等】

B30 取締役職務執行確認書（提出依頼）

W34 職務執行確認書提出依頼（監査等委員会）

B31 取締役職務執行確認書

W35 職務執行確認書（監査等委員会　取締役）

W36 職務執行確認書（監査等委員会　監査等委員）

W37 職務執行確認書　参考法令と解説

W38 職務執行確認書　報告書

W39 監査役職務執行確認書

W40 監査役監査基準と実施状況（上場会社事例）

W41 監査役監査基準（中小規模会社事例）

W42 監査役会規則（上場会社事例）

【凡　例】

（法令・基準）

会社法	会
会社法施行規則	施規
会社計算規則	計規
金融商品取引法	金商法
監査役監査基準	監査基準
内部統制システムに係る監査の実施基準	実施基準
監査役監査実施要領	実施要領
新任監査役ガイド	ガイド

＊記載事例

会社法 130 条 2 項 1 号　→　会 130 ②一

※本書における「監査役」という用語は、基本的に「監査等委員・監査委員」も含んだ意味で使用しています。

PART I 監査活動雑感

―これまでの監査活動を振り返って―

監査役の12年間を振り返って
――会社を良くする監査役を目指して

國吉　信男

1. 略　歴

1969年　㈱東芝入社
オーディオ・ビデオ部門、デジタルプロダクツ部門等に在籍、事業部門の企画担当として、経営企画、マーケティング、組織・人事などを担当

2001年　子会社の取締役に就任
エンジニアリング部門の責任者、営業コンプライアンス責任者等を担当

2007年　フォートラベル㈱常勤監査役に就任

2016年　㈱メトロ常勤監査役に就任

2. はじめに

東芝の定年を控え、先行きのことを考え始めた頃、知人から監査役を探している会社があるという話がありました。今までとまったく違う世界で新しい仕事にチャレンジしてみたいという思いで応募し、IPOを目指していたフォートラベルの監査役に就任することになりました。まずは、4年間しっかりやろうと思って監査の世界に入りましたが、なんと3期12年間も監査の仕事を続けることができました。

今は、最初に仕事を紹介をしてくれた方、2社の経営者やそこで一緒に仕事をした社員の方々、親しく交流していただいた日本監査役協会の方々に感謝しつつ、私

の監査役としての12年間を振り返えることで、少しでも、新任監査役の皆様のお役に立てればという気持ちで書かせていただきました。

3. 就任当初の状況

これまでの社会人としての経験と会計の知見を活かせばなんとかなるだろうという気楽な気持ちでしたが、監査役になって、社長からまず監査計画をつくってくださいといわれました。そういわれてみると恥ずかしい話ですが、「監査役の仕事とは何か」がわかっていないことに気がつきました。創業間もなく、前例もなかったので、とりあえずは、幹事証券会社から提出を求められたもの（監査計画、各種調書、規程等の整備、監査役協議会の設置、各種議事録の整備）について、監査役監査実施要領などを参考にして、内部監査担当者と話し合いながら対応していきました。

また、本格的に勉強しようと思い、日本監査役協会に入会しました。最初に受講した笹尾会長（当時）の講演、続いて受けた西山教授の研修会に参加して、「監査役とは何か」についてのイメージができました。

印象に残った言葉をあげてみます。

- ・監査役は監査活動を通じて会社の発展に貢献しなければならない。
- ・監査役の仕事は個人属性が強く、方法は自分自身で考えなければならない。
- ・監査役は経営の視点をもった監査人である。
- ・監査役による監査は対話的調査と説得的是正である。

これまでの経験を活かして、経営者の視点をもち、取締役の職務の執行を監査し、必要に応じて意見を述べ、是正を求めればよいと納得し、「会社を良くする監査役」を目指すことにしました。また、基本方針のトップは、「監査活動を通じて会社の持続的発展に貢献する」としました。

4. 監査スタイルの確立を目指して

考え方が決まって、少し落ち着いた気持ちになりました。

ところが、この年に大阪で開催された第65回監査役全国会議における「会社法施行下における中・小会社監査のあり方」という分科会に出席し、衝撃を受けました。

監査役としての知識を磨くことは当然ですが、チェックリストに基づき、監査すべき項目をきちんと押さえていくという姿勢が欠けていたことを認識しました。この後、「自分はどんな監査をやればよいのか？」と問題意識を新たにし、実務部会に出席したり、いくつか本を読んだりして考えました。

まず、自分なりの監査スタイルを確立したいと思いました。

全国会議の資料を参考にして、調書やチェックリストのひな型をつくり、できるところから段階的にやっていくことにしました。

次に、監査報告書の記載事項に自分自身が納得し責任をもつためには、どのような監査活動を行うべきかを考え、その結果以下を実行することにしました。

① 四半期を1サイクルとして、会計監査・業務監査を行い、この結果を社長ならびに取締役会に報告する。

② 四半期ごとに取締役や部門長等と面談し、その結果を整理し自分の意見を添えて社長に報告する。

③ 全国会議の資料をもとにして、当社の状況や自分のスタイルに合わせて、チェックリストや調書のひな型を作成し、これに基づき監査を行う。

④ 監査実務部会には欠かさず出席し、参考になることは取り入れて実行する(たとえば、業務日誌の作成)。

⑤ 内部統制システムの整備と監査対応

監査実務部会のメンバーの方から内部統制の監査のチェックリストをいただき、当社の実情に合わせてアレンジしました。チェックリストと当社の状況を照らし合わせるとリスク管理が合格点に到達していないことに気がついたので、リスク管理委員会を立ち上げるよう要請しました。

年度末までに合格ラインを確保するために、自分なりにリスクを抽出し、ウエイト付けをしてリスク管理表（案）を作成し、経営企画室（事務局）に渡しました。

期末までにはある程度のレベルに到達し、なんとか間に合いました。上記(①～⑤）を行ったことで、ある程度納得できる監査ができるようになったと感じました。

5. 日本監査役協会について

監査役協会に入会してすぐ、監査実務部会（非製造業第1部会第2グループ：略称 B1-2G)に参加しました。月1回の部会は、重要な会議と重ならない限り出席し、部会の後の懇親会にも極力参加しました。知識は研修会等に出席したり本を読んだりすることで得ることができますが、実際どのような監査をすればいいのかなどのノウハウを得ることはできません。また、同じ目的をもった仲間との交流は貴重で、励まされることも多くありました。

2010年には、思いがけず、幹事をやってほしいと依頼を受けました。なぜ私にと思いましたが、その理由は、部会と懇親会への出席率が高いからというものでした。

4人体制でお互いにカバーし合ってやっていけばよいといわれて、引き受けることにしました。多忙にはなりましたが、監査役になったら誰でも孤独感を抱くといわれるなか、ネットワークが広がり、他社の監査役とのコミュニケーションが深まり、張り合いもできてよかったと思っています。

非製造業監査実務部会に参加する一方、会計監査実務部会にも参加しました。ここでは、主として、会計基準を学習する分科会に所属しました。テーマごとに小グループ編成で討議し、分科会で発表する形式で運営されており、会計基準の動向や基礎知識（最近の事例では、「KAM」や「収益認識に関する会計基準」など）を学習することができ、有意義でした。また、日本監査役協会が主催する「新任監査役情報交換会」の講師や「会計監査人非設置会社の監査役の会計監査マニュアル」作成ワーキンググループのメンバーを委嘱され、こうしたなかで、財務・会計に関する知見を深めることができたことも幸いでした。

6. 監査役の存在意義、やりがい

監査役の存在意義は何だろうか？　私は会社にどのような貢献をしているのだろうか？　このことはよく考えました。

自分自身がこれをやりたいと思っても、実行する立場ではないため、まどろっこしい思いや無力感を感じたこともありますが、経営者との信頼関係を構築し、監査役としての意見・提言を少しでも多く取り入れてもらうことを目標にしてきました。自分なりに心がけてやってきたことを以下にまとめてみました。

① 大丈夫だろうと思っても、手を抜かないで監査を行うことにより、業務の適正が確保される。きちんと仕事をしている部署や担当者に対しては、監査役が業務品質を保証し、評価することで、経営者からの評価も上がり、担当者のモチベーション・アップにつながる。

② 面談のなかから出てきた従業員の意識や会社としての対処すべき課題などを整理して、取締役等にフィードバックすることによって、会社運営の参考としてもらう。

③ これまでの経験を活かし、客観的な立場で、会社運営についての助言や提言を行う。このなかでなるほどそうだと思ってもらったことを実行してもらい、それによって会社が良くなる。

　主旨は理解してもらっても、実行につながらないことも多いのですが、提言したことをリストにし、実施状況を粘り強くフォローする。

④ 社外監査役として、会社の常識が世間の常識と違っている点があれば、これを指摘する。

最後になりますが、監査役として最も大事なことは、日常の活動において、自らの意見を勇気をもって発言し、会社として道を誤ることがないよう、導いていくことではないかと考えています。このことは、簡単なことではありませんが、肝に銘じておかなければならないと思っています。

長年の監査役経験を振り返って

松永　望

1. 略　歴

1971年　大協石油㈱（現コスモエネルギーホールディングス㈱）入社
　財務、総務、人事、広報、製油所副所長を経て同社総務部長に就任
2001年　子会社の常務取締役として、企画、人事、総務、経理を担当
2007年　㈱パイプドビッツ（(現) パイプドホールディングス㈱）入社
　執行役員経営企画管理本部長として管理部門を担当
2008年　同社常勤監査役に就任
　日本監査役協会実務部会幹事、理事に就任
2018年　同社常勤監査役を退任
2019年　みんなのマーケット㈱常勤監査役に就任

2. はじめに

この「監査役実務入門　ゼロから始める監査役監査」をはじめて出版してから10年が経とうとしています。元々は日本監査役協会の実務部会の会員の皆様にお役に立てるのならという気持ちから、監査役仲間と作成したのが始まりでした。その後、2012年11月に初版を発行し、2015年4月の会社法に合わせて改訂版を出し、この度、2014年と2019年の会社法改正に伴い3訂版を出すことができました。

はじめから参加していた國吉信男氏、栁澤文夫氏に加え、新たにベテラン監査役である加藤孝子氏に参加いただき改訂版を見直すこととなりました。

この間、勤務する会社は変わったものの、通算13年ほど監査役を務めていたこととなり、以前から比べ監査役の責務も一層重くなってきていると実感しています。そこで、この十数年の監査役経験から感じたことについて、以下に述べてみたいと思います。

3. 再就職するにあたって

最近は60代半ばで定年退職したのち、別の会社で再就職することも普通になってきています。その際、元の会社とはつながりのない中小規模会社の取締役や監査役に就任することも多いと思います。役員等に就任するにあたり、通常はトップ（社長）との面談が1～2回は行われ、相手も自分がどのような人物か見極めたい、こちらも相手の人物像を把握して、お互いうまくやっていけるか、マッチするかを判断することになります。ただ1～2回の面談でお互い相手の状況がすべてわかる

ことはないと思います。そこで、監査役に就任する場合は、就職先の社長の人柄や会社の状況をよく知っている人からの紹介が特に望ましいでしょう。

中小規模の会社では、代表者である社長の人柄をみれば、その会社の状況がある程度は判断できるものです。特に、皆様も何十年という社会人経験をしていることからその会社の状況はひと目でわかると思いますので、再就職にあたっては今までの体験を活かしていただきたいと思います。

4. トップの姿勢

トップの行動基準はその会社を判断する場合のバロメーターになります。以前の会社では会社に3つの基本的な方針がありました。その1つがフェアプレーの精神でした。方針があったとしても、それがトップから部下まで徹底して周知されており、かつ、実行されていないと意味はありません。特に、トップが率先してその方針に沿った行動をとっているかが重要です。前の会社では、社長が外部で講演した際に受領した講演料について、その帰属を会社にしていたことがありました。トップが公私のけじめをしっかりつけることで、他の役員や社員にフェアプレーの精神は徹底されるのではないでしょうか。結局は、トップの姿勢によって会社の方向は決まるものであると実感しました。

5. トラブルに遭遇したら

監査役を10年以上務めていると不祥事とはいわないまでも、何かしら問題に直面することがあるものです。その場合、どのような行動をとるかによって、その後が決まるものです。

取締役から監査役へトラブルの内容が報告され、一緒に解決の方向を探るということであれば大変好ましいことですが、現実には監査役には最後に報告されたり、監査役から取締役に確認してはじめて事実が明らかになることも多いものです。

不祥事等が発生した場合、大会社の監査役であれば常勤の監査役も複数いるし監査役スタッフ等もおり、対応策を検討することも可能ですが、中小規模の会社では、常勤監査役が1人いるだけで相談する相手もいないで悩み込んでしまうというのが現実です。

このような場合、上場会社であれば社外の監査役に情報を共有し一緒に検討することが第一でしょう。問題の重大さによっては社外の取締役とも協議する必要が生じるかもしれないので、社外の監査役、取締役とは日頃からなんでも話せる関係、意思疎通を図っておくことが大切です。

以前の会社では特別に問題がなくても、年数回ですが社外の取締役を交えて意見交換会を開催し、普段から交流を深めておりました。

一方、非上場の会社では常勤監査役が1人で、社外の監査役、取締役もいないというケースも多いと思います。その場合は、トラブルの内容にもよりますが、ベテランの監査役仲間に相談するとか、監査役協会の法律相談を利用するとか、監査役の権限行使の一環として弁護士に相談するなどの対応が必要でしょう。いずれにしても、トラブルの場合は1人で悩まないことが早く解決する一番の近道と思いますので、日頃から相談できる監査役仲間、会計士、弁護士などの専門家とのパイプを構築しておくことが大変重要ですし、役に立つと思います。

6. 執行側とのコミュニケーション

上記5で述べた不祥事対応は、事件等が起きた後の事後対応となります。監査役としては、そのような事件や事故が発生する前に、それらの兆候を発見し事前に対策を打つことが本来の職務です。事前に対策を打つにしても情報がなければ対応がとれませんので、普段から社内の情報の収集に努めておく必要があります。社員からの情報、稟議書、契約書、部署のヒアリング等あらゆる手段を使って情報を集めておくことが大切です。でも究極の情報収集はトップから直接話を聞くことでしょう。今、社長が何を考えているか、どのような行動をとろうとしているのかなどは、直接面談することにより具体的な話はなくとも、会話のなかから伝わってくるものです。通常、監査役の監査計画では、年に1～2回ほど代表者との面談を行うことになっていると思いますので、この面談の場を有効に活用すべきです。さらにこの面談の場以外にもフランクに話せる機会をもつことも重要で、監査役から代表者に積極的なアプローチも必要だと感じます。

このような情報収集により会社の動きを把握し、そこから想定されるリスクを推測し対応策をとることにより、事後処理ではなく事前対応によるリスク回避へとつながるのではないでしょうか。

また、他社で起こる不祥事は自社でも同じような事象が起きていないか、監査役としては確認をしておくことは必須事項でしょう。

まとめとして、日本監査役協会のケース・スタディ委員会から2012年9月に公表された「重大な不祥事の疑いを感知した際の監査役等の対応に関する提言」をご覧いただき、不祥事等への対応に役立てていただきたいと思います。

7. 最後に

本書は監査役に就任したばかりの方に対して、監査役とは何か、監査は何から始めたらよいのか、年間の監査活動にはどのようのものがあり、資料は何を作成したらよいかなどをまとめたものです。新任の監査役においては、これらの資料を参考に監査調書等の証跡を残し、年度末の監査報告書の根拠資料としていただきたい。その後、監査役にも慣れてきた時期には、それまでの経験を活かして自分なりに工夫した監査手法を見つけ、改善を進めていただければ幸いです。

監査役から監査等委員へ、15年間を振り返って

柳澤　文夫

1. 略　歴

1970年	㈱大沢商会入社 写真機材の販売部門にて営業ならびに営業スタッフ業務を担当
1984年	会社更生法の申請により同社を退職
1985年	㈱ケー・エフ・シー（旧社名　建設ファスナー㈱）入社 消費財販売部門の営業業務担当後、1991年経理部に転属し、上場申請に関与
1997年	大証2部（現東証2部）に上場、1998年経理部長に就任
2003年	執行役員東京管理部長に就任
2005年	常勤監査役に就任し、2期8年在任
2014年	㈱フリークアウト・ホールディングス（旧㈱フリークアウト）に入社し、監査役に就任
2014年	東証マザーズに上場し、常勤監査役に就任
2016年	持株会社ならびに監査等委員会設置会社に移行し、取締役常勤監査等委員に就任
2020年	取締役常勤監査等委員重任、現在3期目、監査役を含め7年を経過中

2. 監査役になったときのこと

今から15年前のことでした。執行役員東京管理部長として東京本社の経理・総務を統括していた折、会長に呼ばれ、監査役に推薦する旨の話をいただきました。57歳のときのことで、できれば2期務めてもらいたいという内容で断れるはずもなく、「ありがとうございます」との返事が、私の監査役としてのスタートでした。

2005年の定時株主総会を経て、監査役に就任したものの、監査役とは何をすべきか、何をしなければならないのかが、まったくわからない状況でした。幸い、前任の監査役が日本監査役協会に会員会社として登録していたことがわかりました。前任の監査役からは、特段に日本監査役協会の情報や引継ぎもなく、恐る恐るではありましたが、日本監査役協会の扉をたたいてみました。

7月半ば、新任の監査役に対するガイダンスが、日本監査役協会の専務理事の解説により開催されました。「皆さんが新入社員として入社されたとき、将来監査役

になりたいと思われた方はいませんね」という専務理事の言葉が、今でも印象に残っています。新たな役職の第一歩を実感しました。また、日本監査役協会の監査役サポートの一環として研修会制度があること、毎月機関雑誌が発行され監査役にとって必要な情報が時期に合わせて掲載されていること、実務部会と称する監査役相互の勉強会が組織されていることなどを知りました。

新任監査役ガイダンスに続き、8月開催の有意義だった新任監査役合宿研修会にも参加させていただきました。主催は日本監査役協会関西支部、合宿研修の会場は滋賀県長浜にて1泊の研修でした。全国から新任の監査役が集まり、グループ分けがなされ、各グループは関東エリア6～7名・関西エリア6～7名の構成で、先輩のベテラン監査役が講師として指導にあたってくれました。教えていただいた数々のうちで印象に残ったことは、執行側の仕事を監査役がしてはならない（するべきではない）ということでした。会社の執行側の組織に属し、上司の指示命令に沿って仕事をしてきた者として、それでは、監査役は何を、どう行動すべきかを考えるきっかけとなりました。長浜で同じグループに所属していた関東エリアの6名とはその後、情報交流を踏まえ懇親会を重ね、今でも年賀状をやり取りしています。

3. 監査役になってから

日本監査役協会の監査役サポート体制がわかるようになり、非製造業第1部会第2グループ（以下、「B1-2G」という）に新規加入いたしました。業務執行時代には、社長をはじめとする取締役からの指示や、配下や関連セクションとのコミュニケーションなど、あわただしい一日を過ごしておりましたが、それらの関係者とのコミュニケーションがほぼなくなり、孤独になっていた折でもありました。

就任後の新任監査役として、監査役の仕事をどう進めようか迷っていたなかでB1-2Gで教えていただいた情報をもとに、まずは監査計画を立案し、重要人物インタビュー・重要会議への出席・重要書類の閲覧・部門往査・子会社往査等、徐々にではありましたが、監査役監査を進めることができました。

2期8年を通じて、しっかりとした監査ができたかと胸に手を当てますと、残念ながら自信はありません。ただ自分なりに「監査役監査とは」と問うならば、社長が何を考え、どうしようとしているのかを、インタビューの折に遠慮がちでも構わないからお聞きし、理解することが重要なことだと思います。そのために先ほど掲げた、情報収集活動を必要に応じて行っていくことが大切だと思っています。

監査役活動のなかで1年ごとの節目が定時株主総会です。開会後、議長の指名により、監査役の口頭報告を行ってきました。定型的な文言ではありますが株主の皆様に対して、当社が1年間大過なく過ごすことができた証ではないかと思っています。株主総会が平常通り終了して、はじめてその期の監査が終了との認識でいます。

さて、その間、取締役の職務の執行を監査する立場として、それなりの出来事に遭遇してきました。1つは取締役が協力会社から利益供与を受けた件、1つは取締役の立場にありながら会社の資本政策を逸脱した件など、少ないながらも監査役として毅然とした対応が求められた件も大きな経験となりました。

4. 日本監査役協会での活動について

日本監査役協会でのB1-2Gには、加入直後はスケジュールが重なったこともあり、初年度の出席率は約5割でした。1年が経過し2年目も半ば、幹事の方から部会での発表を依頼されました。自社の実務の話をするのは気が進まず、固辞した(当時の部会では発表をOKする人が少なかった。幹事の大きな仕事となっていた)のですが、押し切られ発表しました。終わった後から考えると、お引き受けしてよかったと思っています。第1にそのテーマについて真剣に考え、レジュメにまとめる段階でテーマに対する会社の状況を把握できたこと。第2に微力ではあるが先輩監査役をはじめとした部会の皆さんにお返しができたこと（それまでのTake & TakeからちょっとだけGive & Takeになりました。）第3にこれが本当の一番なのですが、ひな壇の前で発表したことで皆さんに自分を覚えてもらえ、その結果皆さんと仲良くなれたこと。お陰で懇親会にも出席し、はじめて監査役の皆さんの幅の広さや奥の深さがわかるようになりました。皆さんはそれぞれの会社でそれなりの仕事をこなしてきて、経験も自分の意見もしっかりもっている方々で、執行側の様にアクの強さを出さずにお互いが何の気兼ねもなく話ができる、そんなコミュニケーションの場に参加することができました。

監査役を大過なく過ごした頃、日本監査役協会ではB1-2Gの幹事を4年ほど務めさせていただきました。また、幹事等の経験年数等を鑑み、協会からの理事就任要請を受け、2013年6月に監査役を退任するまで中小規模会社出身の理事として務めさせていただきました。その間、心がけていたこととして、理事会が大規模会社の重厚長大企業出身の監査役で占められているなかで、中小規模会社のニーズをどのように理事会（日本監査役協会の運営）に反映させることができるかで、同時期に就任した中小規模会社監査役と勉強会を開き、理事会に出席するよう努めました。事務局のサポートがあったからこそ担えたものと、今でも感謝しています。

そして、非製造B1部会の歴代幹事等有志の方々が主催する現役監査役・監査役OBの会にもお声がけいただき、2007年から続いている会（年2回開催、今年27回目終了）に、現在も加入させていただいています。

5. 監査役を浪人

2013年6月の監査役退任を前に、この間、公私にわたりお世話になった監査役の発議により、私のための監査役卒業懇親会を開いていただきました。これまで親しくお付き合いいただいた監査役仲間の皆さん40数名に参加いただいての送別会でした。皆さんからいただいた「もう一度監査役となって戻って来てください」というはなむけの言葉が、退任後、65歳を過ぎ第2の人生は年金生活を基盤に過ごそうと思っていた自分にとって、再度のチャレンジの大きなモチベーションとなりました。そのため、日本監査役協会の人材バンクに登録し、履歴書・経歴書をブラッシュアップしてオファーを待っていました。しかし、人材バンク担当者の話ならびにデータによると、リーマンショック後の就任率は、65歳以上では0%とのことで、現実の厳しさを改めて実感することとなりました。人材バンクでの状況の一方、先輩監査役や同年代の監査役仲間からの、IPOを目指す若い会社が監査役を求めているとのことで、その紹介で退任後の6月以降面接を受けさせていただくこととなりました。何度かの紹介ののち、2014年1月に現在の㈱フリークアウト・ホールディングス（旧㈱フリークアウト）の面接を経て、同年2月に監査役として就任しました。半年の浪人生活がここでピリオドとなりました。

6. IT関係の若い企業で

就任時の臨時株主総会では、機関設計を監査役会設置会社に変更し、3人目の非常勤監査役として就任しました。当社は2010年10月に現社長が起業した、当時創業3年半の会社で、すでにIPOのクロージングに差しかかっているところでした。就任後、常勤監査役から会社の概要説明を受け、4月には幹事証券より監査役ヒアリングを常勤監査役と同席し、5月にはマザーズ上場のため、東証からの監査役ヒアリングを同じく常勤監査役と受けました。IT系の若い力のある会社として、6月には創業以来3年8ヵ月のスピード上場を果たす結果となりました。

前職の会社は、現在、創業55年経過の建設関連の会社で、1997年に大証2部（現東証2部）に上場を果たしています。両社を比較することにあまり意味はありませんが、会社の置かれた状況をもとに企業ノウハウの構築や企業文化の育成を行い、企業社会を巧みに乗り切ってきた結果と思います。

現在の当社は、IT業界という環境のなかで、いかにスピード感をもって事業を展開していくかにかかっているように思われます。私が監査役として就任してから2年後、2016年12月の定時株主総会では、事業会社を切り出し、持株会社に移行しました。国内事業では、国内子会社を上場させ、海外では自社拠点の展開や海外M＆Aによる子会社化など、ボーダレスなビジネス展開を行っています。スピード経営が求められるIT業界の戦略として、事業ポートフォリオの多角化を図り、さらなる企業価値の増大を目指しているものと認識しています。

7. 監査役から監査等委員へ

2014年の改正会社法の頃から、社外取締役の設置が叫ばれてまいりました。社長との面談において、そのことを議論しました。2015年の事業報告での記載「社外取締役を置くことが相当でない理由」に従い、社長には引き続き人材の確保をお願いしました。翌年の社長面談で再度、社外取締役選任の議論を行いました。その結果、前年と同様、社外取締役の確保が難しいことがわかりました。この年から当社の戦略として、持株会社に移行することを決めていましたので、あわせて、監査等委員会設置会社への移行を提案しました。2016年12月の定時株主総会にて、大きな2議案の決議を経て、監査等委員会設置会社へと移行しました。監査役会から監査等委員会へ移行して現在、4年経過しました。現在、日本の上場会社数はおおむね3,800社で、監査等委員会へ移行した会社は現在1,000社を超えているとのことです。

監査役会設置会社から監査等委員会設置会社へ移行してから、よく聞かれる質問が、「今までとどう違いますか」です。私の答えは2つです。1つは監査について、基本的に変わりませんと回答しています。監査等委員会設置会社は法令上常勤の監査等委員の義務化はしていません。当社では、定款により、常勤を置くことができるとし、監査等委員会規程も同様にしました。法令は、常勤の有無にかかわらず、内部監査機能を活用することにより、監査の実効性を確保することを期待していますが、中小規模のスタートアップ企業にとっては、充分な人的資源を内部監査に投入することは難しいのが実情です。中小規模会社である当社としては、常勤の監査等委員が自ら行った監査活動から監査結果を導き出すことが妥当と思えております。2つ目は取締役監査等委員として就任していますので、取締役会での議決権が付与されています。このことは、取締役会の出席に向けて、大きく意識が変わりました。議案に対しての賛否が直接に自己判断として責任をもたなければならないため、賛成のときは堂々と賛成の意思表明を行い、賛成するのに必要な情報や条件を踏まえなければならない場合には、さらなる説明を求めるようにしています。

8. 最後に

前職での監査役を2期8年務め、現在の当社で監査役を2年、監査等委員を4年務め現在5年目となりました。15年間の監査役職を通じて、監査役の仕事と向き合ってきましたが、結論を得て胸を張っていえるものはまだ見い出せていません。日頃、執行の皆さんには、「私は言う係、やる係はあなたですよ」としておりますが、当社が企業価値を高め継続するために課された私の役割を今後も模索し続ける所存でいます。

監査役の実務経験をポジティブに

加藤　孝子

1. 略　歴

1970年4月　日本無線㈱管理系プログラマーを担当
2000年6月　㈱ネイブルリサーチの経営管理取締役に就任し、上場準備・経理等管理部門を担当
2004年3月　エトー建物管理㈱にて経営管理を担当
2004年8月　㈱イー・マーキュリー（現在の㈱ミクシィ社）入社
　監査役に就任し、現在に至る
2010年11月　日本監査役協会理事に就任し、2018年10月に任期満了退任

ミクシィの監査役に縁故で選任されたのですかと、よく聞かれました。女性監査役ということも当時考えられなかったのだと思います。

ネイブルリサーチにおいて上場を目指して活動していたときに、上場のための顧問であった公認会計士がイー・マーキュリーでも顧問をしていたことで紹介を受け、はじめてイー・マーキュリーの社長の面談を受けました。臨時株主総会を経て選任されてから、いろいろなことを経験し、なんと16年と長期にわたって監査役を経験しています。

2. 執行側から監査役等へ、気持ちの切替え

監査役等（以後、監査役）は、取締役の職務を監査することにありますが、今までの業務にこだわっていないだろうか。経営全体を見渡せる絶好の環境にありながら、前だけを見て横も斜めも後ろも見ずにいないだろうか。興味だけに絞られることのないように会社全体を見渡していきましょう。

取締役にはそれぞれ担当があり、経営理念等に沿った事業が行われているかを見ていくのが監査役の使命です。時には執行側に戻りたいとか社員と一緒に楽しみたいなど、さまざまな葛藤に悩まされることもあると思います。人によっては1年かかる人もいれば1ヵ月で慣れる人もいるでしょう。そんなときは同じ監査役に選任された先輩・同僚たちはどうしているか気になるものです。

先輩・同僚たちとのコミュニケーションが自分を支えてくれる第一歩かもしれないのです。たとえば研修会に行ってみるとか、日本監査役協会に入会して実務部会に参加するとか、自分から積極的に仲間探しをすることが、監査役への自覚と気持ちを切り替える一番のきっかけかと思います。

3. 監査役の実務をいかに高めるか

さて、どうやって監査役の実務をやったらいいのか悩みが尽きないのではないでしょうか。先輩監査役たちがつくってくれたマニュアルのようなものがあればいいのですが、新興企業のはじめての監査役の皆様は1から学びながら監査を進めることになると思います。

私の経験をお話ししますと、新興企業として監査役になりましたので、まず日本監査役協会に入会し、研修会に出席しました。研修と同時に新しい仲間を研修会で見つけようと探しました。当時、女性監査役はほとんどおられず、近くに座られた女性監査役にお声がけしました。この監査役とは今でも親交が深く大切な同僚です。研修会だけでなく、時には食事をしながらどんな監査しているか本音で意見交換し、たまには愚痴もこぼし元気をもらって、また自分の会社の監査に注目することができました。積極的に同僚を見つけることの意義は非常に大きく、千差万別の他社事例から参考になる情報を取り入れることで、自分なりの監査スタイルをつくってきました。また、実務経験による勉強会を通して、今まで気づかなかった監査についての気づきは大切です。何年経ってもよい監査役像には至りませんが、実務をいかに高めるかにつながっていると実感しています。

4. 自分の監査に慣れてはいけない

監査役になって1年目は必死で勉強し、1年が過ぎた頃にはやっと慣れてきて1年目の失敗を修正しようと努力するのですが、3年目・4年目となるとちょっと安心してしまう。今までしっかり研修会に参加したり、実務部会に参加したりで自分の監査環境を整備してきたはずです。

4年で監査役は任期満了。となると満了後の将来何をするか考えるかもしれません。もし別の会社の監査役になることを望むなら、今までの会社と同じ考えだけで新しい会社に臨むべきではありません。会社は千差万別です。自分の監査に慣れず、いつでも自己研鑽に臨むことをお勧めします。

ある会社の社長だった方が監査役になって、こんなに監査役が重要な地位にあり勉強しなければならないなら、社長になる前に監査役に選任されていたらと、とても残念がっていました。監査役を経験して取締役あるいは社長になる方もいます。監査役の監査の方法を知り利用できる状況は、いつでも自己研鑽してきた監査役ならではないでしょうか。

5. 女性監査役の集い『やよい会』

私が監査役に選任され、研修を受け仲間づくりをしてきたことは前にお話ししたとおりです。最初は2・3人の女性監査役が徐々に増加し、それでも仲間づくりの大切さをきっかけに最初は7人の女性監査役の集いを結成しました。研修にお金はかけられませんから、無料で同僚に講師を依頼したり、公認会計士の方に講師をお願いしたり、右往左往する全国会議に出席の女性監査役にお声がけしたりして仲間づくりをしてきました。女性活躍促進もあり今では100人以上の大所帯となりましたが、きっかけは女性が同じ監査の悩みを抱えながらも先輩や同僚とのコミュニケーションをどうとったらいいかわからず不安になっていることでしたが、こんなきっかけでどんなに気が楽になるかが見えてきたこともありました。活動は継続しています。

女性限定ですが、一緒に勉強しませんか。

6. 日本監査役協会の実務部会

上場を目指していたり、これから監査役の勉強をしたい会社や個人が、証券会社や他の機関を通して日本監査役協会に入会しており、その数は約7,000社あります。お勧めは実務部会です。先輩監査役が実務的な監査手法を報告し、質疑応答に真剣に取り組んでいくことや、そこで出会った監査役の仲間意識を向上させて、いろいろな悩みを相談できることは大きなメリットです。

私自身も長らく幹事を務めてきましたが、実務部会の幹事たちは部会の皆さんに伝わりやすいテーマを展開しています。

さあ、不安をもっている監査役の皆様

あなたは会社のなかなどで、ひとりぼっちではないことがおわかりいただけたかと思います。責任が重くなっている監査役ではありますが、一緒に勉強していきませんか。便利なチェックリストも本書のなかに追加しています。

PART Ⅱ　監査役監査の基本

PART Ⅱでは、私の拙い経験をもとに、もし、今、監査役になったら最初に何をすべきかを考えてみました。また、私自身何の知識もなかったので、こんなことを聞いたら恥ずかしいと思って自分で調べたことなどを思い出しながら、監査役としての基本中の基本事項について整理したらお役に立てるのではないかと思いました。

取締役とは違い、監査役になりたいと思ってなる人はまずいないでしょう。また、就任直後から監査役とは何者か、監査役の仕事とは何かなどについて知識をもっている人も少ないと思います。こんな監査役を目指すというようなイメージももっていないでしょう。したがって、就任することが決まり、何をやればよいのか戸惑う人が多いと思われます。

監査役就任までのキャリアはまちまちで、また会社の状況も異なるので、全員が画一的な活動をしなければならないというわけではありません。これまで積んできた経験を土台にして自分なりの監査役像をもち、これに沿って、日々の活動を行っていけばよいのではないでしょうか。今は、このように考えていますが、このような考え方に到達するまでにはだいぶ時間がかかりました。

まずは、自分はどんな監査役を目指すのか、そのイメージをもつことが大事であり、出発点になるのではないかと考えています。

次に、そうはいっても、監査役として必要な知識や監査役の職務とは何かを押さえておく必要があるので、その基本の部分について触れていきます。

2-1　就任が決まったら

私自身監査役の経験がなく、また会社法などの基本的な知識もないまま、これまでの勤務とはまったく別の世界からいきなり監査役に就任することになりました。今から考えれば、大胆な行動であったと思います。

前任者や監査役スタッフがいれば、基礎知識を教えてもらうことができたかもしれません。また、引き継ぎ書類などがあれば前任者の監査活動から学ぶことができたかもしれませんが、若い会社で、はじめての常勤監査役であったために、それもなく随分回り道をしたような気がします。4月に就任し、日本監査役協会のオリエンテーションまで3ヵ月程度ありましたが、その間は体系だった勉強ができませんでした。

ここでは、もし自分が新任監査役であったとすれば、まず何をやり、どのような勉強をすればよかったかをお伝えしたいと思います。これは、後任の監査役に引き継ぐとすれば、どのようなことを引き継ぐべきかを整理することでもあります。

1. 監査役とは何か？監査役の仕事とは何か？についてのイメージづくり

① 質問をする

身近に監査役の知人がいれば、監査役とは何か？監査役の仕事とは何か？について話を聞いてみるのはよいかもしれません。私もこれはやってみましたが、経験がないので、どんな質問をすればよいのかわからず、あまり役に立ったという記憶はありません。あらかじめ、入門書などを読み、聞きたいことなどを準備しておけばよかったと思いましたが、そのときは質問項目すら整理できない状態でした。

② 入門書を読む

難しい専門的なものでなく、監査役の仕事とは何かについて解説したものを読むことは役に立つと思います。講演や研修等と組み合わせることで、自分の目指すべき監査役像が少しずつ見えてきたように思います。

(参考書籍)

- 『会社を良くする監査役―監査役の心構え―』　笹尾　慶蔵　同文舘出版
- 『監査役になったらすぐ読む本』　小川　文夫　同文舘出版
- 『「知らなかった」では済まされない 監査役の仕事』　島村　昌孝　日興企画
- 『経営を監視する監査役』　別府　正之助　同文舘出版

2. 前任者との引き継ぎ

就任が実質的に確定したら、前任者からの引き継ぎを受け、定時株主総会終了後の臨時監査役会から、速やかに活動できるよう準備を進めることが理想的です。引き継ぎを受けるべき事項を下記の①・②に整理しました。

① 定時株主総会直後の監査役会の決議事項・協議事項について

内容は難しいものではありませんが、法令・定款・社内規程等に沿って進行する必要があります。また、議事録の形式や協議書の様式などについても事前に承知しておけば安心です。

イ 監査役会議長の選定……任意（監査役会の円滑な運営のため）

ロ 常勤監査役*1の選定（会 390 ②二、③）……必須

ハ 監査役の報酬等についての協議（会 387 ①・②）→ 報酬協議書の作成

*施規 84 参照 ☞ W7

ニ 特定監査役*2の選定（施規 132 ⑤、計規 124 ⑤・130 ⑤）

必須事項ではありませんが、定めていない場合は全員が特定監査役とみなされます。主な役割は以下のとおりです。

- 事業報告及びその附属明細書に係る監査報告の内容を、特定取締役に通知する。
- 会計監査人から監査報告の通知を受け、その内容を他の監査役に通知する。
- 計算書類等*3に係る監査報告の内容を特定取締役および会計監査人に通知する。

（その他略）

＊1 常勤監査役、非常勤監査役

常勤監査役とは、会社に常に務める監査役のことで、会社法では「常勤の監査役」といいます。非常勤監査役についての会社法の定めはありません。常勤監査役でない監査役をいいます。

＊2 特定監査役

会社に２人以上の監査役が存する場合において、特定取締役に監査報告の内容の通知をすべき監査役を定めたとき、その通知をすべき監査役として定められた監査役をいいます。また、特定監査役は、会計監査人から会計監査報告の内容の通知を受ける監査役でもあります。

上記の定めを行っていない場合は、すべての監査役が特定監査役とみなされます。

＊3 計算書類等

会社法における計算書類等とは、以下の①および②をいいます。

① 各事業年度に係る計算書類（貸借対照表、損益計算書、株主資本等変動計算書、個別注記表）および事業報告ならびにこれらの附属明細書（監査役設置会社または会計監査人設置会社における監査報告、会計監査報告を含む）。

② 臨時計算書類（監査役設置会社または会計監査人設置会社における監査報告または会計監査報告を含む）。

② その他引き継ぎを受けるべき事項

イ 活動経費の予算

ロ 前任者の活動状況

・監査方針、監査計画

・会議等への出席状況

・マニュアル等の監査ツール

・その他必要な事項

ハ 書類等の保管・整備状況

ニ その他必要と思える事項

3. 会社の概況等の把握

社外監査役の場合は、会社の概況、業界の動向、組織、計算関係書類など事前に情報を入手し、おおよその状況を頭に入れておくと準備期間が短縮できます。

2-2 監査活動開始にあたって

1. 監査方針・監査計画の決定

☞ B1～5

昨年度の前任者の方針や計画をタタキ台として、自分自身の計画を作成します。

監査計画は、①会計年度を1期間として作成するケース、②定時株主総会から次年度の定時株主総会までを1期間として作成するケースがあります。

新たに監査役に就任した場合は、7月度の監査役会を目途に作成または見直しのうえで決定することがベストでしょう（3月決算、6月定時株主総会の場合）。

2. 活動経費について

☞ W9・10

会社の状況を踏まえつつ、必要な活動経費を確保しておきたいものです。

6月に就任したとすれば、すでに予算は決定されていますが、会社法の規定（会388「費用等の請求」）に目を通したうえで、管理部門に確認もしくは調整のうえ、取締役会に報告し、その必要性を認識してもらうことは必要です。

3. 日本監査役協会への入会と研修会等への積極的参加

イ 私自身、「監査役とは何者か」についてのイメージ形成に役立ったのは、日本監査役協会のオリエンテーションにおける当時会長であった笹尾慶蔵氏の講演と新任監査役のための基礎知識研修講座「会社法が期待する監査役の役割―権限と責任―」（講師　九州大学法科大学院長　西山芳喜教授（当時））でした。

ロ 新任監査役研修への参加

監査役の職務全般が網羅されています。また、ネットワークづくりにも有効です。

ハ　新任監査役合宿研修会への参加

日本監査役協会では、毎年８月に合宿研修を開催しています（これまでは滋賀県の長浜で開催)。知識の習得に加え、合宿研修ならではの人間関係が構築でき有益です。

ニ　監査実務部会への参加

監査役協会の実務部会に参加して、先輩諸氏の監査事例を聞くことは大変参考になります。同時に部会での人的ネットワークを活用して、質問や意見交換をしたり懇談したりすることは、極めて有益でした。小規模会社で、企業グループ内の教育・研修の機会がなく、管理部門が強いとはいえない会社であればあるほど、日本監査役協会の人的つながりやネット相談室、監査役支援ツールなどのサポート体制は貴重です。

4. 具備すべき法令・資料

① 監査役小六法　会社法編・金商法編
② 監査役監査基準
③ 内部統制に係る監査の実施基準
④ 監査役監査実施要領
⑤ 会計監査人との連携に関する実務指針
⑥ 監査報告ひな型（日本監査役協会・経団連）
⑦ 会社法施行規則及び会社計算規則による株式会社の各種書類のひな型（経団連）

5. 監査活動において参考とした書籍等

	著者	出版社
①『監査役監査の実務と対応』	高橋　均	同文舘出版
②『監査役監査のすすめ方』	重泉良徳	税務経理協会
③『会社法』	田中　亘	東京大学出版会
④『コーポレートガバナンス・コードのすべて』	中村慎二 塚本英巨 中野常道	商事法務
⑤『監査役監査実施要領』		日本監査役協会
⑥『月刊監査役』		日本監査役協会
⑦『新任監査役ガイド』		日本監査役協会
⑧『監査役の会計監査マニュアル』		日本監査役協会

⑨『中小規模会社の監査役監査基準の手引書』　　　　日本監査役協会

6. インターネットの活用

① 日本監査役協会のホームページ

NET 相談室、監査役支援ツール、その他諸々の情報が掲載されています。

② 各種法人・協会等のホームページ

・金融庁（企業会計審議会）

・日本公認会計士協会

・東京証券取引所

・財務会計基準機構

③ ビジネス法務の部屋

④ 有価証券報告書＊4の検索（EDINET）

⑤ 商事法務メルマガ

⑥ 大手法律事務所ホームページ

7. 会社の基本的な資料等の入手、把握

① 定款

② 商業登記

③ 会社諸規程

④ 計算書類、事業報告等＊5（過去3年間程度で必要に応じて）

⑤ 会社概況の把握

・組織図

・会社案内

・株式取扱規則

⑥ 重要会議の議事録、資料

・株主総会

・取締役会

＊4　有価証券報告書

証券取引所に有価証券（株式）等を上場している企業は、毎年期末後３ヵ月以内に財務諸表等の内容からなる有価証券報告書を内閣総理大臣に提出しなければなりません。

＊5　事業報告等

会社の状況に関する重要な事項（計算書類およびその附属明細書ならびに連結計算書類を除く）を明らかにするためのもので、会社法施行規則（118条から128条まで）に規定されています。事業報告を補足する事業報告の附属明細書とあわせて事業報告等としています。

・執行役員会・経営会議等の重要会議
⑦ 予算、中期経営計画
⑧ 売上の状況、事業の状況、経営環境等経営全般に関する事項

2-3 監査役の監査とは何か

ここでは、「監査役とは何か、監査役の監査とは何か」ということを考えていきたいと思います。

1. 会社法における監査役の位置づけ

取締役および監査役は、株主総会において選任され、株式会社と取締役および監査役は委任に関する規定に従うとされています（会329・330）。

株式会社における株主・取締役・監査役の機能は図表2-1のとおりであり、監査役の職務は取締役の職務の執行を監査し、監査報告を作成することにあります（会381）。

図表2-1 株主・取締役・監査役の機能

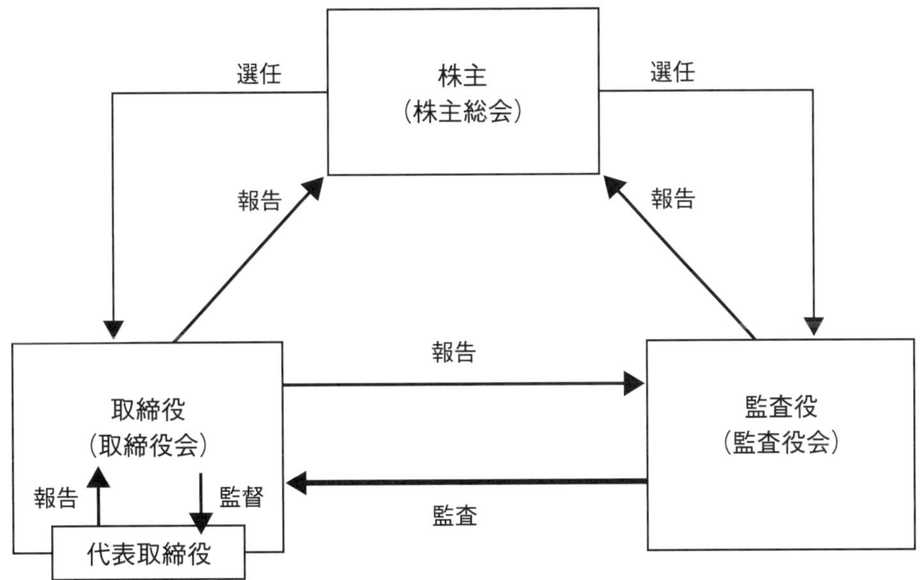

2. 監査の対象

株式会社と取締役および監査役との関係は、委任に関する規定に従うとされており、取締役は経営を、監査役は監査を株式会社から委任を受ける受任者の立場になります（会330)。

取締役の基本的機能は、まず取締役会において業務執行の内容を決定することであり、もう1つは代表取締役の職務執行を監督することですが、監査役の監査の対象である取締役（会）の職務の内容について検討し、以下に定義してみました。

＜取締役（会）の職務＞

① 法令等遵守
- ・法令および定款の遵守
- ・社会的規範の遵守
- ・会社規則の遵守

② 財産の運用
- ・財産の保全（事故・災害・盗難・誤謬・不正等からの)
- ・経営の効率化
- ・企業価値の増大

③ 内部統制システムの構築・運用

④ 報告
- ・会計報告（計算書類を通じての会計報告)
- ・非会計報告（事業報告、内部統制報告書など)

3. 監査役の職務と善管注意義務

監査役の職務[*6]については、「監査役は、取締役の職務の執行を監査する。この場合において、監査役は、法務省令で定めるところにより監査報告を作成しなければならない」と定められています（会381①)。

監査役の職務は、取締役の職務（上記）の執行を監査（監視・検証）し、その結

＊6 適法性監査・妥当性監査

適法性監査とは、取締役が法令や定款などを遵守しているかどうかを監査することをいい、妥当性監査とは、取締役の行為が経営判断の原則に照らしてみたときに妥当であるかどうかを監査することをいいます。

監査役監査が適法性監査にとどまるか妥当性監査に及ぶのかについては、さまざまな議論がありましたが、経営判断が著しく不当でないかどうかや内部統制の整備・運用状況、コーポレートガバナンス・コードなどの監査を要求されるようになってきたことを考えると、現時点では、「適法性監査か妥当性監査か」という議論は過去のものとなったといえるのではないでしょうか。

果を株主に報告することにあります。

監査役は、株式会社から取締役の職務の執行の監査を委任された者でありますから、善良な管理者の注意をもって、職務を行わなければならない義務を負っています。このことを「善管注意義務」といいます。善管注意義務とは、その者のもっている能力や注意力とは関係なく、行為者が従事する職業や社会的地位などに応じて、通常期待されている程度の注意義務のことであり、監査役は、監査役の地位にある者として一般的に要求される注意義務を果たす必要があります。

したがって、監査役になった以上は標準的な監査能力を身につける必要があります。

監査役に任命されたということは、たとえ経理の知識がなかったとしても、監査役の職務を遂行できると判断され、期待されているということであり、自分なりの監査役像をイメージし、これに向かって努力していく必要があると考えます。

農業協同組合の監事の任務懈怠

ある農業協同組合の理事会において、公的な補助金の交付を受けて進める建設事業につき、その業務執行のすべてが代表理事に一任されました。他の理事はこの事業について関与しておらず、また監事も慣行を踏襲して代表理事の業務執行の監査を行うことはありませんでした。このような状況のなか、代表理事は、補助金の交付が受けられる見込みがなくなったにもかかわらず理事会で虚偽の説明を行い、同組合に多額の費用を負担させ、最終的には事業中止に追い込まれました。

判決では、代表理事の一連の言動は明らかな善管注意義務違反があることをうかがわせるに十分なものであったことから、監事はその説明に疑義を抱き、または必要な資料を求めるなど事業資金の調達方法について調査・確認すべき義務があったとしました。しかしながら監事はこのような調査・確認を行うことなく、代表理事の事業執行を放置していたので損害賠償責任が認められるとし、監事に対し1000万円の支払いを命じました。

注）農業協同組合の監事の職務執行に関する行為規範は、株式会社における監査役にもあてはまると考え、本事例を紹介しました。

【最高裁判所　2009年11月27日判決】

＊参考文献

・損害賠償等請求事件　判決文（2009年11月27日　最高裁判所判決）
・鳥飼重和・吉田良夫（2010）『監査役の社会的使命と法的責任』清文社
・山口利昭（2012）「監査役の責任と有事対応のあり方―監査見逃し責任を認めた判例の検討―」『旬刊商事法務』No.1973　pp.96-108.

4. 監査役の職務上の権限と義務

会社法は監査役の監査が実効あるものとするために、監査役に強力な権限を与えています。監査役の職務上の権限と義務のうち、主なものは下記のとおりです。

① 取締役や支配人その他の使用人に対する報告請求権または業務および財産調査権（会 381 ②）

② 子会社調査権（会 381 ③）

③ 取締役（会）への報告義務（会 382）
（取締役が不正の行為をし、もしくは当該行為をするおそれがあると認めるとき）

④ 取締役会への出席義務・意見陳述義務（会 383 ①）

⑤ 株主総会に対する報告義務（会 384）

⑥ 取締役の行為の差止め（会 385）
（取締役が法令もしくは定款に違反する行為をしたときなど）

⑦ 会計監査人の選任および解任ならびに会計監査人を再任しないことに関する議案の内容の決定（会 344）

監査役による取締役の違法行為差止請求

A 社の代表取締役は、就任直後に自分が筆頭株主である B 社に対して無担保で多額の金員を貸し付けながら、貸付金のうち 2 億 8000 万円の返済請求にまったく着手していませんでした。

さらに、A 社は、C 社に対して無線クレジット決済端末を注文したとして、1 億 5000 万円の支払いを請求されました。この取引について、C 社から発注書の原本、運送業者の送り状、受領印が押された書類などの提示はなく、架空取引の可能性をうかがわせるものでありましたが、代表取締役は、代金の支払いを実行しようとしました。

このような状況のなか、A 社の常勤監査役は代表取締役に対し、B 社に対する債権について返済の猶予をしてはならないこと、C 社に対し金銭その他の財産を譲渡してはならないという「取締役の違法行為差止」の仮処分命令を裁判所に申し立て、それが認められました。

【東京地方裁判所　2008 年 11 月 26 日判決】

＊参考文献
・取締役の違法行為差止仮処分命令申立事件　判決文（2008 年 11 月 26 日　東京地方裁判所）
・鳥飼重和・吉田良夫（2010）『監査役の社会的使命と法的責任』清文社
・吉田良夫（2009）「コーポレート・ガバナンスにおける監査役の使命と責任―最近の事例を前提として」『月刊監査役』No.558　pp.4-16.

⑧ 会計監査人の解任権（会 340）
⑨ 会計監査人から報告を受ける権限（会 397）
⑩ 監査役の選任に関する同意権・請求権（会 343）
⑪ 会計監査人の報酬に関する同意権（会 399）
⑫ 監査役の報酬の協議（会 387 ②）
⑬ 監査費用の請求権（会 388）
その他略

5. 会社法と金融商品取引法

① 会社法

従来、商法、有限会社法および商法特例法等の複数の法令にまたがっていたものを統合し、2006 年 5 月に「会社法」が施行されました。

会社法は、会社の運営に関するあらゆる事項が規定されており、監査役や監査活動の原点です。たとえば、株主総会、取締役会、監査役会等の会議の開催や役員の

図表 2-2 会社法と金商法の主な相違点

		会社法	金商法
所管官庁		法務省	財務省
対象		会社すべて	上場会社（有価証券報告書提出会社）
目的・視点		会社の運営全般の法制化 株主の視点	開示制度の整備 投資者の保護
内部統制	範囲	会社業務全般についての内部統制	財務報告[*7]に係る内部統制
	義務	大会社[*8]は基本方針決定の義務あり	上場会社は内部統制報告書を提出
監査		監査役（会計監査人）	監査人（公認会計士または監査法人）
罰則		善管注意義務違反の場合、株主代表訴訟に問われる可能性がある。 ただし、過失があった場合のみ。	虚偽記載について罰則あり。 過失の有無を問わない。

＊7 財務報告
財務報告の定義として「財務諸表及び財務諸表の信頼性に重要な影響を及ぼす開示事項などに係る外部報告」とされています（財務報告に係る内部統制基準の定義より）。

＊8 大会社
会社法では、最終事業年度にかかる貸借対照表において、資本金の額が 5 億円以上または負債の部に計上した額の合計額が 200 億円以上の会社を大会社としています。

選任などが会社法に則っているかどうかを確認する必要があります。したがって、監査役になったということは、会社法を学習する必要が生じたことになります。しかしながら、会社法は膨大であり、いきなりすべてをわかるというわけにはいかないので、日常の業務や活動を通じて、会社法の規定を参照しながら、学んでいく方法がよいと思います。

監査役小六法を手元に置き、必要な都度条文を確認しながら、知識を積み上げる方法をお勧めします。会社法とあわせて法務省令といわれる会社法施行規則や会社計算規則も重要です。

会社法は膨大とはいっても、日常の監査活動と関係の深い条文は、主には第4章「機関（株主総会、取締役会、監査役会等）」なので、網羅的に一から始めるよりは、この部分からスタートする方が親しみやすく効率的です。自分にあった解説書と「監査役小六法」を購入し、条文と照らし合わせながら学習することをお勧めします。また、日本監査役協会のホームページにある「監査役監査の基礎知識　自己診断」をやりながら覚える「e ラーニング」も有効です。不明な点は、日本監査役協会の NET 相談室に質問するとスピーディに回答を得ることができます。

②　金融商品取引法（以下、金商法という）

金融商品に対する投資者の保護、証券市場の適正な運営を目的として制定されたもので、

イ「企業の事業の状況についての開示制度の整備」

ロ「金融商品取引業を行う者に対し必要な事項」

ハ「金融商品取引所の適切な運営」

ニ　その他（罰則等）

などについて規定しています。

上場会社は、四半期報告書、有価証券報告書、内部統制報告書等の所定の報告書を金商法や内閣府令の定めるところにより作成し、内閣総理大臣に提出しなければなりません。上場会社の監査役は、有価証券報告書等に虚偽記載がないか、内部統制は有効か、開示は金商法の規定に準拠して行われているかなどをモニタリングしていく必要があり、会社法と同様、密接な関係があります。

6. 役割・機能面での取締役との相違点

執行部門と監査役では根本的に異なる点が多く、そのことについて理解しておくことが必要です。主な相違点を列挙してみました。

①　指揮命令系統の有無

取締役は部下を抱え、指揮命令系統を有していますが、多くの監査役は専属スタッフを有していません。この場合はすべての職務について、自己完結する

必要があります。また、監査役同士も本来独立した存在で、指揮命令系統はありません（監査役の独任制）。

＊監査役スタッフ（専属）の設置比率

大会社：17.8%、大会社以外：1.5%、全体：12.9%（なお、兼務スタッフを含めると 40.6%）　日本監査役協会　2020 年 5 月発表

② 情報量

監査役は業務執行に関与しないため、自分自身で積極的に求めない限り、情報は自動的には流れてきません。努力と工夫が必要です。

③ 業務執行の監視

取締役会等の重要な会議に出席し、必要があれば意見を述べなければなりません。

会社の発展に貢献するという究極の目的は同じであり、これまでの会社生活で培ってきた知識や経験を活かし、立場をわきまえつつ発言することが求められます。

④ コーポレート・ガバナンス上の役割

会社のコーポレート・ガバナンスの一翼を担って、経営の執行に携わる取締役を監視する機能を果たし、企業不祥事の撲滅に積極的な役割を果たすことが期待されています。

＊経営全般に関しても、平素から社長に匹敵するくらいの意識をもつことが期待されています。

7. 独任制

監査役制度の特徴として、独任制があります。監査役は、独任制とは何かを理解しておく必要があります。

独任制とは、監査役が複数人存在していても、それぞれが独立した存在であり、相互に干渉されることもなく、それぞれが自分の考えに基づき監査意見を表明することをいいます。

8. 性弱説に立つ

監査役のスタンスとして、性善説でも性悪説でもなく性弱説に立つことがよいのではないかといわれています。

人間は弱いものであり、誘惑に負けやすい。したがって、そういう環境を排除して、知らず知らずのうちに間違いを犯すことのないように、取締役を守るのが監査役の役割であると考えます。

9．監査役の心構え（監査役監査基準第３条）

監査役協会の監査役監査基準では、監査役の心構えについて以下のように述べています。監査役の精神的な立脚点であり、企業でいえば経営理念に相当するものです。

① 監査役は、独立の立場の保持に努めるとともに、常に公正不偏の態度を保持し、自らの信念に基づき行動しなければならない。

② 監査役は、監督機能の一翼を担う者として期待される役割・責務を適切に果たすため、常に監査品質の向上等に向けた自己研鑽に努め、就任後においても、これらを継続的に更新する機会を得るよう努める。

③ 監査役は、適正な監査視点の形成のため、会社の事業・財務・組織等に関する必要な知識を取得し、監査役に求められる役割と責務を十分に理解する機会を得るよう努めるほか、経営全般の見地から経営課題についての認識を深め、経営状況の推移と企業をめぐる環境の変化を把握し、能動的・積極的に意見を表明するよう努める。

④ 監査役は、平素より会社及び子会社の取締役及び使用人等との意思疎通を図り、情報の収集及び監査の環境の整備に努める。

⑤ 監査役は、監査意見を形成するにあたり、よく事実を確かめ、必要があると認めたときは、弁護士等外部専門家の意見を徴し、判断の合理的根拠を求め、その適正化に努める。

⑥ 監査役は、その職務の遂行上知り得た情報の秘密保持に十分注意しなければならない。

⑦ 監査役は、企業及び企業集団の健全で持続的な成長を確保し社会的信頼に応える良質な企業統治体制の確立と運用のために、監査役監査の環境整備が重要かつ必須であることを、代表取締役を含む取締役に理解し認識させるよう努める。

2-4 会社法の条文構造と会社の機関について

1．会社法の条文構造と主な内容

会社法の条文構造と各章の記載内容について要点を整理してみました。詳しくは、会社法の条文や参考図書などを参照ください。また、自社の状況について知っておくべきことも記載しました。

なお、会社法を補足するものとして、会社法施行規則、会社計算規則などの法務省令があります。『監査役小六法』を手元に置き学習してください。

図表 2-3　会社法の条文構造

第一編　総則
　第一章　通則
　第二章　会社の商号
　第三章　会社の使用人等
　第四章　事業の譲渡をした場合の競業の禁止等

第二編　株式会社
　第一章　設立
　第二章　株式
　第三章　新株予約権
　第四章　機関
　第五章　計算等
　第六章　定款の変更
　第七章　事業の譲渡等
　第八章　解散
　第九章　清算

第三編　持分会社

第四編　社債

第五編　組織変更、合併、会社分割、株式交換及び株式移転
　第一章　組織変更
　第二章　合併
　第三章　会社分割
　第四章　株式交換及び株式移転
　第五章　組織変更、合併、会社分割、株式交換及び株式移転の手続き

第六編　外国会社

第七編　雑則
　会社の解散命令等、訴訟、登記、公告等

第八編　罰則

〈会社法の条文構造〉

第一篇　総　則

会社の設立、組織、運営、管理については、この法律によると記載されています。

用語の意義や会社法全般にかかわることなどが規定されています。

第二編　株式会社

1章　設　立

設立に関わる手続き全般を規定しています。

また、定款の作成や記載事項などが定められています。定款は企業活動を行ううえで、憲法に相当するものでありますから、就任を機に自社の定款を入手し内容を確認しておきます。

2章　株　式

株主の責任・権利その他株式全般に関わる事項を規定しています。

自社の状況について、下記項目は知っておく必要があります。

・発行可能株式総数、発行済み株式数、自己株式数

・株主名簿（主な株主の把握)、株主名簿管理人の有無と管理状況

・基準日の定め

・株式の譲渡制限の有無（公開か非公開か）

・単元株式数

・株券の発行の有無

3章　新株予約権（内容略)

自社の新株予約権の発行状況、保有者、管理状況などを把握しておきましょう。

4章　機　関

株主総会、株主総会以外の機関（取締役、取締役会、監査役、監査役会、会計監査人、監査等委員会、指名委員会等）について規定しています。

この部分は重要であり就任早々理解しておくべきことが多いので、その内容の骨子を後述します。

5章　計　算

計算とは、会計と同じ意味です。会社法が、株式会社の計算について規律するのは次の2つの目的からです。

第1の目的は、株主、債権者などの利害関係者などに対し、会社の経営成果や財産状況に関する情報開示をすることです。

第2の目的は、債権者保護の視点から分配可能額に一定の制限を設けています。この分配可能額を計算することがもう一つの重要な目的です。

計算についての詳細は、法務省令（会社計算規則）で定めています。

6章　定款の変更

株主総会の決議によって定款を変更することができると定められています。

7章　事業の譲渡等

事業の譲渡等の方法などを規定しています。(内容略)

8章　解　散

解散の手続きなどを規定しています。(内容略)

9章　清　算

清算の手続き、方法等を規定しています。(内容略)

第三篇　持分会社

株式会社以外の合名会社、合資会社または合同会社について規定しています。(内容略)

第四編　社　債

社債の発行等について規定しています。(内容略)

第五編　組織変更、合併、分割、株式交換および株式移転

会社の組織変更を行う場合の手続き、方法などを規定しています。

そのような状況になった場合に調査を必要としますが、ここでは省略します。

第六編　外国会社

外国会社が日本において取引を継続して行う場合の代表者の定め、必要な手続きなどを定めています。(詳細略)

第七編　雑　則

会社の解散命令、財産の保全処分、訴訟等について規定しています。(内容略)

この法律の規定により登記すべき事項は、商業登記法の定めるところにより登記することとされています。自社の登記簿の写しを入手して、登記の内容を把握しておきます。また、株主総会終了後は、期限内に必要な登記が行われていることを監査する必要があります。

第八編　罰　則

取締役の特別背任罪、会社財産を危うくする罪、取締役等の贈収賄罪、その他の罪に対する罰則が規定されています。(詳細略)

2. 会社の機関と機関設計

(1) 会社の機関とは

会社法では、株主総会、取締役（会)、監査役（会)、会計監査人、委員会など会社を運営するための会議体や役員などを会社の機関と定義しています。

(2) 機関設計についての主な規律

① すべての株式会社は、株主総会と取締役が必要（会 326 ①)

② 株式会社は定款の定めによって、取締役会、会計参与、監査役、監査役会、会計監査人、監査等委員会又は指名委員会等を置くことができる。(会 326 ②)

③ 大会社は、監査役会及び会計監査人を置かなければならない。(会 328 ①)(公開会社でないもの、監査等委員会設置会社、指名委員会等設置会社を除く)

＊公開会社でない大会社は、会計監査人を置かなければならない。(会 328 ②)

④ 監査等委員会設置会社、指名委員会等設置会社は会計監査人を置かなければならない。(会 327 ⑤)　その他の規律は省略

会社の規模、譲渡制限の有無などを考慮し、どのような機関を置くかについては、会社法で定められた枠組みのなかで、会社の方針に基づき定款で定め登記を行います。

(3) 機関設計の代表例

選択肢は多いのですが、一般的な機関設計の事例をあげてみます。

●譲渡制限のない大会社

① 監査役会設置会社

取締役会＋監査役会＋会計監査人

② 監査等委員会設置会社

取締役会＋監査等委員会＋会計監査人

③ 指名委員会等設置会社

取締役会＋三委員会（指名委員会・監査委員会・報酬委員会）＋会計監査人

構成については図表2-6参照

●譲渡制限のある中小規模会社

取締役会＋監査役（会）＋（会計監査人あるいは任意監査）

＊監査等委員会設置会社あるいは指名委員会等設置会社を選択することはできますが、ほとんどそのような事例はありません。

(4) 機関設計の構成（2020年8月末現在）

日本監査役協会に加入している会社7,026社（個人加入を除く）のうち、監査役（会）設置会社は5,972社（85.0%）、監査等委員会設置会社975社（13.9%）、

図表2-4　機関設計の構成（日本監査役協会加入会社）

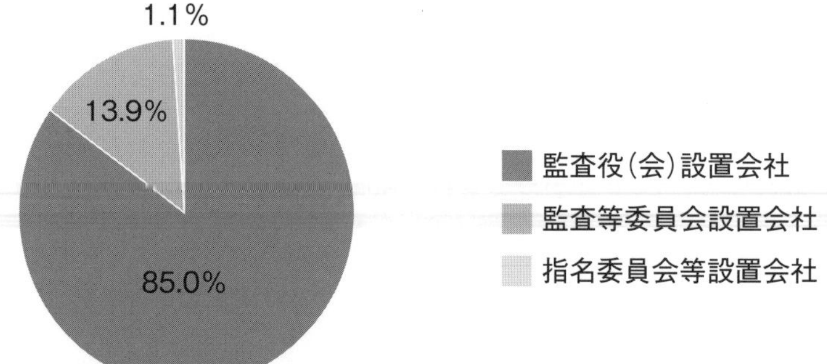

出所：日本監査役協会　2020年8月31日。

指名委員会等設置会社 79 社（1.1%）という構成になっています。

(5) 機関設計の特徴

● 監査役（会）設置会社

日本においては、多くの会社が監査役（会）設置会社を選択しています。会社法の規定の大枠については、以下のとおりです。

① 取締役会は 3 名以上の取締役で構成されます。2019 年改正会社法において、上場会社で有価証券報告書提出会社は、社外取締役を 1 名以上選任することが義務付けられることとなりました。

② 監査役会は 3 名以上の監査役で構成され、その半数以上が社外監査役でなければなりません。

また、常勤監査役を置かなければなりません。監査役の任期は 4 年と規定されています。

● 監査等委員会設置会社

① 監査等委員会は、3 名以上の取締役監査等委員で構成され、そのうち過半数は社外取締役でなければなりません。

② 取締役監査等委員の任期は 2 年で監査等委員以外の取締役とは区別し選任されます。取締役監査等委員は常勤であることは求められていません。取締役会における賛否の投票権があります。

③ 監査等委員以外の取締役を 1 名以上置かなければなりません。その任期は 1 年です。

● 指名委員会等設置会社

① 取締役会の下に指名委員会、監査委員会、報酬委員会の三委員会を設置します。

② 各委員会は、取締役会で指名された 3 名以上の委員で構成され、社外取締役が過半数でなければなりません。各委員は常勤であることは求められておらず、複数の委員会を兼任することはできます。

③ 業務執行は取締役会で選任された執行役が行います。取締役会は、執行役の業務執行を監督することが基本的な機能であり、モニタリング・モデルといわれています。執行役は、取締役を兼任することができます。

(6) 監査役会、監査等委員会、監査委員会の主な相違点

① 構　成

・監査役会は 3 名以上の監査役で構成され、社外監査役が半数以上でなければなりません。

・監査等委員会、監査委員会は 3 名以上の取締役監査（等）委員で構成され、

図表 2-5　機関設計の比較

【監査役会設置会社】

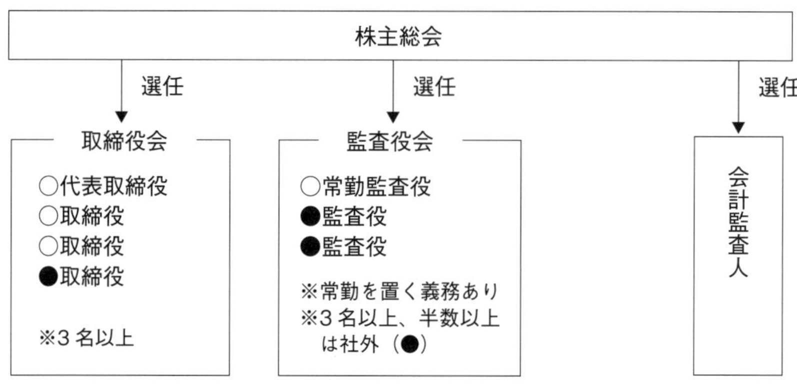

【監査等委員会設置会社】

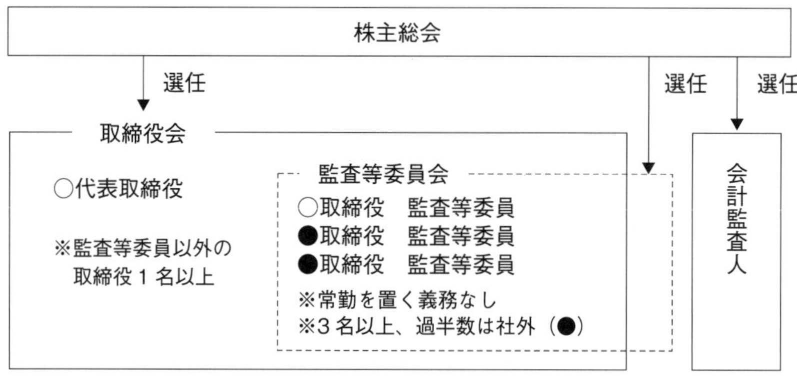

【指名委員会等設置会社】

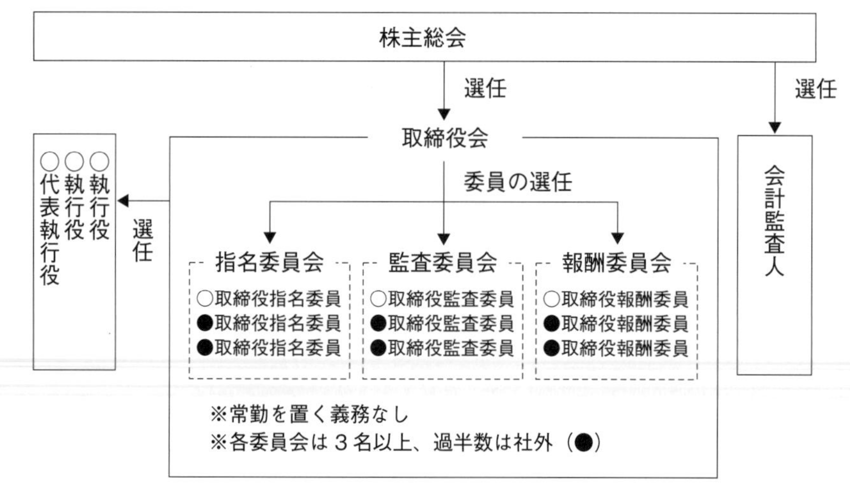

・監査役会設置会社、監査等委員会設置会社、指名委員会等設置会社とも典型的な例を掲載
・○社内　●社外

過半数が社外取締役でなければなりません。

② 常勤者の要否

・監査役会は1名以上の常勤者が必要ですが、監査等委員会、監査委員会は必須ではありません。詳細については、図表2-6を参照ください。

(7) 社外要件について

① 社外取締役

株式会社の親会社の取締役もしくは執行役または支配人その他の使用人でない

図表 2-6 監査役会・監査等委員会・監査委員会の比較

	監査役会	監査等委員会	監査委員会
構成員の地位	監査役	取締役	
選任（選定）方法	株主総会が直接選任（会 329 ①）	株主総会が他の取締役と区別して選任（会 329 ②）	株主総会が選任した取締役のなかから取締役会が選定（会 400 ②）
任　期	4 年（会 336 ①）	2 年（会 332 ①・④）	1 年（332 ①・⑥）
構　成	3 人以上で半数以上は社外監査役（会 335 ③）	3 人以上で過半数は社外取締役（会 331 ⑥、400 ①・③）	
兼任制限	＊1	＊2	＊3
常勤者の選定	必須（会 390 ③）	任　意	
決議要件	監査役の過半数（393 ①）	委員の過半数が出席し、出席委員の過半数（会 399 の 10 ①）	委員の過半数が出席し、出席委員の過半数（取締役会で過重可 412 ①）
監査権限	原則として各監査役に帰属（独任制）（会 381・390 ②）	原則　委員会に帰属（会 399 の 3、405）	
取締役の人事・報酬に関する権限	なし	意見陳述権（会 399 の 2 ③三）	なし
利益相反取引の承認権限	なし	あり	なし

＊1　当会社ならびに子会社の取締役・執行役・会計参与・使用人との兼任は不可。親会社の取締役・執行役・使用人との兼任は可、会計参与との兼任は不可。

＊2　当会社ならびに子会社の業務執行取締役・会計参与・使用人との兼任は不可。親会社の業務執行取締役・執行役・使用人との兼任は可、会計参与との兼任は不可。

＊3　当会社ならびに子会社の執行役・業務執行取締役・会計参与・使用人との兼任は不可。親会社の執行役・業務執行取締役・使用人との兼任は可、会計参与との兼任は不可。

こと、兄弟会社の業務執行取締役もしくは執行役または支配人その他の使用人でないなどが社外要件になっています。詳細は、図表2-7を参照ください。

② 社外監査役

親会社等の取締役、監査役もしくは執行役、またはその他の使用人ならびに兄弟会社の業務執行取締役でないことなどが社外要件になっています。詳細は、図

図表 2-7 社外取締役該当性判断フローチャート

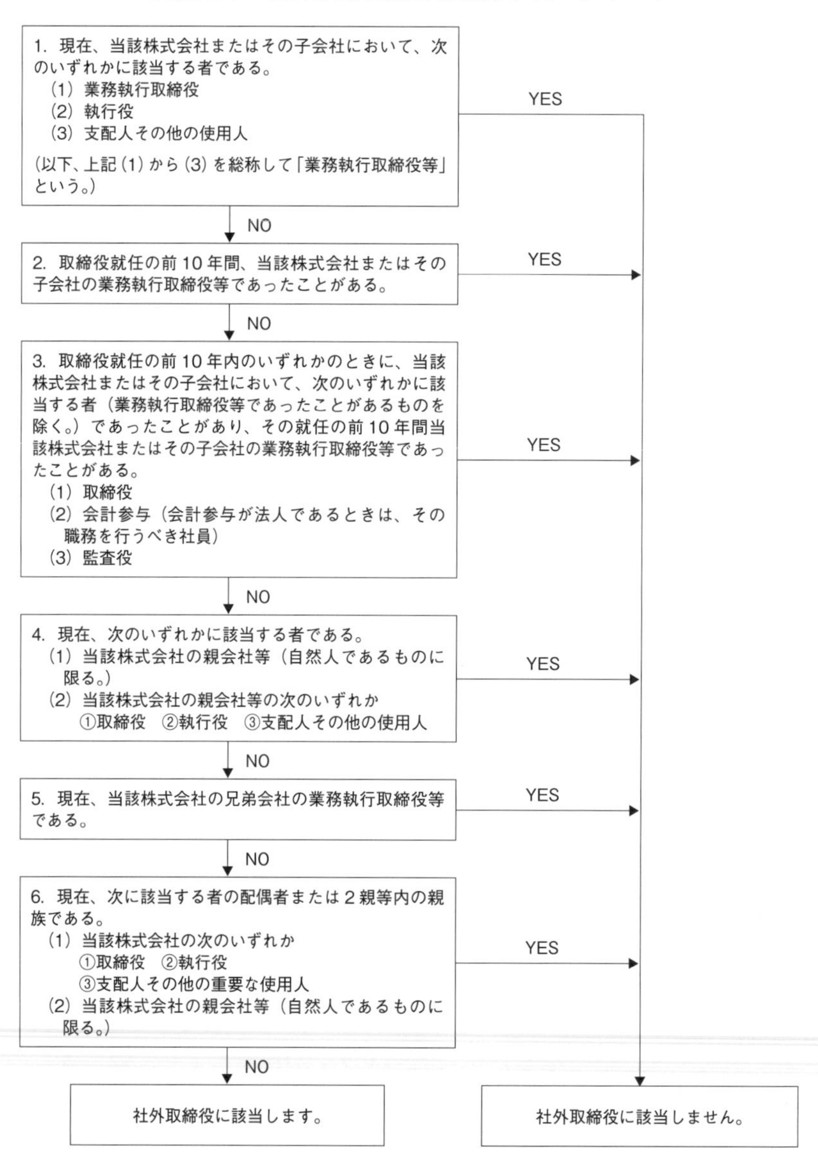

※親会社等 親会社または株式会社の経営を支配している者(法人であるものを除く。)として法務省令で定める者をいう。

出所:福本匡洋総合司法書士事務所 司法書士福本匡洋
http://www.fukumotosogo.com/image/B-CD2B3B0BCE8C4F9CCF2B3BAC5F6C8BDC3C7A5D5A5EDA1BCA5C1A5E3A1BCA5C8.pdf

図表 2-8　社外監査役該当性判断フローチャート

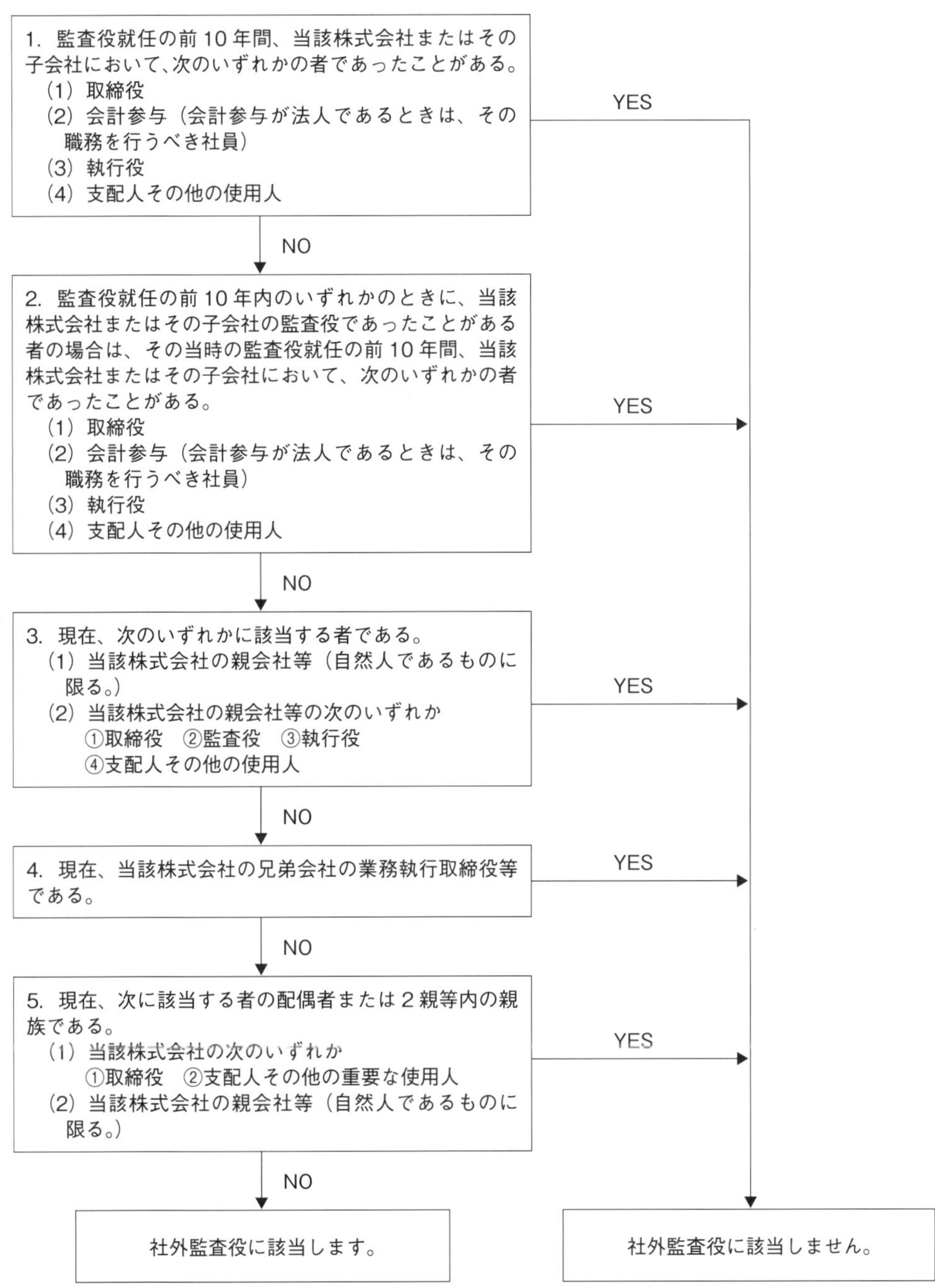

※親会社等　親会社または株式会社の経営を支配している者（法人であるものを除く。）として法務省令で定める者をいう。
※業務執行取締役等　現在、当該株式会社又はその子会社において、次のいずれかに該当する者をいう。
(1) 業務執行取締役　(2) 執行役　(3) 支配人その他の使用人

出所：福本匡洋総合司法書士事務所　司法書士福本匡洋
http://www.fukumotosogo.com/image/BCD2B3B0B4C6BABAC-CF2B3BAC5F6C8BDC3C7A5D5A5EDA1BCA5C1A5E3A1BCA5C8.pdf

表2-8を参照ください。

2-5 監査役監査基準について

1. 監査役監査基準とは

監査役監査基準は、監査役に期待される職責を果たすための行動基準として、日本監査役協会が定めたもので、監査役の職責と心構えから始まり、監査役監査全般にわたるガイドラインを提示したものです。

第1条（目的）には「本基準は、監査役の職責とそれを果たすうえでの心構えを明らかにし、併せて、その職責を遂行するための監査体制のあり方と、監査にあたっての基準及び行動の指針を定めるものである。」と記載されています。

現在の監査基準（2015年7月改訂）は、会社法上の大会社、主として上場会社を念頭において、監査役監査の実務上のガイドラインとなるモデル的な手続き（ベストプラクティス）を提示しています。

2. 監査役監査基準の取り扱いについて

協会の定めた監査役監査基準をどのように受けとめるべきか、社内規程としての監査役監査基準は必要か、必要だとすればどのような考え方で作成すべきかなどを考えました。

その結果は、

① 会社規程としての監査役監査基準の必要性について

・監査役の行動基準としての監査基準は必要

・監査役の役割や監査役の職務などについて、取締役や会社幹部に対して知らしめ理解してもらうためには、社内規程として明文化することが望ましい。

② 監査役監査基準の内容について ☞ W40

日本監査役協会の監査役監査基準は、ベストプラクティスの事例として受け止め、それぞれの会社の機関設計[＊9]や組織・体制・監査環境等を考慮し、社内規程としての監査役監査基準を定めることが望ましい。

③ 留意事項

社内規程として監査役監査基準を定めた場合において、監査役監査基準に

＊9 機関設計

会社法では、株主総会、取締役（会）、監査役（会）、会計監査人、委員会など会社を運営するための組織や役職を会社の機関と定義しています。会社の規模、株式の譲渡制限の有無等を考慮し、最適な機関の組み合わせを選択することを機関設計といいます。

則った活動ができず、かつ、不祥事等の問題が発生した場合、善管注意義務違反に問われる可能性が排除できないことを認識し、自分自身の監査活動を定期的に確認する必要があります。

④　中小規模会社、非上場会社の対応 ☞ W41

自社の機関設計や監査環境を考慮しつつ、中小規模会社の監査役監査基準の手引書を参考に、自社の監査役監査基準を検討することをお勧めします。

＊日本監査役協会「中小規模会社の監査役監査基準の手引書」『月刊監査役』No.677 2018年1月）

「監査役監査基準」の重要性

代表取締役社長が貸付や現物出資などで善管注意義務違反を繰り返す企業の監査役の任務懈怠が、裁判で問われました。

この監査役は、再三にわたり社長の行為が不適切であり、善処しない場合には辞任することを述べて問題を指摘していました。しかし、判決では、監査役は取締役会に対してリスク管理体制を構築するように勧告する義務、代表取締役解職および取締役解任決議を目的とする臨時株主総会の招集を勧告する義務があり、任務懈怠責任があるとされました。

同社においては、「監査役監査規程」（日本監査役協会の「監査役監査基準」とほぼ同じ内容）が設けられ、そのなかで、監査役は取締役の法令違反のおそれや会社に著しい損害・重大な事故等を招くおそれがあると認めたときは、取締役や取締役会に対して助言又は勧告を行うなど必要な措置を講じると規定されていたことが判決でも述べられています。

日本監査役協会の「監査役監査基準」を自社の規程として採用した場合には、それに従って職務を遂行しない場合は責任が認められる要因となるというようにも読める判決です。

【大阪地方裁判所　2013年12月26日判決】

＊参考文献

・役員責任査定決定に対する意義の訴え事件、役員責任査定決定に対する意義の訴え反訴事件、損害賠償請求事件　判決文（2013年12月26日　大阪地方裁判所）
・清水真（2014）講演会資料「近時における訴訟動向と中小規模会社監査役留意すべきリスク」日本監査役協会
・竹内朗（2014）研修会資料「監査役の役割と責任」日本監査役協会
・松井秀樹（2014）「監査役監査基準、監査役監査規程と監査役の責任～注目される最近の2つの裁判例」『月刊監査役』No.627　pp.44-45.

2-6　監査役会の運営

ここでは、監査役会に関する会社法の規定や議題・議事録等の監査役会の運営に関する基本的な事項を整理してみました。

1. 監査役会規則

☞ W42

監査役会規則は、監査役会の運営にかかわる基本的な事項を定めたものです。

全国株懇連合会の定款モデルでは「監査役会に関する事項は、法令または本定款のほか、監査役会において定める監査役会規則による」と規定されています。

このような授権規定があれば、その位置づけが明確になるので、自社の定款を確認し、もし定めがなければ何らかの機会に挿入を検討した方がよいでしょう。定款に定めがない場合は、監査役会において策定した後、社内規程として定めておくことをお勧めします（監査役会規則の内容については、日本監査役協会のひな型を参照ください）。

2. 監査役会の構成

監査役会の構成については、以下の定めがあります。

①「監査役会設置会社においては、監査役は、3人以上で、そのうち半数以上は、社外監査役でなければならない」（会335③）

②「監査役会は、すべての監査役で組織する」（会390①）

3. 監査役会の運営

監査役会は、各監査役が招集し、監査役会の決議は、監査役の過半数をもって行います。監査役会の議事については、会社法施行規則で定めるところにより議事録を作成し、議事録が書面をもって作成されているときは、出席した監査役はこれに署名し、または記名押印しなければならないと定められています。

＊取締役会の決議は出席した取締役の過半数ですが、監査役会の場合は、出欠に関係なく監査役の過半数であることに留意が必要です。

4. 監査役会の職務

監査役会は、監査報告の作成、常勤の監査役の選定・解職のほか、監査の方針、業務および財産の状況の調査の方法、その他の監査役の職務の執行に関する事項の決定を行うこととされています。ただし、独任制の原則により、各監査役の権限の行使を妨げることはできません。

5. 監査役会の議題等

☞ W11・12

監査役会の議題としては、以下が想定されます。

(1) 監査役会の職務とされているもの

・監査役会監査報告の作成（会 390 ②一）

・常勤監査役の選定および解職（会 390 ②二）

・監査の方針、監査役会設置会社の業務および財産の状況の調査の方法その他の監査役の職務の執行に関する事項の決定（会 390 ②三）

・会計監査人の選任・解任・不再任に関する株主総会に提案する議案の内容の決定（会 344）

(2) 全員一致による同意事項

・監査役会による会計監査人の解任（会 340）

・取締役の責任の一部免除に関する株主総会への議案の提出に係る同意等*10（会 425 ③、会 426 ②、会 427 ③）

・株主代表訴訟において会社が被告取締役を補助するため訴訟に参加することに対する同意（会 849 ③）

(3) 過半数の同意が必要な事項

・監査役の選任に関する同意（会 343）

・会計監査人の報酬等の決定に関する同意（会 399 ①②）

(4) 監査役会で決定または審議することが望ましい事項

・監査役会議長の選定

・監査費用の予算計上

・監査役会規則、監査役監査基準（監査役監査規程）、内部統制に係る監査の実施基準などの制定または改定

(5) 監査役の協議が必要とされている事項

・監査役の報酬等についての協議（会 387）

(6) 協議が望ましい事項

特に監査役会の協議事項として定められているわけではありませんが、監査役会において協議することが一般的と考えられる事例をあげました。

・株主総会における説明内容についての事前協議（会 314）

・取締役会に対する報告（会 382）

・取締役会の招集請求、招集（会 383 ③）

＊10 議題と議案

議題は、「会議の目的事項」としてあげられている項目で、たとえば「取締役○名選任の件」をいい、取締役として○○氏を候補者とすることを議案といいます。

・株主総会の議案の調査（会 384）
・取締役の違法行為差止請求（会 385 ①）
・会社・取締役間の訴訟の代表（会 386 ②）

(7) 報告事項その他

一般的な事例として下記があります。

・取締役・執行役員から業務の執行状況の報告聴取
・内部監査部門長、内部統制部門長からの報告聴取
・会計監査人からの報告聴取
・各監査役からの監査活動報告

2-7 監査環境の整備、取締役等との意思疎通

監査役の重要なテーマの１つに取締役（特に代表取締役）との意思疎通、監査環境の整備があります。会社法は、監査役に、取締役等との意思疎通を図り、情報収集・監査環境整備に留意すべき義務を課しています（施規 105 ②)。

1. 監査環境の整備

監査役は、会社の規模・業態や潜在リスクなども考慮のうえで、監査環境のあるべき姿について検討し、まず、監査役自らが、主体的に監査環境の整備に努めるとともに、必要に応じて、取締役等に監査環境の整備を要請します。

2. 代表取締役との意思疎通

☞ B12 W14

監査役は、代表取締役を含む取締役等との意思疎通や監査環境の整備に努めなければならないとされており、取締役は、監査役の職務の執行に必要な体制（監査環境）の整備に留意しなければならないとされています。監査環境の整備は、簡単なことではありませんが、定期的に意見交換会を行い、コミュニケーションを積み上げて関係強化を図っていきます。

●代表取締役との意見交換会のテーマ事例

意見交換会のテーマは、そのときの会社の状況等を考慮して決定することとなりますが、一般的な事例としては、以下が想定されます。

① 経営方針、予算・中期経営計画等の説明を受ける。(取締役→監査役)
② 会社の経営概況や対処すべき課題などについて、定期的に説明を受ける。(取締役→監査役)
③ 監査の結果について説明し、改善要請や課題等の提起を行う。(監査役→取締役)
④ 幹部や社員との面談のなかから出てきた意見、課題などを報告する。(監査役→取締役)
⑤ 監査計画について説明し、理解ならびに協力を求める。(監査役→取締役)

3. 内部監査部門等との連携

監査役と内部監査部門等は立場や目的は異なりますが、連携して組織的かつ効率的な監査を行うことが必要とされています。具体的な連携の事例としては、以下があります。

① 内部監査部門等の監査計画や監査の結果について定期的に報告を受ける。
　また、監査役の監査計画や監査結果を内部監査部門等に伝え、必要に応じ相互の監査計画を調整する。
② 内部監査部門の監査結果について、その適切性を確認のうえ、監査役監査に活用する。
③ 内部監査部門等に必要に応じて調査を求める。
④ 定期的に連絡会を開催するなど意思疎通や情報交換を行う。

2-8 業務監査について

1. 業務監査の領域

監査役の監査の領域を業務監査と会計監査に区分することが一般的です。会計に関する事項についての監査を「会計監査」、それ以外のすべての事項についての監査を「業務監査」と定義しています。

2. 期中（業務）監査

① 取締役会等重要な会議への出席
　取締役会は最も重要な意思決定機関であり、必ず出席し、必要なときは意見を述べなければなりません。
　＊取締役会等の重要な会議の出席にあたっては、取締役が経営判断の原則に則って審議を尽くしたかどうかを注視していく必要があります。

② 重要な稟議書・契約書の閲覧

③ 事業部門、事業所、子会社等の監査

あらかじめ年間監査計画で定めておき、計画的に実施します。実施後に調書を作成します。

3. 期末（業務）監査

事業報告、株主総会の議案等、主として定時株主総会に関する事項についての監査をいいます。株主総会直後の監査事項もあります。詳細はPART Ⅲ「3-3 期末監査」で解説します。

2-9 会計監査について

会計監査の具体的な内容についてはPART Ⅳで触れることとし、ここでは最も基本的な事項について整理します。

1. 会計監査の対象

株式会社は各事業年度に係る計算書類（貸借対照表、損益計算書、株主資本等変動計算書、個別注記表）およびその附属明細書を作成しなければならないとされています（会435②、計規59）。

また、作成された計算書類およびその附属明細書は、監査役（会計監査人を設置している場合は、監査役および会計監査人）の監査を受けなければならないとされています（会436①②）。

したがって、監査役の監査対象は計算書類およびその附属明細書であり、これらが会社の財産および損益の状況をすべての重要な点において適正に（重要な虚偽・誤謬がなく）表示しているかどうかを監査し、株主に対して報告しなければなりません。

なお、会計監査人設置会社が連結計算書類（連結貸借対照表、連結損益計算書、連結株主資本等変動計算書、連結注記表）を作成した場合についても、監査役および会計監査人の監査を受けなければなりません。

2. 監査報告の内容

① 会計監査人を設置していない場合（計規122）

イ 監査役の監査の方法およびその内容

ロ 計算関係書類が会社の財産および損益の状況をすべての重要な点において適正に表示しているかどうかについての意見

ハ　監査のため必要な調査ができなかったときは、その旨とその理由

ニ　追記情報（正当な理由による会計方針の変更、重要な偶発事象・後発事象*11）

ホ　監査役（会）監査報告を作成した日

② 会計監査人を設置している場合（計規127）

イ　監査役の監査の方法およびその内容

ロ　会計監査人の監査の方法または結果を相当でないと認めたときは、その旨とその理由

ハ　重要な後発事象

ニ　会計監査人の職務の遂行が適正に実施されることを確保するための体制に関する事項

ホ　監査のため必要な調査ができなかったときは、その旨とその理由

ヘ　監査役（会）監査報告を作成した日

3. 会計監査を行ううえでの留意点

詳細はPART IVで触れますが、下記については、日頃から注意を払うことが必要です。

① 取締役会等で報告される月次決算および四半期決算において、疑問点などがあればクリアにしておく。大幅な売上・損益の増減などがあれば、その背景や理由などを調査する。

② 毎月の収益の計上について、自社の収益認識基準と照合し、適切な処理を行っているかどうか日頃から注意を払う。

③ 売上、売掛金、棚卸資産、有価証券の評価などが問題になるケースが多いので日頃から注意を払う。

④ 経理部門とのコミュニケーションを取れるようにしておき、疑問な点は説明を求める。また、計算書類などの受領に際し十分な説明を受ける。

さらに、会計監査人（監査法人）からのコメントがあった点については、内容、結論、その背景などを理解したうえで、監査を実施する。

⑤ 会計監査人（監査法人）との連携を密にし、定期的に意見交換を行う。

＊11 後発事象

後発事象とは、決算日の翌日以降に発生した会社の財政状態および経営成績に影響を及ぼす会計事象をいいます。

2-10 会計監査人について

1. 会計監査人とは

会計監査人とは、会計監査を行う監査人のことで、公認会計士または監査法人のみが就任することができます（会337①)。

- 取締役（会)・監査役（会）と同様、会社法で規定された会社の機関であり、株主総会の決議により選任されます（会329①)。
- 定款の記載、登記簿への登記が必要です（会911③十九)。
- 大会社は設置が義務付けられています（大会社以外は任意）（会328①)。
- 会計監査人を設置した場合は、監査役を置かなければなりません(会327③)。
- 会計監査人は、株式会社の計算書類およびその附属明細書、臨時計算書類ならびに連結計算書類を監査し、会計監査報告を作成しなければならないとされています（会396①)。

2. 会計監査人との連携

監査役と会計監査人は、同一の監査対象に対して、それぞれが独立した立場で監査を行う責務を負っていますが、相互の信頼関係を基礎としながら、緊張感のある協力関係のもとで、双方向からの積極的な連携によって、監査品質の向上と効率化に努めなければならないとされています。

会計監査人との連携

有価証券報告書に虚偽記載があったとして、監査役は取締役と監査法人とともに損害賠償責任が認められました。

監査役は、監査法人から架空売上の疑いがあるとの報告を受けながら、会計処理の確認をしなかったことが任務懈怠とされました。

監査法人から会計不正の疑いが報告された場合には、監査法人と連携して架空売上の有無を確認する、取締役に報告して是正を求める、調査委員会等を設置して取締役の不正を追及するなどの対応が必要です。

【東京地方裁判所　2009年6月18日判決】

＊参考文献
・損害賠償請求事件　判決文（2009年6月18日　東京地方裁判所）
・鳥飼重和、吉田良夫（2010）『監査役の社会的使命と法的責任』清文社
・山口利昭（2012）「監査役の責任と有事対応の在り方―監査見逃し責任を認めた判例の検討―」『旬刊商事法務』No.1973　pp.96-108.

監査役監査基準では、「監査役及び監査役会は、会計監査人と定期的に会合をもち、会計監査人から監査に関する報告を適時かつ随時に受領し、積極的に意見及び情報の交換を行うなど、会計監査人と緊密な連係を保ち実効的かつ効率的な監査を実施することができるよう、そのための体制の整備に努める。」と規定しています。

監査計画の作成・報告、四半期レビュー、期末監査時に各1回の会合をもつほか、必要なときは適宜情報の交換を行うなど、自由に意見交換できれば望ましい状態といえるでしょう。

＊連携のあり方については、「PART Ⅳ　4-3.9.」を参照ください。

3. 会計監査人の選任等に関する議案の内容の決定（会344） ☞ W45

監査役（会）設置会社においては、株主総会に提出する会計監査人の選任および解任ならびに再任しないことに関する議案の内容は監査役（会）が決定します。

また、事業報告には、会計監査人の解任または不再任の決定の方針を記載しなければなりません（施規126四）。

4. 会計監査人の報酬等の決定に関する監査役の関与（会399） ☞ W8・26

取締役は、会計監査人の報酬等を定める場合には、監査役の過半数（監査役会を設置している場合は、監査役会）の同意を得なければなりません。

報酬の同意にあたっては、過去の実績、監査体制や監査工数の変化、他社の事例等を参考にしながら、これまでの交渉経緯等も勘案して判断する必要があります。監査役としては、監査報酬が正常な監査体制を維持するために適当なレベルかどうかの視点での検討を行うことが必要です。

2-11 監査報告について

1. 監査報告とは

再び会社法381条を引用しますが、「監査役は、取締役の職務の執行を監査する。この場合において、監査役は、法務省令で定めるところにより、監査報告を作成しなければならない」と定められています。

1年間の監査の結果を取りまとめ、監査報告を作成し、定時株主総会で報告するのが監査役の基本職務であります。したがって、監査報告書は監査役の監査の結果を報告する重要な書類です。

2. 監査報告の作成にあたって（体験をもとにした考え方） ☞ W27～29

① 監査報告のひな型と就任時の対応

法務省令（会社法施行規則）には、会社の機関設計に応じ、監査報告に記載すべき項目が規定されています。日本監査役協会は、機関設計ごとに法務省令に基づく監査報告のひな型を用意しています。これをほぼそのまま会社の監査報告として採用している会社が多いのではないかと思われます。

私は、監査役に就任して間もなく、内部監査担当者から、これは協会のひな型なので、このとおり書いておけば問題ありませんといわれて何も考えず、そのとおり提出しました。このとき、後で、ヒヤリとする事態が発生しました。記載内容は自分なりに確認し、納得することが必要です。

② 監査報告の記載事項と監査活動

監査報告のひな型はあくまで参考であって、これに従う必要はないことは承知しており、何とか独自性を発揮したいという気持ちはありながらも、結局ひな型どおりに監査報告をまとめている方も多いのではないでしょうか。

重要なことは、監査報告がひな型と同じかどうかというよりは、むしろ監査報告に記載した監査の方法およびその内容について、本当にやったといえるのか、また、監査の結果について、適正であると確信をもてるのかということだと考えます。

監査報告は1年間の監査の結果をまとめたものですが、書く段階において、これはやっていないとか結果に自信がもてないといっても時を失したことになります。私は、監査計画をまとめると同時に、その年の監査報告書原案（基本はひな型）を作成しておき、これを念頭におきながら監査を行うことにしました。

PART Ⅰの雑感で触れましたが、四半期を1サイクルとして、業務監査・会計監査を行い、「監査実施結果報告」（A4 1～2枚）をまとめ、社長に報告するとともに、取締役会で報告することにしました。

期末の監査報告は、四半期ごとの監査の結果の総集編という位置づけとしました。このようなことで、監査報告書に記載した「監査の方法とその結果」について、自分なりに納得できるようになってきました。

PART Ⅲ 年間監査活動

ここでは、監査計画の作成から定時株主総会およびその後の法定備置書類の監査までの1年間の監査活動をカレンダーに沿って整理しています。

新任監査役が何の知識もなく就任し、監査役としてのスタートラインに立ったとき、1年間の監査活動の全体像が理解でき、折々のタイミングで何を学び、何をツールとして活動すればよいかについて整理し、安心して監査に取り組むことができることを念頭に置いています。

3-1 監査計画

実際の監査活動に先立ち、監査計画書を作成し、以下の項目を決定します。

監査計画書には、監査のスケジュールだけでなく、基本方針、重点監査項目、監査役間の分担などについても定める必要があります。

監査計画は監査役間の協議または監査役会の審議により決定します。また、代表取締役および取締役会に説明することが基本とされています（監査役監査基準第36条)。時間軸で整理すると、

① 期初に行うべきこと

② 一連の期中監査

③ 決算を迎えての期末監査

④ 定時株主総会

が1サイクルです。1年間の活動の結果としての監査報告書を胸を張って書けるようにするためには、いつ・どのような監査活動を行うべきかを考えて、(監査報告を想定した）監査計画を策定し、これを実行します。

しかしながら、就任直後においては、自分自身で一から計画を策定することは実質的に困難でありますので、前年度の計画や前任者のアドバイスなどを参考にして取りまとめることが一般的です。

1. 監査環境の整備

会社法施行規則では、監査役の努力義務として、「監査役はその職務を適切に遂行するため、取締役等との意思疎通を図り、情報の収集及び監査環境の整備に努めなければならない」と定めています。また、同時に取締役に対しても、「監査役の職務の執行のための体制の整備に留意しなければならない。」としています（施規105②）。

以上のとおり、「監査環境の整備」は法の要求であります。実際にこれを実現するためにはお互いの信頼関係を構築することが重要であり、これは簡単ではありませんが、できる限りコミュニケーションの機会をもつことが必要です。

代表取締役ならびに取締役会に対し、監査方針・重点監査項目・監査計画を説明し、監査役監査への理解を求めていくことが出発点になります。

2. 策定時期および対象期間

① 対象期間

定時株主総会が新任監査役の就任日となることが多いため、定時株主総会の翌日から翌年度の定時株主総会の日までを対象期間とする例が一般的です。

会社の経営計画や予算等との整合性を重視して、会社の事業年度に合わせる例もあります。

② 計画策定の進め方

計画の策定にあたっては、監査役の年間活動を見通す必要があるとともに、速やかに実行に移す必要があることから、前期の監査役会監査報告書を提出した日から定時株主総会までの間に、在任中の監査役が原案を作成し、株主総会終了後、監査役間の協議（または監査役会における審議）により決定することが一般的です。

なお、対象期間を会社の事業年度に合わせる場合は、在任中の監査役が前事業年度末もしくは当該事業年度の期初に開催される監査役会において、監査方針・監査計画を決定します。

③ 監査計画の説明

作成した監査方針・監査計画は、代表取締役ならびに取締役会に説明します。

④ 計画の修正

期中に変更の必要が生じた場合には、適宜監査役会において審議のうえ修正します。

⑤ 会計監査人・内部監査部門との連携・調整

監査計画の作成にあたり、内部監査部門との連携による効率的な監査や、被監査部門に過度な負担をかけないような配慮も必要です。会計監査人設置会社においては、相互に監査計画を説明し、意見交換を実施する機会を設けるようにします。

3. 監査方針

☞ B1・3

監査方針は、会社の経営方針、経営環境、監査環境や時代のニーズなどを勘案し、監査役会の審議または監査役間の協議により決定します。

4. 重点監査項目

重点監査項目は、次のような項目の遂行状況を勘案し選定します。

- 経営方針・経営計画の遂行状況
- 前期の監査結果などを考慮し、想定される経営上・事業運営上のリスクのうち、企業不祥事など会社に著しい損害を及ぼす事実の発生を未然に防止するための内部統制システムの構築・整備の状況
- リスク管理体制・コンプライアンス体制の整備状況など、内部統制システムを構成する項目のなかでリスクが大きいと想定される項目
- KAM（Key Audit Matters）について、自分なりの考えを整理し、会計監査人と意見交換を行い、監査計画に織り込みます。

5. 監査役の職務の分担

☞ B4

① 各監査役は、取締役の職務執行の監査を職責とし、各監査役の権限の行使を妨げない独任制のもとで監査活動を行うこととされていますが、限られた員数で監査の実効性の確保を図るためには、組織的・効率的な監査を実施する必要があります。そのためには、各監査役の経験・知識、社内・社外別、常勤・非常勤別等を考慮して職務の分担を定めて、監査を実施することが有効です。

【職務の分担例】

イ 職能別分担（財務・会計、法務、営業・販売、生産・研究・開発など）
ロ テーマ別分担（倫理・法令遵守、情報管理、環境・安全など）
ハ 事業部門別分担（事務所、子会社などを含む）
ニ 地域別分担

② 各監査役は、職責上、自身の分担外の監査事項に関する情報も必要とするので、職務を分担した場合は、監査の実施状況とその結果や把握した情報などについて、監査調書の内容の共有、監査役会や監査役連絡会等(注)での相互報告の実施を通じて情報の共有化を行います。

(注) 監査役会を設置していない場合、監査役連絡会または監査役協議会などの会議体を設け、監査役間の情報の共有や協議を定期的に行うことが望ましい。

6. 監査計画、年間スケジュール ☞ B2・3・5

① 監査計画は、監査方針や重点監査項目等に基づき、監査対象、監査の方法、実施時期を適切に選定し作成します。

② 監査対象や実施時期については、会計監査人および内部監査部門の監査計画との関係を考慮するとともに、主要な事業部門（事業所）は毎年、他の部門等は数年内に一巡し、監査の空白や聖域が生じることのないようにしなければなりません。

③ 各監査役は、監査計画および監査職務の分担に基づき、具体的な監査実施スケジュールを作成し、監査役会において各監査役と調整のうえ、監査役会としての監査実施スケジュールを作成します。

④ 監査実施スケジュールには、取締役会その他の監査役が出席すべき重要な会議等の日程をあらかじめ織り込むとともに、内部監査部門や会計監査人監査への同行・立会いの予定なども考慮して、作成する必要があります。

7. 監査活動経費（予算）の確保 ☞ W9・10

監査計画を策定したら、必要な経費を見積もり、監査活動が円滑に進むよう関係部門に説明し、理解を求めることが必要です。通常時においては、往査に伴う旅費・交通費、会議費、研修費、書籍購入費などが想定されます。以下の点に留意して取りまとめます。

① 監査役会は、職務遂行上必要な費用について、審議のうえ予算を作成し計上します。

② 事業年度ごとに作成し計上している予算について、定時株主総会終了後の監査役会において追認する方法もあります。

③ 監査費用の支出にあたっては、監査役はその効率性および適正性に留意しなければなりません。

8. 監査活動のイメージ

☞ B5

		当該会計期間	翌期
		4月・・・・・・・・・・・・3月	4月 5月 6月 7月
期中監査	・重要な会議への出席（取締役会等） ・重要な稟議書・契約書の閲覧 ・代表取締役等との意見交換 ・事業部門、事業所等の監査 ・月次決算等の監査 ・内部統制の状況の監視	期を通して実施 （監査計画に従い実施）	
期末監査	・期中に実施した監査結果の整理 ・期末棚卸への立会い ・計算書類等の監査 ・事業報告等の監査 ・内部統制監査（期中の監査の整理を含む） ・決算短信、有価証券報告書の監査 ・監査報告書の作成	◎ ◎	◎
定時株主総会対応	・招集通知の監査 ・議案の監査 ・想定問答の作成 ・法定備置書類の監査（総会前後） ・株主総会当日～終了後の監査 （口頭報告、議事運営・決議方法・議事録、決議事項の実施状況　etc）		◎ ◎

◎監査計画のポイント

1. 監査計画は、基本方針、重点監査項目、監査役間の分担、年間監査日程で構成されます。
   年間の活動方針や計画を定める重要なテーマです。
   年度末の監査報告書を念頭におき作成します。
2. 計画を策定したら、代表取締役に説明するとともに取締役会で報告し、監査活動に理解を求め、監査環境の整備に努めていきます。
3. 会計監査人や内部監査部門と調整し、効率的な監査と被監査部門の負担が過度にならないように配慮します。

3-2 期中監査

期中監査とは、年間の監査活動のうち決算監査と株主総会関連の監査を除いた日常的な監査活動をいいます。

日常的な監査活動で重要なことは、取締役の職務執行における不正な行為もしくは法令・定款に違反する行為、著しい不当な行為などをチエックし、未然に防止することです。

また、取締役が「善管注意義務」や「忠実義務[*1]」を果たしているかどうか、取締役会等の意思決定が「経営判断の原則」に則っているかどうかを監視・検証することも監査役の重要な役割です。

そのためには、取締役会等の重要な会議において、疑問点を質問し必要に応じて意見を述べるなど、常日頃から監査役の存在感を示すよう心がけましょう。発言内容や指摘事項は議事録やメモとして記録に残しておくことも必要です。

また、期中監査においては、取締役の不当な行為を未然に防止するために、非定例的な事象を発見することが求められます。日頃から取締役や従業員との交流を行うことで、不正の芽を摘むことができれば素晴らしいことといえるでしょう。

ここでは、日常的な監査活動における重要なポイントについて触れていくこととします。

1. 期中監査実施にあたり考慮すべき事項

① 監査報告書記載事項の確認

監査活動は、前節で述べた監査の方針、重点監査項目、監査計画に従って進めていきます。あらかじめ、年度末に作成する監査報告書のなかの「監査の方法およびその内容」を念頭において日常の監査にあたることによって、年度末に作成する監査報告書の文言を多くの事実により裏付けることが可能となり、善管注意義務違反や任務懈怠に問われるリスクを軽減することができます。

② 監査調書の作成 ☞ B13・17～23 W13～16・20～22

監査の結果は、監査調書として記録に残します。監査調書は、監査役会議事録と違って備置の対象ではなく、原則として外部の目に触れるものではありません。しかし、その積み上げが期末に作成する監査報告書につながり、活動記録として重要な資料となります。

2. 取締役会その他重要会議への出席

① 取締役会 ☞ B9

「監査役は、取締役会に出席し、必要があると認めるときは、意見を述べなければならない。」と規定されています（会383①）。

取締役会への出席は、監査役の基本的かつ重要な職務です。

出席にあたっては、招集通知の内容を確認し、付議予定の議案を入手し、決

＊1　忠実義務
取締役は、「法令及び定款並びに株主総会の決議を遵守し、株式会社のため忠実にその職務を行わなければならない」とされています。

議事項や報告事項が法令・定款・取締役会規則等に従っているか、内容が「経営判断の原則」に則っているかを確認し、必要に応じ担当役員等に説明を求め、不備や問題がある場合は修正や対応について助言します。

取締役会の席上では、業務執行の意思決定の状況や取締役の職務の執行に対する相互監督などの取締役会の監督機能が発揮されているかどうかを監視し、重要な議事の経過や結果、取締役の発言内容などについてメモを取り、議事録の記載内容の確認ができるようにしておきます。

取締役会において監視・検証すべきポイントを例示すると以下のとおりです。

イ　取締役会の招集手続は適正か（法令・定款・取締役会規則等との整合性の確認）。

ロ　付議事項は適正か（法令・定款・社内規程）。

ハ　議事進行は議長により、規程どおり進行されているか。

ニ　意思決定は経営判断の原則に照らして適正に行われているか。

ホ　決議に際し、特別な利害関係*2のある取締役は参加していないか。

ヘ　各取締役は3ヵ月に1回以上、自己の職務の状況を報告しているか。

ト　社外取締役、社外監査役の発言状況の確認。

チ　議事録の内容は適正か、また署名または記名押印はされているか。

＊監査役は、定款や取締役会規則等を読み、取締役会の基本的なルールを理解しておく必要があります。

②　その他の重要会議への出席

取締役会以外の重要な会議への出席は、業務・財産の調査権（会381②）に基づく監査役の重要な監査の方法の1つです。

経営会議など重要事項の意思決定に係る会議や、リスク管理委員会・コンプライアンス委員会・内部統制委員会などの内部統制に係る会議、その他の重要な会議への出席は、監査役にとって当然の責務であり意思疎通や情報収集のためにも必要です。会議等において、内部統制上の不備を発見した場合は直ちに意見を述べて是正措置を講じてもらい、問題の発生を未然に防止するように努めましょう。

＊2　特別な利害関係

会社法第356条および第365条に規定する競業取引・利益相反取引に関する取締役会の決議について特別の利害関係を有する取締役は、議決に加わることができません（会社法369条2項）。当該取締役は議決権を有さず、当議案の決議に係る取締役会の定足数は、その取締役を除外して計算されます（同法369条1項）。

3. 取締役会の議事運営等重要事項の監査

☞ W17～22

① 取締役会招集手続の監査（会 366・367・368）

会 366 ①ただし書に基づき、定款や取締役会規則で招集権者を定めていることが一般的です。自社の定款等の内容を確認し、これらに準拠しているかどうかを確認する必要があります。また、招集通知の期限についても同様です。

② 取締役会議事運営の監査

イ 議長

会社法には規定されていませんが、定款もしくは取締役会規則で、「招集権者が議長となる」と定めているのが通例となっています。

ロ 決議方法（会 369・370）

取締役会の決議は、議決に加わることができる取締役の過半数（これを上

取締役会における監査役の善管注意義務

A 社が販売する食品について、日本では承認されていない添加物が混入しているという事実が発覚しました。

取締役会において本事実が報告されたにもかかわらず、これを公表することなく、問題を先送りし、積極的な損害回避策の検討を怠ったことにつき、取締役の善管注意義務違反があるとされました。

監査役については、取締役会に出席しながら、取締役の明らかな任務懈怠に対する監査を怠った点について善管注意義務違反が認められました。

監査役は必要があると認めるときは、意見を述べる義務（会 383 ①）、または法令・定款に違反する事実もしくは著しく不当な事実があると認めるときには遅滞なく取締役会に報告する義務（会 382）、そして取締役の法令・定款違反の行為により会社に著しい損害が生じるおそれがあるときには、監査役はその行為の差止め請求する権利（会 385）が認められています。これらの遂行や行使を怠ると善管注意義務違反に問われることがあります。

【大阪高等裁判所　2006 年 6 月 9 日判決】

＊参考文献

・損害賠償請求控訴事件　判決文（2006 年 6 月 9 日　大阪高等裁判所）

・竹内朗（2014）研修会資料「監査役の役割と責任」日本監査役協会

・鳥飼重和、吉田良夫（2010）『監査役の社会的使命と法的責任』清文社

・山口利昭（2012）「監査役の責任と有事対応の在り方―監査見逃し責任を認めた判例の検討―」『旬刊商事法務』No.1973　pp.96-108.

・吉田良夫（2009）「コーポレート・ガバナンスにおける監査役の使命と責任―最近の事例を前提として」『月刊監査役』No.558　pp.4-16.

回る割合を定款で定めた場合にあっては、その割合以上）が出席し、その過半数(これを上回る割合を定款で定めた場合にあってはその割合以上)をもって行います（その他詳細は会369・370参照)。

ハ　議事録の作成・署名・備置・閲覧（会369③④⑤・371)

取締役会の議事については、書面または電磁的記録により議事録を作成し、出席した取締役および監査役はこれに署名もしくは記名押印または電子署名しなければならないと定められています。

議事録に記載すべき事項は、開催日時および場所、議事の経過の要領およびその結果、出席者の氏名または名称、議長の氏名、議事録を作成した取締役の氏名等、詳細に定められています（その他省略　詳細は施規101)。

監査役は、議事録の記載が適切であるかどうか確認のうえ、押印しなければなりません。

＊ WEB会議システムなどにより出席した取締役などがいる場合は、その旨の記載を行う。

ニ　取締役会の決議事項

会社法では、取締役会で決議すべき事項を定めています。このなかで、重要と思われるものを列挙しておきます。会社法の規定に加え、会社が取締役会決議を必要とするものを合わせて、取締役決議事項として、社内規程で定めておくとよいでしょう。

監査役は、取締役会で決議すべき事項を定めた権限規程等を保持し、重要な決裁が規程どおり行われているかどうかを確認する必要があります。

(会社法で定められているものを抜粋)

・株主総会の招集の決定（会298④)
・業務執行の決定（会362②一)
・取締役の職務執行の監督（会362②二)
・代表取締役の選定および解職（会362②三)
・重要な財産の処分や譲受け（会362④一)
・他に、多額の借財、重要な組織の変更、社債の募集、内部統制に係る基本方針、競業＊3・利益相反取引＊4、剰余金の配当、計算書類、事業報告等の決定などがあります。

＊3　競業取引

取締役や執行役が自社の事業と同じ部類の取引を、自己や第三者のためにすることをいい、競業取引を行う場合は株主総会（取締役会設置会社では取締役会）の承認が必要となります。

4. 経営判断の原則と監査役の対応

監査役は、取締役が善管注意義務、忠実義務を果たしているかどうかを監視・検証することが求められています。取締役の重要な意思決定が、下記に掲げる経営判断の原則に基づいて行われていれば、それによって会社が損害を被ったとしても、その取締役の行為は、決裁権限の行使であり、善管注意義務ならびに忠実義務違反にあたらず、責任を問われることがないというのが一般的な判断基準になってきており、裁判の判例でも裏付けられてきています。

したがって、監査役は、重要事項についての意思決定が経営判断の原則に基づいて行われているかどうかを注意深く観察し、もし十分でないと判断したら、その旨を指摘し、さらに検討を深めてもらうよう提案する必要があります。

このことは、期中監査において最も重要なことといえるかもしれません。もし、不適切な意思決定が行なわれて、そのことが取締役の善管注意義務違反にあたる場合は、これを看過した監査役の善管注意義務違反を問われる可能性が大いにあることを認識する必要があります。

●経営判断の原則　　（日本監査役協会　監査役監査実施要領　2016年5月20日）

(1) 事実認識に重要かつ不注意な誤りがないこと
　① 意思決定のために必要な情報を十分に得ているか
　② 情報（事実、計数、予測）は正確、客観的、中立的か
(2) 意思決定過程が合理的であること
　① 法令・定款、決裁権限規程等に準拠した意思決定か
　② 代替案や想定しうる利益・不利益等必要事項の検討・審議が行われているか
　③ 必要な場合、当該案件についての専門家の見解を徴しているか
(3) 意思決定内容が法令又は定款に違反していないこと
　① 業法や定款で認められる範囲内か
　② 株式会社、経済・市場秩序、その他一般刑事事項等に対する法規制に違反していないか
　③ 必要な場合、弁護士等の専門家の見解を徴しているか
(4) 意思決定内容が通常の企業経営者として明らかに不合理でないこと
　① 集めた情報と適正な検討・審議に基づく合理的な結論となっているか
　② 想定しうるリスクが会社の経営にとって致命的なレベルでないこと

＊4　利益相反取引
取締役が、自己または第三者のために株式会社と取引することをいい、利益相反取引を行う場合は、株主総会（取締役会設置会社では取締役会）の承認が必要となります。

(5) 意思決定が取締役の利益又は第三者の利益でなく会社の利益を第一に考えてなされていること
① 取締役個人の保身や利得を得ることを目的としていないか
② 親族・友人等、会社以外の第三者の利益を図るためではないか

経営判断の原則は、取締役会のみでなく、経営会議等の重要会議や稟議書等の決裁をはじめ、取締役の経営活動にあたっての判断基準となるものです。監査役は、取締役が経営判断の原則に則り、必要な調査・分析・検討を行い審議を尽くしたうえで決定したかどうかなど、意思決定のプロセスが十分であったかどうかを監視・検証します。

5. 主要な稟議書および契約書の閲覧

監査役監査基準第43条に「監査役は、主要な稟議書その他業務執行に関する重要な書類を閲覧し、必要があると認めたときは、取締役又は使用人に対しその説明を求め、又は意見を述べる。」と定められています。

経営判断の原則

親会社が子会社を完全子会社化するために同子会社の株式を設立時の株式の払込金額と同額の1株5万円で買い取ったところ、その金額が監査法人などの算出した価格を大きく上回っていたことから、親会社の株主が同社の取締役に対し連帯して同社に1億3004万320円を支払うことを求め株主代表訴訟を提起しました。

最高裁の判決では、被告取締役の責任を否定しました。その決定の過程、内容に著しく不合理な点がない限り取締役として善管注意義務に違反するものでないとの経営判断の原則を採用しました。判断に至るプロセスとして、経営会議での検討を経たこと、弁護士の意見を聴取したことなど、その決定過程に何も不合理な点は見当たらないと判示しています。

【最高裁判所 2010年7月15日判決】

＊参考文献

・損害賠償請求事件 上告審 判決文（2010年7月15日 最高裁判所）
・竹内朗（2014）研修会資料「監査役の役割と責任」日本監査役協会
・竹内朗・笹本雄司郎・中村信男（2014）『リスクマネジメント実務の法律相談』青林書院

日本監査役協会の監査報告書のひな型でも、「重要な決裁書類等を閲覧し……」と例示しており、主要な稟議書や重要な契約関係書類は、監査の対象とすべきものとなっています。

また、監査にあたっては、その決裁が経営判断の原則に基づいているかどうかに加え、書類の保管状況や保管期限、承認手続や実施状況なども合わせて確認する必要があります。

稟議書等の閲覧の方法やタイミングなどについて、あらかじめ取締役等と協議しルール化することにより適切な監査を行うことができ、閲覧漏れを避けることができます。

稟議等の手続きが適切に行われているかどうかを検証するために、稟議規程、決裁権限規程等を手元に置き、確認できるようにしておきましょう。

6. 代表取締役等との意見交換

監査役の監査実務のなかで重要な位置づけにあるのが、代表取締役等との意見交換です。

監査役監査基準第15条では、「監査役は、代表取締役と定期的に会合をもち、代表取締役の経営方針を確かめるとともに、会社が対処すべき課題、会社を取り巻くリスクのほか、…（中略）…監査役監査の環境整備の状況、監査上の重要課題などについて意見を交換し、代表取締役との相互認識と信頼関係を深めるよう努める。」と規定されています。

なぜそれほどまでに重視されるのかというと、企業不祥事のうちトップが関与する例が少なくないこと、内部統制システムはトップ自身が関与して行われる不正行為の防止には効果が少なく、これを防止しまたはその兆候を感じ取ることを監査役に期待しているからなのです。

代表取締役との定期会合は、会社の実状に合わせて実施すべきでありますが、推奨事例として下記を参照ください。

イ　出席者：監査役全員と代表取締役。

ロ　開催頻度：（できれば、）四半期ごと。あらかじめ、年間のスケジュール取りをしておく。

ハ　テーマ（事例）：　☞ B12 W14

代表取締役より、経営方針、経営概況、対処すべき課題等をヒヤリングする。

監査役より、監査計画、監査実施状況、監査環境の整備などの要望事項を説明する。

7. 事業部門、事業所、子会社等の監査（往査）

①　事前準備　☞ B10 W13・15・16

事業所等の監査は、あらかじめ年間監査計画で定め、各往査先事業所に通知し、事業所の責任者等と確認しておきます。また、内部監査や会計監査人監査の日程を確認し、被監査部門に過度な負担をかけないよう配慮することも必要です。

また、往査に先立ち、過去の往査記録、組織・人員、残業時間、労働災害の発生状況、内部監査の監査結果等、事前に入手できる資料の収集や分析、質問事項や資料の準備の要請を行うなど、実効性のある監査を心がけます。

② 社内事業所往査時の監査項目事例（会社の業種・業態等により異なります）

イ 業績推移と対処すべき課題等についての確認

ロ 重点監査項目（事業所の特性に応じて設定）の確認・検証

ハ 事前質問事項等について報告を受ける

ニ 法定備置書類、訴訟、労災、売上基準、与信管理状況、不良債権、クレー

子会社管理における忠実義務違反、善管注意義務違反

親会社の取締役は、子会社に不明瞭な多額の在庫があるとの報告を受け、その後も在庫や借入金が増加し、状況が改善しないことを認識していました。しかし何ら有効な措置を講じないまま、経営破綻が差し迫った状況になった後に支援と称して貸付などを行い、最終的には債権放棄を行わざるを得なくなりました。

親会社の株主から株主代表訴訟が提起され、判決では、子会社の非常勤役員を兼務する親会社代表取締役ら３名は、忠実義務違反、善管注意義務違反があったとされ、親会社の損失額（回収不能額）について賠償が命じられました。

本件に関連して、子会社管理に関して留意すべき事項は２点あります。

① 不良在庫の発生に至る真の原因などを探求して、その結果に基づき必要な措置を講ずる必要があった。

② 実態を解明することなく安易に子会社への貸付を実行することは、経営判断の原則に則っていないとして、忠実義務・善管注意義務違反に問われる可能性があり、子会社の経営状況を隠蔽する目的があると解されるリスクもある。

【福岡高等裁判所　2012 年 4 月 13 日判決】

＊参考文献

・損害賠償請求控訴事件　判決文（2012 年 4 月 13 日）

・竹内朗（2014）研修会資料「監査役の役割と責任」日本監査役協会

・竹内朗、上谷佳宏、笹本雄司郎、上村剛（2019）『企業不祥事インデックス　第２版』商事法務　pp.116-117.

・山口利昭（2012）「監査役の責任と有事対応の在り方―監査見逃し責任を認めた判例の検討―」『旬刊商事法務』No.1973　pp.96-108.

ム処理、設備投資、労働安全衛生、環境管理、棚卸資産管理、下請管理、情報セキュリティ、その他その事業所に特有の事項など。

往査は、単にその部門の監査を行うにとどまらず、監査の意義や目的、三様監査や内部統制の重要性を理解してもらういいチャンスであり、そのような啓発活動を行うことにより、健全で良質な企業風土の形成に資することも目的の１つです。 ☞ B11

③　子会社調査権の行使

「監査役は、その職務を行うため必要があるときは、子会社に対して事業の報告を求め、又はその子会社の業務及び財産の状況の調査をすることができる」(会381③)と定められています。この子会社には海外子会社も含まれます。

特に、海外子会社監査にあたっては、円滑に監査の受け入れを行ってもらえるよう事前確認や準備が必要です。また、海外往査のための英文版チェックリストや国別のガイドブックが、日本監査役協会から公表されており、参考になります。

8. 取締役の競業取引・利益相反取引等（旧商法施行規則 133 条）の監査

監査役にとって、旧商法施行規則 133 条の監査＊5 は、期中監査のなかで重要な監査項目です。

関係法令の規定の内容を理解し、日頃から問題意識をもって情報収集に努めることが重要です。

また、取締役にも理解を求める必要があります。このための手段として、「取締役職務執行確認書」を提出してもらうことは有効です。

☞ B30・31 W34～39

旧商法施行規則 133 条に該当する行為の内容は下記のとおりです。 ☞ B21

＊5　旧商法施行規則 133 条の監査

旧商法施行規則 133 条に「次に掲げる事項につき取締役の義務違反があるときは、その事実に関する記載は各別にしなければならない」と規定され、以下の項目が記載されていました。

①　競業取引、自己取引、利益相反取引
②　無償の利益供与
③　子会社または株主との通例的でない取引
④　自己株式の取得および処分または株式失効の手続き

会社法には、上記項目について各別に記載しなければならないという規定はなくなりましたが、監査役の日常監査において重要監査項目であるということには変わりはありません。

① 競業取引・利益相反取引

当該取引を行う場合は、重要な事実を開示したうえで、取締役会（取締役会を設置していない場合は株主総会）の承認を受けなければならない（会356・365）。

② 無償の利益供与

会社は、何人に対しても、株主の権利、適格旧株主の権利または当該会社の最終完全親会社等の株主の権利の行使に関し、財産上の利益の供与をしてはならない（会120、詳細略 関係省令参照）。

③ 通例的でない取引*6、関連当事者との取引

会社がした子会社または株主との通例的でない取引(旧商法施行規則133条)。会社法ではこの条項は削除されましたが、関連当事者との取引に関する注記事項に該当する場合は、注記表に記載が必要です（計規98①十五・112)。

また、一定の場合には事業報告または事業報告の附属明細書に当該会社の利益を害さないよう留意した事項等を記載することとなりました（施規118五・128③)。

9. 金融商品取引法、証券取引所の規則等

上場会社については、会社法にとどまらず、金融商品取引法や証券取引所の規則も遵守する必要があります。また、監査の範囲も四半期報告書、決算短信、適時開示*7、インサイダー取引*8なども対象となり広がってきます。会社として、これらに対応する仕組みができているかどうかを確認し、課題がある場合は対応を求めることが必要です。

＊6 通例的でない取引

通例的でない取引とは、通常の取引に比べ取引条件等が大幅に異なる取引あるいは特別な取引のことをいいます。監査にあたり、子会社に対して親会社が特別な条件の取引を強要していないか、特殊株主等と異常な取引を行っていないかなどに留意が必要です。

＊7 適時開示

適時開示とは、上場会社が有する情報のうち、市場の参加者の判断に重大な影響を及ぼす情報が適時適切に伝達され、投資家が自己責任をもって証券市場に参加するために上場会社に要求される情報開示のことをいいます。

＊8 インサイダー取引

上場会社または親会社・子会社の役職員や大株主などの会社関係者、および情報受領者（会社関係者から重要事実の伝達を受けた者）が、その会社の株価に重要な影響を与える「重要事実」を知って、その重要事実が公表される前に、特定有価証券等の売買を行うことをいい、金融商品取引法で規制されています。

10. 期中における会計監査（月次・四半期決算の監査）

会計監査については、PART Ⅳで詳細に触れますが、ここでは期中における会計監査上の留意点を列挙しておきます。

① 取締役会や経営会議等の重要会議に出席し、月次決算の状況について説明を受け、平常月と比較して大きな変化があった場合は、その状況をよく認識して原因等を把握し、必要があれば説明を求める。 ☞ B15～17 W23～25

イ 大きな受注、売上があった場合…収益認識基準と整合しているか

＊ 2021年4月1日以降開始する事業年度の期首から適用される「収益認識に関する会計基準」と自社の収益計上基準が整合しているか、確認が必要です。

ロ 大きな支出、投資、M&A 等…経営判断の原則や決裁権限規程等との照合

ハ その他イレギュラーな事項…処置や判断は適切か

② 会計監査人（監査法人等）との定期的なコミュニケーション

イ 会計監査人の監査計画をヒヤリングし、重点監査項目を確認するとともに、「職務の遂行が適正に行われることを確保するための体制」が整備されていることについて説明を受けて確認する。また、KAM の選定についての意見交換を行うとともに、監査の状況についても定期的に説明を受ける。

ロ 会計監査人の期中監査が監査計画どおり行われているか確認する（監査日程、期間、人員の投入状況など）。

ハ 四半期レビューの結果をヒヤリングし、問題点や課題を把握するとともに、監査役の監査の状況についても説明し、情報の共有化や意見交換を行う。

③ 四半期決算・中間決算

四半期決算書に関しては、月次決算との比較を行って大きな差異があった場合は、経理部門から説明を受けて確認します。また、必要に応じ、会計監査人と意見を交換し、判断を共有します。 ☞ B13

11. 内部統制システムの整備・運用状況の監査

期中においては、コンプライアンス委員会やリスク管理委員会等の内部統制に関連する会議に出席し、課題や問題点を把握し、個別に改善策を検討し、「開示すべき重要な不備*9」が積み残されないよう対策を求めることが必要です。

また、定期的に職場の巡回や面談を行って、問題の発見とその対処を心がけるようにしましょう。

内部統制監査の詳細については、PART Ⅴで詳細に触れます。

◎期中監査のポイント

取締役の行為により会社が損害を受けた場合で、その取締役の行為が善管注意義務違反と認定された場合、これを看過した監査役が善管注意義務違反に問われる可能性があります。

監査役は、重要な会議に出席し、その意思決定が経営判断の原則に基づいているか、取締役の善管注意義務違反はないかについて、監視・検証する必要があります。

従業員のインサイダー取引

ある報道機関の会社では、従業員がインサイダー取引を行い一部につき刑事責任が問われました。その後、株主より、自社従業員のインサイダー取引を防止することを怠たり、会社の社会的信用が失墜し、コーポレートブランド価値の一部が毀損されたことについて、取締役の任務懈怠責任を追究する株主代表訴訟が提訴されました。

判決では、会社として情報管理体制およびインサイダー取引防止に関する管理体制がとられており、その内容も一般的にみて合理的な体制であるといえるとして、取締役の善管注意義務が尽くされているとしました。

【東京地方裁判所　2009 年 10 月 22 日判決】

＊参考文献

・損害賠償（株主代表訴訟）請求事件　判決文（2009 年 10 月 22 日　東京地方裁判所）
・竹内朗・笹本雄司郎・中村信男（2014）『リスクマネジメント実務の法律相談』青林書院

＊9　開示すべき重要な不備

「開示すべき重要な不備」とは、財務報告に重要な影響を及ぼす可能性が高い財務報告に係る内部統制の不備をいいます。期末日において「開示すべき重要な不備」が存在する場合には、経営者は内部統制報告書において、その内容およびそれが是正されない理由を記載する必要があります。

3-3　期末監査

期末監査は監査役の1年間の仕事の締めくくりです。期中監査や日常的な監査活動の結果を含め、最終的には監査役（会）の監査報告書として取りまとめて会社等に提出します。監査報告書は、実際の監査活動の結果であり、その内容については自分自身が納得して書けるようにしたいものです。ここでは期末監査の準備から報告書の作成、有価証券報告書の監査までを整理しました。

1．準　備

① 会計基準等の改正状況の確認

イ　当期に適用される法令・会計基準等の改正状況について確認を行います。

なお、新規の改正だけでなく決算期の関係で、他社においてはすでに昨年度から適用しているが、自社は今年度から適用される場合もありますので注意が必要です。

ロ　日本監査役協会等において開催される期末会計監査や株主総会対応などの研修会に出席して、最新の情報を入手し確認することをお勧めします。

ハ　主要な対象法令

会社法、会社法施行規則、会社計算規則、金融商品取引法、コーポレートガバナンス・コード、証券取引所規則など関連法規の改正の動向には日頃から留意しておきましょう。

② 定時株主総会までの日程の調整・決定（適法性の確認）　☞ W30・31

イ　会社法296条では、定時株主総会は、「毎事業年度終了後一定の時期に招集しなければならない」と定められているだけですが、基準日株主の権利行使の期限は実質上（定款で定められた）基準日から3ヵ月以内とされているため、3月決算であれば6月末までに定時株主総会を招集し、開催することとなります（会124②・296）。

ロ　日程で留意すべき主要な法定期限

法定期限については、主なものを下記に記載しておきます。「監査役監査実施要領」にも記載されていますので、自社の形態（機関設計）に合った日程を検討し、特定取締役等と調整して決定します。

- 計算書類・事業報告等の受領日
- 株主提案権*10の行使期限日（会303②）
- 会計監査人の会計監査報告の通知日（計規130①一）
- 監査役（会）の監査報告の通知日（施規132①、計規124①）
- 株主総会招集通知発送日（会299①）
- 株主総会資料のウェブサイトへの掲載（会325の3　詳細はPART Ⅶ

参照)

・計算書類等の備え置き開始日(会442)

・書面(電磁的方法)による議決権行使期限日時(会311、施規69・70)

・株主総会議事録の作成と備え置き期間(会318)

・議決権行使書備置開始、終了日(会310⑥)

・株主総会決議取消しの訴え[*11]の期限日(会831)

ハ　関連部署等との調整

日程作成にあたっては、経理(計算書類関連)、総務・法務(招集通知関連)等の関連部署ならびに会計監査人と十分な調整をしておく必要があります。

なお、日程・期間の計算方法については民法の定めにより計算します。

(民法140条……初日不参入の原則)

期間計算の起算点については、原則として初日を参入せず翌日から計算します。

＊事業報告を受領した日から4週間を経過した日

(例) 2021年4月28日(水)に受領したとき

→ 2021年5月27日(木)

③　会計方針・会計処理方法の説明聴取

監査役は、当期に適用または変更された会計基準等について、経理担当者・会計監査人等と確認しておきます。

2. 期末棚卸、有価証券、設備等資産の監査(立会い)

①　期末棚卸[*12](立会い) ☞ B14

実地棚卸は、棚卸資産の実在性[*13]を確認するとともに期末決算において売

＊10 株主提案権

一定以上の株式を所有する株主が株主総会の議題を提案することができる権利をいいます。条件としては6ヵ月前から引き続き1%以上または300個以上の議決権を有する株主にのみ認められる権利です。

＊11 株主総会決議取消しの訴え

株主総会の招集手続、決議の方法が法令・定款に違反しまたは著しく不公正なときなどは、株主等は株主総会の決議日から3ヵ月以内に当該決議の取消しを求めることができます。

＊12 棚卸／実査

棚卸は、在庫について帳簿上に記載のある数量や金額と、実際の数量や金額との差異を把握するために、定期的に行われる実際の在り高を確認するための作業のことです。それ以外の資産に対する確認作業は実査と呼ばれます(例：現金実査)。

上原価を確定させる重要な手続きです。立会いに際しては、棚卸が適切な方法で行われているかどうかを実際に目視して検証します。注意すべき点は以下のとおりです。

イ　倉庫内が整理され、商品は定められた配列で整然と保管されているか。

ロ　倉庫内の配置図や棚卸実施表が作成され、棚卸担当者の役割分担が明らかになっているか。

ハ　商品のカウントミスがないか、立会者はサンプリングでカウントを行い、後日残高表と突合する。

ニ　不良品・陳腐化品・長期滞留品等について確認し、処置を確認する（廃棄・評価替えなど）。

ホ　預り品・簿外品等の管理の状況は適切か(証憑が整備され確認できるか)。

② 有価証券

イ　実　査*[12]

有価証券明細表を入手または作成し、証券会社等が発行した残高証明書や預り証、現物等と突合します。実査手続の結果は記録しておきます。

ロ　評　価

・売買目的有価証券

期末時価をもって貸借対照表額とし、評価差額は当期の損益として処理します。

・満期保有目的有価証券

原則として、取得原価をもって貸借対照表価額とします。

・子会社株式および関連会社株式

取得原価をもって貸借対照表価額とします。

＊詳細は金融商品会計基準を参照ください。

③ 設備等資産の監査

固定資産の監査にあたっては、一連の管理体制が重要な要素となります。注意すべき点は以下のとおりです。

イ　固定資産取得に関する予算を設けているか。

ロ　固定資産取得にあたっての決裁手続、取締役会決議・稟議決裁等がなされているか。

＊13 実在性

資産・負債が一定時点において実在し、記録された取引は一定期間において実際に発生していることをいいます。虚偽の取引記録ではないことを確認するために実在性の有無を監査します。

ハ　固定資産台帳が作成され、管理責任者が定められているか。

ニ　期末時に実地棚卸や固定資産調査表に基づく実査など、現物確認の方法がとられているか。

ホ　固定資産を除却した場合、廃棄状況の写真や廃棄証明の入手等、正しい手続きが取られているか。

ヘ　担保提供資産の有無および評価額の妥当性を検証する。

ト　減損*14の判定を行っているか。

3. 計算書類、事業報告等の受領

① 受　領

監査役は、会社が作成した計算書類（貸借対照表、損益計算書、株主資本等変動計算書、個別注記表）および計算書類の附属明細書ならびに事業報告および事業報告の附属明細書（以下「事業報告等」といいます）を受領し、監査を行います。受領の時期ならびに結果の通知の時期については、定時株主総会までの日程表で取り決めておきます。

② 特定監査役の選定　☞ W6

・受領する監査役（以下、特定監査役）をあらかじめ決めておき、特定監査役が代表して受領し、他の監査役へ配布することができます。

・受領日は、法定日程の起算日となることから受領日を明確にしておくため、文書で受け取ることも１つの方法です。

③ 計算書類、事業報告等の取締役会決議の可否

会社法は、監査役等へ提出する計算書類・事業報告等について、取締役会の決議は求めていませんが、上場会社においては、「決算短信」を開示することから取締役会決議を得ることが一般的です。

4. 事業報告等の監査

① 事業報告等とは

事業報告等は、各事業年度の会社の状況に関する重要な事項について会社が作成し、監査役の監査を受けて取締役会の承認後に定時株主総会に報告されるものです（会435②)。

＊14 減損会計

資産の収益性が低下して投資額の回収が見込めなくなった場合、当該資産の帳簿価額にその価値の下落を反映させる手続きを減損会計（減損処理）といいます。

② 事業報告等の監査

イ 監査役設置会社においては、事業報告と同附属明細書は、監査役の監査を受けなければなりません（会436①）。

ロ 事業報告と同附属明細書は、会計監査人の設置の有無にかかわらず監査役のみの監査となります（会436①・②ニ）。

③ 事業報告に関する会社法施行規則の規定

イ 事業報告は、会社が公開会社*[15]か非公開会社*[16]か、会計監査人設置会社かどうかにより記載内容が異なりますので、自社に適用される法令に留意する必要があります。

ロ 根拠法令としては会社法施行規則が適用されます。すべての会社に適用される記載内容は同法第118条に規定されています。さらに、公開会社については、「会社の現況」、「役員の状況」、「株式の状況」、「社外役員の状況」などに関し同第119条以下に規定されています。

④ 事業報告の附属明細書

事業報告の附属明細書は、事業報告の内容を補足する重要な事項をその内容とするものと定められており、必ず作成する必要があります。

該当事項がない場合は「該当なし」などと記載します（施規128）。

附属明細書に記載すべき役員の兼職状況等について、事業報告に記載されていれば、これを引用して「事業報告××ページに記載の通り」とすることも可能です。

事業報告等のひな型は、「経団連」、「全国株懇連合会」（全株懇）が公表していますので参考にしてください。

⑤ 監査役（会）の監査報告提出期限 ☞ W30・31

監査役（会）は、次に掲げる日のいずれか遅い日までに特定取締役に対して、監査結果を通知しなければなりません（施規132）。

イ 事業報告を受領した日から4週間を経過した日

ロ 事業報告の附属明細書を受領した日から1週間を経過した日

＊15 公開／上場─公開会社

公開とは、株式公開を意味し、株式の譲渡について制限を与えないことをいいます。上場とは、未上場会社が証券市場において株式の売買を可能にすることをいいます。

会社法上の公開会社とは、株式の譲渡について、取締役会の承認を必要とするなどの譲渡制限がなされていない株式を一部でも発行している会社をいいます。

＊16 非公開／非上場─非公開会社

非公開株式とは、公開もしくは上場していない株式をいいます。会社法上の非公開会社とは、すべての株式に譲渡制限を行っている会社をいいます。

ハ　特定取締役および特定監査役の間で合意した日

⑥　事業報告等の監査のポイント　☞ B19･20

事業報告は、1年間の会社の活動の結果を株主に対して報告する重要な書類です。

内容の決定権限は取締役にありますが、監査役としては、記載内容が計算書類等と一致しているかという数値のチェックは当然として、経営者の視点で記載内容を精査し、事業の経過および結果、対処すべき課題などについて会社の状況を正しく示しているかどうかを検討し、必要に応じて、読み合わせを行い、意見を述べるなど十分な監査を行うことを心がけます。

事業報告等の監査は「法定記載事項を網羅しているか」、「会社の事業内容を正確に記載しているか」がポイントとなります。

【事業報告等の記載事項】　☞ B19･20

事業報告に記載すべき事項は、施行規則118条から126条、事業報告の附属明細書については、128条に定められています。ここでは、その主な内容を記載します。

(1) 通則（すべての会社）

①　株式会社の状況に関する重要な事項

②　内部統制システムの決定の内容の概要および運用状況の概要（取締役会決議がなされている場合）

③　株式会社の財務及び事業の方針の決定を支配する者の在り方に関する基本方針（方針を定めているとき）

（その他略　資料参照）

(2) 公開会社の特則

①　株式会社の現況に関する事項

②　会社役員に関する事項

③　株式会社の役員等賠償責任保険契約に関する事項

④　株式に関する事項

⑤　新株予約権に関する事項

⑥　社外役員に関する事項（独立役員*[17]の記載について）　☞ W43

(3) 会計監査人に関する事項（設置しているとき）

(4) 事業報告の附属明細書の内容

①　事業報告の内容を補足する重要な事項

②　会社役員の兼職の状況（対象：公開会社）

（その他略　資料集参照）

（留意事項）

① 特定完全子会社*18がある場合は、その会社の名称・住所・株式の簿価、貸借対照表に計上した額など所定の事項を記載しなければなりません。

② 2020年の会社法施行規則の改正により、会社役員に関する記載事項（役員損害賠償保険契約、会社役員との補償契約、役員報酬等に関する事項）が強化されました。改正の内容については、PART Ⅶを、記載事項については資料B19・20を参照ください。

5. 会計監査

☞ B15～18

監査役にとって、会計監査は重要なテーマです。会計監査人の設置の有無にかかわらず、計算書類が会社の財産および損益の状況を適正に表示しているかどうかについて、監査役自身が検証して監査意見を形成し、最終的には会計監査人の監査結果の相当性、または計算書類が適正であるかどうかを判断する必要があります。内容については、PART Ⅳを参照ください。

① 計算書類の作成～承認

すべての会社は、毎事業年度末に計算書類、同附属明細書を作成し、監査役（会計監査人を設置している場合は、会計監査人および監査役）の監査を受けた後、株主総会または取締役会において承認されます。

② 会計監査人非設置会社の会計監査（計規122）

監査役は計算書類が「会社の財産及び損益の状況を全ての重要な点」において適正に表示しているかどうかについての意見を表明しなければなりません。

③ 会計監査人設置会社の会計監査

イ 会社法は、社会的影響力の大きい会社が公表する計算書類の信頼性・適法性を確保するため、大会社に対して会計の専門家である会計監査人の設置を

＊17 独立役員

独立役員とは、一般株主と利益相反が生ずるおそれのない社外取締役または社外監査役をいいます。

東京証券取引所は一般投資家保護の観点から上場会社に独立役員を１名以上確保することを規定し、「独立役員届出書」の提出を求めています。

事業報告では必須ではありませんが、独立役員であればその旨を記載することが望ましいと考えます。

＊18 特定完全子会社

特定完全子会社とは、発行済株式の全部を親会社等に保有されている会社でかつ、事業年度の末日におけるその親会社等のその完全子会社の帳簿価額が貸借対照表の資産の部に計上した額の５分の１を超える場合の当該完全子会社をいいます。

義務付けています（会 328）。

ロ　会計監査人と監査役の監査報告の内容

「会計監査人」は、会計の専門家として計算書類が法令・会計基準に則して作成され、会社の財産および損益の状況をすべての重要な点において適正に表示しているかどうかを監査します。一方「監査役」は、自ら計算書類等について監査するとともに、会計監査人の「監査の方法及び結果」が相当であるかどうかについて意見を表明します。

ハ　会計監査人の監査結果（監査意見）

会計監査人の監査結果（意見）には次の 4 区分があります（計規 126）。

「無限定適正意見」＊19

「除外事項を付した限定付適正意見」＊20

「不適正意見」＊21

「意見不表明」＊22

【計算書類等の承認の特則】

上記の「無限定適正意見」があり、監査役会の監査報告に「会計監査人の監査の方法・結果が相当でないと認める意見がないとき」その他の承認特則規定の条件を満たす場合、計算書類は株主総会の「決議事項」ではなく「報告事項」となります（会 439、計規 135）。

④　計算書類の監査上の留意点

計算書類に関する監査役の監査上の留意点については、「PART Ⅳ　4-3.

＊19 無限定適正意見

「監査の対象となった計算関係書類が一般に公正妥当と認められる企業会計の慣行に準拠して、当該計算書類に係る期間の財産および損益の状況を全ての重要な点において適正に表示している」と判断した場合に表明される監査意見をいいます。

＊20 除外事項を付した限定付適正意見

除外事項を除いて財務諸表が適正であると判断した場合に表明される監査意見をいいます。

＊21 不適正意見

監査の対象となった計算関係書類に著しく不適切なものがあり、財務諸表が全体として虚偽の表示にあたると判断した場合に表明される監査意見をいいます。

＊22 意見不表明

「重要な監査手続を実施できなかったことにより、自己の意見を形成するに足る合理的な基礎を得られなかった」と判断した場合は、その旨およびその理由を監査報告書に記載します。

6.」に記載していますので参照ください。

⑤　監査役の監査報告提出期限 ☞ W30・31

監査役は会社から計算書類を受領し内容を監査して、その結果を監査役(会)監査報告に取りまとめて、期限までに取締役にその内容を通知しなければなりません。

通知期限については、会社計算規則（計規124①・132①）に定めがあり、会計監査人の設置の有無により、以下のとおりとなります。

イ　会計監査人非設置会社の場合

監査役（会）は次に掲げる日のいずれか遅い日までに監査結果を通知しなければなりません（計規124①）。

- 計算書類の全部を受領した日から4週間を経過した日
- 計算書類の附属明細書を受領した日から1週間を経過した日
- 特定取締役および特定監査役の間で合意した日

ロ　会計監査人設置会社の場合

監査役（会）は次に掲げる日のいずれか遅い日までに監査結果を通知しなければなりません（計規132①）。

- 会計監査人の「会計監査報告」を受領した日から1週間を経過した日
- 特定取締役および特定監査役の間で合意した日

6. 決算短信の監査

①　開示義務

上場会社は会社情報の適時開示の観点から、期末の「決算短信」と期中の「四半期決算短信」を開示する必要があり、開示する根拠は会社法ではなく「証券取引所」の上場有価証券規程（404）に基づいて行われます。

②　開示期限

証券取引所の規則では、決算短信は、決算日の翌日から45日以内に開示しなければならず、30日以内が望ましいとされています。開示の時期が、決算日から50日を超えた場合は、その理由などの公表が求められますので注意が必要です。

③　監査役監査の必要性と開示の体制・プロセスの構築

（四半期）決算短信については、法律上は監査役の監査は明示的には求められていませんが、決算短信の作成は取締役の重要な職務執行にあたりますので、監査役は監査する必要があります。

監査役としては、社内における決算短信を作成する体制がしっかり構築されており、チェックする体制も整備されていることを確認することがむしろ重要です（有価証券報告書についても同様、（後述））。

決算短信のチェック体制とは、下記のような仕組みやプロセスをいいます。

イ　社内における「情報開示委員会等における審査」

ロ　会計監査人の確認

ハ　ディスクロジャー専門会社の活用

なお、適時開示のチェック体制も決算短信と同様に整備する必要があります。

7. 内部統制システムの監査

☞ B22～24

監査役は取締役が構築している「会社の業務の適正を確保するための体制」いわゆる内部統制システムについて監査し、監査報告に記載しなければなりません。内部統制システムについては、会社法に定めるもののほか、金商法上の「財務報告に係る内部統制システム」があります。詳細については「PART V　内部統制監査」に記載していますので参照ください。

8. 取締役職務執行確認書の受領

☞ B30･31 W34～39

①　目　的

取締役の職務執行にあたり、会社法で要求されるコンプライアンス遵守の状況等について確認し、年１回程度「職務執行確認書」を監査役（会）に提出することを求めます（必須ではありません）。対象者は取締役をはじめ執行役員まで含めることもあります。なお、監査役は「監査役職務執行確認書」を提出することが望ましいと考えます。

②　確認項目

対象とする項目については、以下の７項目程度が一般的です。

・善管注意義務・忠実義務

・競業取引・利益相反取引

・無償の利益供与

・監査役への報告義務

・法令・定款違反

・インサイダー取引

・取締役等の欠格事由など

③　導入方法・手順

イ　代表取締役の理解

導入にあたっては代表取締役の理解を得ることが先決であり、代表取締役に必要性を十分説明し、理解を得た後に取締役会で説明のうえ、了解を得て実施します。

ロ　目　的

役員が法的義務等を十分に理解したうえで、職務を執行してもらうことを目的としています。導入が難しい場合は、取締役会で取締役の法的義務等について、説明するだけでも意義があります。

ハ　その他

職務執行確認書は、原則として年１回実施します。回答に疑問がある場合などは、監査役が取締役個人と面談のうえ回答内容を確認します。

9. 監査報告の作成・監査結果の通知（監査役の監査報告と監査役会の監査報告）

① 作成の意味

イ　監査役監査報告の意味

・監査役の職務は、取締役の職務の執行が適正に行われているかどうかを監査し、期末において１年間の監査結果を監査報告（書）に取りまとめて株主に報告することにあります（会 381 ①）。

ロ　監査報告の種類

・会社法上の監査報告には、「事業報告と同附属明細書」に関する監査報告と「計算書類と同附属明細書」に関する監査報告、「連結計算書類」に関する監査報告があります。これらの監査報告を一通の監査報告書として作成するのが通例となっています。

・監査役会設置会社においては、各監査役が監査報告を作成し、そのうえで監査役会にて１回以上の審議を経て、監査役会監査報告を取りまとめることとなります（施規 129・130 ①、計規 122・123 ①）。

・監査役会非設置会社で監査役が複数いる場合は、個々の監査役の監査報告を株主に提供してもいいわけですが、協議の結果、意見が一致した場合には、一通の監査報告書にまとめて、連名で提出することができます。

・監査報告の表記については、会社法上は「監査報告」となっていますが、実務では書面を作成することから「監査報告書」と表記されます。

ハ　監査報告の主な内容

・事業報告等に関する監査報告においては「取締役の職務の執行に関する監査役の監査結果」を、計算関係書類に関する監査報告においては「計算関係書類の適正性についての監査役の意見」を内容としています（記載内容については、以下の「③監査報告の記載内容」参照）。

ニ　株主への提供

・取締役会設置会社においては、取締役は、定時株主総会の招集の通知に際し、株主に対し取締役会の承認を受けた計算書類等（計算書類および事業報告、監査役設置会社の監査役監査報告、会計監査人設置会社の会計監査報告を含む）を提供しなければなりません（会437）。

監査役会設置会社の個々の監査役の監査報告は株主に対して提供する必要はありませんが、備置書類（閲覧）の対象となります（施規133、計規133）。

ホ　備置・閲覧請求

・株式会社は、計算書類および事業報告ならびにこれらの附属明細書（監査報告または会計監査報告を含む）を閲覧に供するため、取締役会設置会社にあっては、定時株主総会の2週間前の日（その他の会社にあっては1週間前の日）から、本店に5年間、支店に写しを3年間備え置かなければなりません（会442）。

② 監査役監査報告等の通知期限　☞ W30・31

監査役は以下イ、ロ、ハのいずれか遅い日までに、特定取締役に対して、監査報告（監査役会設置会社は監査役会監査報告）の内容を通知しなければなりません（施規132①、計規124①・132①一・二）。

イ　「事業報告」を受領した日から4週間を経過した日

ロ　「事業報告」の附属明細書を受領した日から1週間を経過した日

ハ　特定取締役および特定監査役の間で合意した日

＊計算書類に関する監査報告等の通知期限については、上記の事業報告を計算書類と読み替えます。

なお、会計監査人を設置している場合の計算関係書類の監査報告の通知期限は、会計監査人が作成した会計監査報告を受領した日から1週間を経過した日、または特定取締役と合意した日のいずれか遅い日が通知期限となります（計規124①・132①一・二）。

③ 監査報告の記載内容

【事業報告等に関する監査報告の内容】（施規129①・130②）

イ　監査役（会）の監査の方法およびその内容

ロ　事業報告と同附属明細書が法令・定款に従い、会社の状況を正しく示しているかどうかについての意見

ハ　取締役の職務の執行に関し、不正の行為または法令・定款に違反する重大な事実があったときは、その事実

ニ　監査のために必要な調査ができなかったときは、その旨およびその理由

ホ　内部統制システムの整備についての取締役会決議がある場合に、その内容が相当でないと認めるときは、その旨およびその理由

ヘ　会社の支配に関する基本方針に関する事項が事業報告の内容となってい

るときは、この事項についての意見

ト　親会社等との取引がある場合において、事業報告または事業報告の附属明細書に当該取引をするにあたり、当該株式会社の利益を害さないように留意した事項、利益を害さないかどうかについての取締役の判断およびその理由等の記載がある場合には、当該事項についての意見

チ　監査役（会）監査報告を作成した日

【計算関係書類に関する監査報告の内容】

『機関設計が「取締役会＋監査役会＋会計監査人」の場合』（計規127）

イ　監査役（会）の監査の方法およびその内容

ロ　会計監査人の監査の方法または結果を相当でないと認めたときは、その旨およびその理由

ハ　重要な後発事象

ニ　会計監査人の職務の遂行が適正に実施されることを確保するための体制に関する事項

ホ　監査のために必要な調査ができなかったときは、その旨およびその理由

ヘ　監査報告を作成した日

『機関設計が「取締役会＋監査役」で会計監査人非設置の場合』（計規122①）

イ　監査役の監査の方法およびその内容

ロ　計算関係書類が当該株式会社の財産および損益の状況をすべての重要な点において適正に表示しているかどうかについての意見

ハ　監査のために必要な調査ができなかったときは、その旨およびその理由

ニ　追記情報

ホ　監査報告を作成した日

④　監査報告作成の留意点　☞ W28・29

イ　監査報告作成にあたっては、日本監査役協会から機関設計別の監査報告書のひな型が公表されていますので参考になります。ただし、丸写しにするのではなく、1年間の活動を振り返り、監査の方法とその内容ならびにその結果を記載すべきものであり、監査役会または監査役間の協議によりその内容を決定します。

ロ　監査報告書の内容と対比する形で根拠条文、監査根拠などを一覧にしたものを作成しておき、株主総会の質問に対応しましょう。　☞ W27

ハ　昨年の原稿を活用し、今年変更した部分のみ修正することで、誤植防止や効率化を図ることができます。

ニ　監査役（個人）や監査役会の監査報告書正本は、会社提出用、会計監査

人提出用、本店備置用、監査役保管用など複数必要となりますので、必要部数を作成し、社外監査役の押印を受けておきましょう。

10. 有価証券報告書等の監査（対象：上場会社等）

☞ W44

① 監査の意義

イ 上場会社等は事業年度終了後3ヵ月以内に「有価証券報告書」および有価証券報告書の記載内容に係る「(代表者) 確認書」、「内部統制報告書」を作成し提出する必要があります。

ロ 有価証券報告書は会社法ではなく金商法に基づき作成し、財務諸表（会社法では計算書類という）をはじめとする企業の状況について、毎期一般投資家に対して開示し監督官庁に提出するものです。

ハ 有価証券報告書は会社法に基づき作成されるものではありませんが、これらの書類は取締役の職務執行の一環として行われているため、監査役は法令遵守や開示の適正性の観点から、有価証券報告書の監査を行う必要があります。

ニ 有価証券報告書、(代表者) 確認書、内部統制報告書については、法律

有価証券報告書（臨時報告書）の虚偽記載

有価証券報告書（臨時報告書）への虚偽記載により被害を被ったとする株主290人が、当時の取締役、監査役14人に対し金商法に基づく損害賠償を求め、集団訴訟を提訴しました。金商法では有価証券報告書等に重要な虚偽記載のある提出会社の役員には、その報告書の内容を信頼して有価証券を取得した者の損害を賠償する責任があるとされています。ただし、無過失責任ではなく、監査役は虚偽記載を知らずかつ相当な注意を用いたにもかかわらず知ることができなかった場合に責任を免れる（金商法22②・21②一）と規定されています。

本件では、有価証券報告書等での開示に関する内容を協議した取締役会に出席した監査役1名は責任が認められました。取締役会に欠席した監査役には虚偽記載内容を知る機会がなかったとして「相当な注意の抗弁」を認め、免責されました。

【東京地方裁判所 2012年6月22日判決】

＊参考文献
・損害賠償請求事件 判決文（2012年6月22日 東京地方裁判所）
・鳥飼重和、吉田良夫（2010）『監査役の社会的使命と法的責任』清文社
・山口利昭（2012）「監査役の責任と有事対応の在り方―監査見逃し責任を認めた判例の検討―」『旬刊商事法務』No.1973 pp.96-108

上取締役会の承認は求められておりませんが、重要な開示情報であり取締役会の承認を経て提出するようにするべきです。

ホ　有価証券報告書の重要な事項に虚偽記載があった場合、提出した取締役のほか監査役も善管注意義務違反として投資家等に対して損害賠償責任を負うほか、厳しい罰則規定が設けられていますので十分な注意が必要です。（金商法197①一、その他略　金商法第８章（罰則）に詳細に規定されている）

② 監査人（監査法人等）の監査範囲

イ　有価証券報告書に記載される財務諸表等(具体的には第5「経理の状況」)は、会社法上の計算書類とほぼ同一の内容であり、会計監査人設置会社においては監査人による会計監査が行われ監査証明が義務付けられているため、監査役としては会社法と同じく「監査人の監査の方法と結果の相当性」について、善管注意義務を果たす必要があります。

ロ　有価証券報告書の財務諸表等（具体的には第５「経理の状況」）以外の事項については、監査人の監査対象外となるため、取締役の職務執行の監査の一環として記載事項に「虚偽がなく適正に作成され報告されているかどうか」について、(代表者）確認書とともに監査する必要があります（金商法24の４の２)。

③ 監査のポイント

監査役にとって有価証券報告書を細部にわたり監査することも大切ですが、もっと重要な点は、有価証券報告書を作成する体制・プロセスなどの社内の体制を確認し監査することです。

イ　有価証券報告書に記載すべき事項がすべて正確に記載されているか

ロ　決算短信、招集通知などのすでに開示・公表している数値などとの整合性はとれているか

ハ　有価証券報告書は記載内容も多いため監査に時間を要することから、時間的に余裕をもって早めに監査を開始することが大切です。

④ 企業内容等の開示に関する内閣府令の改正について

2019年１月31日に内閣府令が改正され、有価証券報告書の記載内容について、(1) 財務情報および記述情報の充実、(2) 建設的な対話の促進に向けた情報の提供、(3) 情報の信頼性・適時性の確保に向けた取組などについて、より一層の充実が求められることとなりました。

監査役に直接関連する事項としては、下記があります。

・監査公認会計士等を選定した理由および方針（解任または不再任の決定の方針を含む)、監査役および監査役会が監査公認会計士等または会計監査人の評価を行った旨およびその内容の開示

・監査報酬の開示、監査報酬の同意理由

・監査役会等の活動状況、監査法人による継続監査期間

有価証券報告書の監査を担当する者としては、今回の改正の内容をよく理解し、監査に取り組む必要があります。項目ごとに適用時期は異なりますが、2021年3月31日以後に終了する事業年度の有価証券報告書については、すべての項目について適用されます。

◎期末監査のポイント

(1) 定時株主総会までの日程の決定
・特定取締役と調整し、定時株主総会までの日程を定め、それに沿って監査を進める。日程が適法であることを確認する。
・監査報告を審議する監査役会（監査役協議会他）の日程を定める。
・行うべき監査活動をリスト化し、漏れがないようにする。

(2) 会計監査
・会社と会計監査人等との間で議論されている事項、会計監査人の指摘事項、最終的な結論等を把握したうえで、監査役（会）の意見を形成する。
・KAMに関して、監査報告書に記載される内容についての協議と監査役（会）としての見解の整理と対応。

(3) 事業報告の監査
・事業報告に記載すべき事項が漏れなく記載されているかを確認する。（チェックリストとの照合）
・記載内容に事実と異なる点がないか、計算書類等と合致しているか、計算ミスがないかなどを確認する。

(4) 内部統制監査
・監査役の監査報告書を取りまとめるにあたり、内部統制の有効性、「開示すべき重要な不備」の有無について、監査人の意見を聴取する。

3-4 定時株主総会と監査役の対応

監査報告書を提出したら、株主総会対応が次の仕事となります。ここでは、招集通知の監査、株主総会当日の対応、株主総会後の監査活動、法定備置書類の監査などについて述べていきます。

1. 株主総会招集通知の監査

☞ B26・27 W32・47

① 株主総会招集に際して取締役会で決議すべき事項および発送期限

イ　株主総会の招集通知に取締役会で決定した「株主総会の日時、場所および目的事項等」が記載され、総会日の2週間前までに議決権のある株主に発信されているかを確認します。なお、非公開会社は総会日の1週間前までとされています（会298①・299①）。

ロ　株主総会の招集通知は、株主の承諾を得た場合には電磁的方法（メール）で行うこともできます（会299③）。

② 特定の時を定めた場合の招集通知の発送期限

書面投票制度*23等を採用した場合、議決権行使（書）の期限として、会社が「特定の時」を定めることができます（施規63三ロ・ハ）。

「特定の時」とは、「株主総会の日時以前の時であって、会社法299条1項の招集通知を発した日から2週間を経過した日以降の時」に限られています。このため、この「特定の時」として株主総会の前日の営業終了時刻以外の時間を定めた場合には、招集通知の発送日から当該「特定の時」が属する日の前日までに中2週間（中14日間）をおくことが必要です。

③ 対象株主

株式会社は、一定の日（以下「基準日」という）を定めて、基準日において株主名簿に記載され、または記録されている株主をその権利を行使することができる者と定めることが一般的です（会124①）。

④ 辞任した監査役等の意見陳述の有無の確認

辞任した監査役や会計監査人は、辞任後最初に招集される株主総会で辞任した旨およびその理由を述べることができます。したがって、取締役は対象者に株主総会を招集する旨、日時などを通知し、意見の有無について確認しておく必要があります（会345）。なお、監査役が会社法345条の規定により意見を述べる場合は、監査役の選任議案の参考書類にその意見の内容の概要を記載しなければなりません（施規76①五）。

辞任した会社役員または解任された役員がいる場合の記載事項は、会社法施行規則121七イロハに定められています。監査役はこれらの手続きの適正性を監査します。

2. 株主総会の議案の監査

① 監査の意義

＊23 書面による議決権行使（書面投票制度）

株主が株主総会に出席しなくとも書面による議決権を行使できる制度をいい、書面により行使した議決権の数は出席した株主の議決権の数に算入されます。

イ　株主総会は会社の最高意思決定機関であり、監査役は株主総会への提出議案に対する調査権、総会での報告・説明・意見陳述義務があります（会384・314）。

ロ　株主総会に上程された議案等に法令・定款違反や著しく不当な事項がある場合、監査役は調査結果を報告しなければなりません（会384）。

法令違反等がない場合でも、口頭報告（後記5. ①参照）のなかで適法である旨を言及することが一般的です。

ハ　監査役には、株主総会決議取消・無効確認請求権が与えられており、総会の招集手続、決議方法、決議内容等に法令・定款違反があった場合、これらの権利・義務を適正に行使しなければなりません（会831①・830②）。

② 監査事項 ☞ B26・27 W47

株主総会招集にあたって取締役会が決議すべき事項（会298①・④、施規63）は、以下のとおりであり、監査役としては取締役会で適正に決議されているか確認する必要があります。

・株主総会の日時および場所
(集中日に開催する場合、前年と著しく離れた日に開催する場合、過去に開催したいずれの場所とも著しく離れた場所で開催する場合などは理由も記載)
・目的事項（決議事項、報告事項）
・書面投票・電子投票に関する事項
・株主総会資料の電子提供制度が適用された場合は、電子提供を開始した日、当該措置を取るべき期間、提供すべき事項が漏れなく適正に開示されているかなどについて確認する必要があります。(電子提供制度の内容については、PART Ⅶを参照ください)

③ 監査対象議案

イ「報告事項」には次の事項があります。
・事業報告（会438③）
　すべての会社で報告事項となります。
・計算書類（会439、計規135）
　会計監査人の「無限定適正意見」などの要件「＝承認特則」を充足することにより報告事項となります(3-3.5. ③(計算書類等の承認の特則)参照)。

ロ　主な「決議事項」は次のとおりです。
・計算書類（会438②）
・剰余金の処分（会452・453・454・459・461） ☞ W46
・定款変更（会466）
・取締役の選任・解任（会329・339）
・監査役の選任・解任（会329・339） ☞ W2・3・6

・会計監査人の選任・解任（会 329・339）☞ W4
・取締役・監査役の報酬等（会 361・387）☞ W7

3．想定問答の準備

① 質問事項と回答の作成 ☞ B29 W33

・ 監査役に関連する想定質問と回答を準備します。質問については昨年のものを当期版に見直すとともに、当期の１年間を振り返り適用された法令に関する事項、当期の事業に関連する事項、この１年間に他社で問題となった事項等を当社にあてはめて質問を作成するなど新しい質問と回答を準備します。質問と回答を作成するにあたっては、日本監査役協会の NET 相談室で最近話題となっている事案なども参考になります。

・ 質問を考える場合、つい会社側の立場で質問を想定してしまいがちですが、質問するのは株主であることを考え、株主の視点で質問を考えることが大切です。

② 株主総会での答弁

・ 株主総会の場で質問された場合、その場で膨大な想定問答集のなかから回答を探し出して答弁することはなかなか難しいものです。したがって、質問に対する回答のポイントを２〜３点に絞り込み暗記しておき答弁します。回答は読み上げて答えるのではなく、自分の言葉で答弁できるまで頭に入れておくことが大切です。早めに作成し余裕をもって対応しましょう。

・ 株主から直接監査役を指名して質問されても、議長の指示があるまでは回答しないように注意しましょう。また、回答の最初に「常勤監査役の○○です」といって、最後「以上、回答申し上げます」で締めましょう。

4．株主総会の開催前備置書類の監査 ☞ B32

① 備置書類

株主等の閲覧請求に対応するために、下記の書類を株主総会の２週間前（取締役会設置会社以外は１週間前）から本店に５年間（支店には写しを３年間）備え置かなければなりません（会 442）。

・事業報告と事業報告の附属明細書
・計算書類と計算書類の附属明細書
・会計監査人の会計監査報告
・監査役（個人）の監査報告（忘れがちにつき注意）
・監査役会の監査報告

② 備置書類の監査

監査役は上記①の備置書類が適正に備え置かれているか確認するとともに、定款、議事録、会計帳簿などの法定備置書類についてもあわせて確認します。

「備置書類一覧」を準備しておき定期的に確認することで、効率よい監査を行うことができます。

③ 株主等の閲覧請求への対応

株主等の閲覧請求に円滑に対応するため、マニュアル（「閲覧手続マニュアル」、「閲覧申請書」）などを整備しておきましょう。株主から本社に対して閲覧請求がなされた場合は、担当部署もありそれなりの準備もしていますので適切な対応が可能ですが、営業中心の支店に閲覧請求があった場合は戸惑うことが想定されます。株主等正当な請求権利者を確認する手続きなどが記載されたマニュアルなどを整備することにより、適切な対応ができます。監査役の支店往査時に書類保管部署に面談して確認しておくことが大切です。

5. 定時株主総会当日の対応

株主総会当日の監査役の仕事といえば、まず、監査結果の口頭報告と監査役への質問があった場合の対応が気になりますが、ここでは、株主総会当日の監査役の仕事を網羅的に整理してみました。

① 監査役の口頭報告・意見陳述 ☞ B28

監査役は、次に掲げる事項に該当した場合に、口頭報告または意見陳述を行います。

イ 監査役は、取締役が株主総会に提出しようとする議案、書類および電磁的記録その他の資料を調査した結果、法令もしくは定款に違反し、または著しく不当な事項があると認めるときは、その調査の結果を株主総会に報告しなければなりません（会 384）。

ロ 監査役は、株主総会において、監査役の選任もしくは解任または辞任について意見を述べることができます（会 345）。

ハ 監査役は、株主総会において、監査役の報酬等について意見を述べることができます（会 387 ③）。

ニ 監査役は、法定の事由により会計監査人を解任したときは、その旨および解任の理由を解任後最初に招集される株主総会に報告しなければなりません（会 340 ③）。

上記イからニに該当する事項がない場合であっても、監査結果について、監査役から口頭報告を行うことが一般的で、総会当日の監査役の重要な仕事になっています。口頭報告については、監査役会（または監査役間）で協議しその内容および報告する者を決定します（施規 73 ①三・76 ①五・80 三・84 ①五）。

② 株主からの質問に対する説明

株主からの質問に対しては、議長の指示に従い対応しますが、説明義務に違反しないように留意する必要があります。なお、質問事項が下記に該当する場合は説明を断ることができます。

イ 質問事項が会議の目的にそぐわないものである場合

ロ 説明することにより、株主の共同の利益を著しく害する場合

ハ 説明するために調査が必要な場合（ただし、相当の期間前に株主が通知した場合には断ることができません）

ニ 説明することにより、会社その他の者の権利を侵害する場合

ホ 株主が当該株主総会において、実質的に同一の事項について繰り返し説明を求める場合

ヘ その他説明をしないことについて正当な理由がある場合

③ 株主総会の議事運営および決議方法

監査役は、次の点に留意し、株主総会の議事運営および決議方法が法令・定款に適合しているかどうか確認します。

イ 定足数＊24 および議決権個数

ロ 議事の運営

ハ 決議方法（普通決議＊25、特別決議＊26）

6. 定時株主総会終了直後の監査活動

☞ B25

① 株主総会議事録

株主総会議事録に、次の記載があることを確認します（会 318、施規 72）。

イ 日時および場所

ロ 議事の経過の要領および結果

＊24 定足数

株主総会において決議を行うにあたり必要な最小限度の出席者数をいいます。会社法では過半数としていますが、一定の場合（会 309 ②に定める決議）は定款で定めることにより定足数を３分の１以上とすることができます。

＊25 普通決議

議決権を行使することができる株主の議決権の過半数を有する株主が出席（定足数といいます）し、その議決権の過半数の賛成を得て成立する決議をいいます。

＊26 特別決議（会 309 ②に定める決議）

議決権を行使できる株主の議決権の過半数（定款で定足数を３分の１以上とすることができます）を有する株主が出席し、その議決権の３分の２以上の賛成で成立する決議をいいます。特別決議事項としては定款変更などがあります。

ハ　法定の事項に係る意見または発言の内容の概要

ニ　出席した取締役、監査役または会計監査人の氏名または名称

ホ　議長の氏名

ヘ　議事録の作成に係る職務を行った取締役の氏名

（株主総会議事録には、取締役、監査役の署名または記名・捺印は求められていません）

② 株主総会決議事項の実施状況

監査役は、株主総会決議事項の実施状況を確認します（会440・939、計規136～148）。

イ　決算公告の実施

＊有価証券報告書を提出しなければならない会社は、EDINETなどで開示しているため、決算公告をする必要はありません。

公告の内容は、以下のとおりです。

会社は、定時株主総会終結後遅滞なく、貸借対照表（大会社にあっては、貸借対照表および損益計算書）を公告しなければなりません。

この公告方法が、官報または日刊新聞紙への掲載の場合は貸借対照表の要旨の公告で足り、電磁的方法による場合は貸借対照表の内容情報を5年間継続して公告することが求められます。

ロ　決議事項の株主への通知（任意事項でありますが、上場会社は実施することが慣例となっています）

ハ　剰余金の配当の実施

ニ　商業登記

ホ　役員退職慰労金の支給

ヘ　議決権行使結果の公表

上場会社について、株主総会において決議事項が決議された場合に、議決権行使結果として、次の事項を記載した臨時報告書を財務局宛にEDINET形式で提出します。

- 株主総会の開催年月日
- 決議事項の内容
- 決議事項に対する賛成・反対・棄権に係る議決権数、当該決議事項の可決要件、上記の議決権数に株主総会に出席した株主の議決権数の一部を参入しなかった理由

（前日までの行使分に当日出席の大株主を加算した結果、可決要件を満たし会社法上適法に決議が成立したものとして、議決権の一部を集計しなかった場合など）

＊役員ごとの選任議案の得票数の開示についても、他の議案と同様に記

載します。

③　総会決議事項に関連する取締役会決議事項についての確認

株主総会終了後直ちに取締役会を開催し、定款の定めなどに基づき下記を決定します。

イ　取締役会議長の選定

ロ　議長の代行順序の決定

ハ　代表取締役の選定

ニ　役付取締役の選定

ホ　特定取締役の選定

ヘ　会社の必要要件に従った特別取締役の選定

ト　一般議題の審議

監査役は、上記イ〜ヘの選定過程が定款や取締役会規則に従って選定されたかを監視・検証します。

④　決議通知の発送

イ　株主総会が終了すると、法定事項ではありませんが、その結果を議決権のない株主も含めた全株主宛に発送することが一般的慣行となっています。

ロ　お知らせの内容として

・議案ごとに、承認（または否決）された旨

・役付取締役等総会後の社内決定事項の案内

・配当金支払い案内

・株主優待制度案内

・株主メモ

などが考えられますが、どこまで記載するかは各会社の判断に委ねられています。

7．定時株主総会直後の監査役会の運営　☞ B7・8 W1・5・6

①　監査役会議長、常勤監査役、特定監査役の選定

監査役会設置会社においては、株主総会終了後速やかに監査役会を開催し、次の役職を選定します。

イ　監査役会議長の選定（日本監査役協会　監査役会規則ひな型第6条参照）

ロ　常勤監査役の選定（会390②二・390③、監査役会規則ひな型第5条）

監査役会は、その決議によって監査役のなかから常勤の監査役を選定しまたは解職します。

選定・解職の結果は、監査役会議事録に記載のうえ、書面によって代表取締役または取締役会に通知します。

ハ　特定監査役の選定

監査役会は、その決議によって特定監査役を定めます。

(特定監査役の役割については、施規132⑤、計規130による。)

ニ　特別取締役会出席監査役の互選（会383①、監査役会規則ひな型第8条）

監査役会は、その決議によって特別取締役による取締役会（特別取締役会）に出席する監査役を定めます。

特別取締役による取締役会の制度を採用しない会社においては、その定めは不要です。特に定めのない場合は、すべての監査役が通常の取締役会と同様に特別取締役会に出席する義務を負います。

② 監査役の報酬等の協議、報告（会387①・②）  W7

イ　監査役の報酬等に関し、各監査役が受けるべき額について定款の定めまたは株主総会の決議がない場合には、株主総会終了後に速やかに監査役間で協議し、株主総会で決議された支給総額の範囲内で各監査役の報酬等の額を定めます。

ロ　各監査役が受けるべき報酬等の額は、常勤・非常勤の別、監査職務の分担の状況、取締役の報酬等の内容および水準等を考慮し検討します（支給内規をあらかじめ定め、内規に従って算出される金額を定めてもよいでしょう)。

ハ　協議の結果は報酬協議書等により代表取締役に報告します。

8. 法定備置書類の監査  B32

① 株主総会の日から備え置きする書類の確認

イ　会社は、株主総会の議事録を株主総会の日から、本店に10年間、その写しを支店に5年間備え置かなければなりません。ただし、議事録が電磁的に作成され、支店において閲覧・謄写の請求に応じることが可能な場合は、支店の備え置きは不要です（会318)。

ロ　会社は、株主総会の日から3ヵ月間、代理権を証明する書面および電磁的方法により提供された記録を本店に備え置かなければなりません（会310⑥)。

代理権を証明する書面として「委任状」と「職務代行通知書」があります。「職務代行通知書」は、定款で代理人を株主に限定している会社の場合に、法人株主で代表者が出席できず使用人が代理出席する際に用いられます。

ハ　会社は、株主総会の日から3ヵ月間、議決権行使書面を本店に備え置かなければなりません（会311③)。

② 監査役は、上記①の書類の備え置きが適正になされているかを確認するとともに、次の法定書類の備え置きが適正になされているかを確認します。

イ　定款、株式取扱規則

ロ　株主名簿、株券喪失登録簿、新株予約権原簿

ハ　株主総会議事録、取締役会議事録、監査役会議事録

ニ　会計帳簿・資料

ホ　事業報告、計算書類、各々の附属明細書、臨時計算書類、計算書類または臨時計算書類に係る会計監査人の会計監査報告、事業報告・計算書類・臨時計算書類に係る監査役監査報告および監査役会監査報告（監査役設置会社の監査役監査報告を含む）

ヘ　社債原簿　など

◎定時株主総会と監査役の対応のポイント

(1) 招集通知の監査

・取締役会で承認されているか、参考書類に漏れやミスがないか。

・発送期限は適法か。

・電子提供措置開始の日、電子提供措置をとるべき期間中掲載されているか

・電子提供をとらなければならない事項が適正に掲載されているか
（対象会社、実施時期など詳細はPART Ⅶ参照）

(2) 議案の監査

・法令・定款に違反していないか、取締役会で適正に決議されているか。

・報告事項か決議事項か、決議事項の場合は普通決議か、特別決議か。

(3) 備置書類の監査、総会終了後の登記事項および公告等の実施状況の確認。

PART Ⅳ　会計監査

会計監査は経理部門の経験のない監査役にとって、悩ましい課題ではないかと推察します。日本監査役協会のアンケート調査（2019年1月実施）によると、「財務・会計について知見を有する」と回答した常勤監査役の割合は、29％程度にとどまっています。このことから多くの常勤監査役は財務・会計の知見は有していないこと、そのなかで監査役としての職務を遂行していることがわかります。

本項の目的は、財務・会計の知見がない監査役がどのように会計監査に立ち向かえばよいのか、そのヒントを提供することにあります。

PART Ⅱでは、会計監査の対象が計算関係書類であること、監査報告の内容、会計監査を行ううえでの留意点などを述べました。ここでは、会計監査って何をすればよいのかについて、考えていきます。

4-1　会計監査の実施にあたって

1. 環境整備

① 会計監査のための体制づくり

常勤監査役が会計監査に自信をもてない場合は、それを補う体制について検討していく必要があります。具体的には、非常勤監査役のなかの1名は財務・会計に知見がある者を選任することで、会社として会計監査を行う体制が整うと考えられます。

② 研修などへの参加、会計知識の習得

研修や実務部会などに参加し、学習することによって知識を得ることができます。プロの会計士には到底太刀打ちできないにしても、会計の基本は理解できるようになります。監査役の任期が4年とすれば、最初の1～2年間努力することにより、ある程度のレベルには到達できます。

③ 会計監査人（監査法人）、経理部門とのコミュニケーション

なかなか難しいことかもしれませんが、わからないことは質問し、説明を受け、理解することが必要です。そのためには、会計監査人（公認会計士・監査法人）や経理部門とのコミュニケーションをとるよう努力する必要があります。

2. どこにリスクが潜んでいるか考える（監査の立脚点）

ここ何年かの会計不正を振り返りますと、色々な階層でありとあらゆる内容の不祥事が起こっています。専門的な知識の欠如や経理処理の誤りなどの誤謬によって生じる問題よりも、経営者による意図的な粉飾、事業部門の責任者クラスの売上操作などによる業績の改ざん、従業員による横領などの不正が会社に与えるダメージが大きく、かつ監査役にとっても大きなリスクといえます。この種の問題はこれまでの会社生活における経験、知識、注意力があれば、「おかしい」と気づくケースが多いのではないでしょうか。したがって、何かが起こっているのではないかという感度を養うこと、また、その感触を得たときにどのように行動するかがむしろ重要であるように思います。

監査役は、取締役の職務の執行を監査し、取締役の職務の遂行に関し、不正の行為または法令もしくは定款に違反する重大な事実があった場合は、その事実を報告しなければならないと規定されています。（施規 129）

会計監査においても、このことを念頭に置き、大きな不正を未然に防ぐよう心掛けることが重要です。

監査にあたっては、自社を冷静に分析し、どこに、どのようなリスクが潜んでいるのかを考え、重点監査項目――何を注意してみていくか――を定める必要があります。不祥事が起こらないような予防的な措置を講ずることも考えていく必要があります。

3. 会計監査の目的

会計監査は、会社が作成した計算関係書類が「一般に公正妥当と認められる企業会計の慣行に従い作成されていること、またこれら（計算関係書類）が会社の財産及び損益の状態をすべての重要な点において適正に表示していること」を担保することを目的としています。

4. 監査の対象

会社法では、会計監査の対象は計算関係書類としています。

金融商品取引法の財務諸表とは若干呼称や範囲が異なるところもありますが、基本的内容は同じなので、監査の対象＝計算関係書類（会社法）といってよいと考えます。

図表 4-1　計算関係書類・財務諸表・連結財務諸表の一覧表

	計算関係書類（会社法）	財務諸表（金融商品取引法）
個別	①貸借対照表 ②損益計算書 ③株主資本等変動計算書 ④個別注記表 [①～④＝計算書類] ⑤附属明細書 （会社法 435 ②、会社計算規則 59 ①）	①貸借対照表 ②損益計算書 ③株主資本等変動計算書 ④キャッシュ・フロー計算書 ⑤附属明細表 （財務諸表規則 1 ①）
臨時	①貸借対照表 ②損益計算書 （会社法 441 ①、会社計算規則 60）	
連結	①連結貸借対照表 ②連結損益計算書 ③連結株主資本等変動計算書 ④連結注記表 （会社法 444 ①、会社計算規則 61 ①）	①連結貸借対照表 ②連結損益計算書 ③連結包括利益計算書 （又は連結損益及び包括利益計算書） ④連結株主資本等変動計算書 ⑤連結キャッシュ・フロー計算書 ⑥連結附属明細表 （連結財務諸表規則 1 ①）

出所：日本監査役協会（2016）「監査役監査実施要領」『月刊監査役』No.655　p.273。

個別計算書類	貸借対照表、損益計算書、株主資本等変動計算書、個別注記表、計算書類の附属明細書
連結計算書類	連結貸借対照表、連結損益計算書、連結株主資本等変動計算書、連結注記表
臨時計算書類	臨時貸借対照表、臨時損益計算書

＊上記を合わせて計算関係書類といいます。

なお、金融商品取引法でいう財務諸表とは若干範囲が異なります。詳細については図表 4-1 を参照ください。

4-2　簿記・会計の基礎知識と会計監査のポイント

1．一般に公正妥当と認められる企業会計の慣行とは

会社法 431 条に「株式会社の会計は、一般に公正妥当と認められる企業会計の慣行に従うものとする」と記載されています。

また、会社計算規則 3 条では、「この省令の用語の解釈及び規定の適用に関しては、一般に公正妥当と認められる企業会計の基準その他の企業会計の慣行をしん酌

しなければならない」と規定されています。

会計基準のなかには、企業会計審議会や企業会計基準委員会が設定した会計基準のように、会計の原理・原則を規定した規範性の強い会計ルールや日本公認会計士協会が作成した会計判断の指針のような規範性が弱いルールがあります。

ここでは、上記を理解したうえで、自社はどのような基準やルールに基づいて計算書類を作成しているのか、継続的に同じ基準を適用しているのか、その選択は適切かなどに留意しましょう。主な会計基準には下記があります。

● 一般に公正妥当と認められる企業会計の基準

① 企業会計原則・同注解（企業会計審議会制定）

日本における会計慣行を要約したもの。一般原則、貸借対照表原則、損益計算書原則の３つから構成されています。

② 会社法、会社法施行規則、会社計算規則

会社法では、第２編第５章「計算等」において、会計の原則、会計帳簿、計算書類等といった基本的な事項が記載されています。これらの詳細については、会社法施行規則、会社計算規則で定めています。

③ 金融商品取引法、財務諸表等規則、同ガイドライン

金融商品取引法に基づいて作成される有価証券報告書、四半期報告書等に含まれる財務諸表・連結財務諸表等については、財務諸表等規則や同ガイドラインに基づいて作成します。

＊企業内容の開示に関する内閣府令の改正に伴い、有価証券報告書の記載内容が見直され、より詳細の記述が求められることになりました。

④ 企業会計審議会、企業会計基準委員会（ASBJ）より公表された会計基準等

・原価計算基準、外貨建取引等会計処理基準・同注解、税効果会計に係る会計基準、固定資産の減損に係る会計基準（企業会計審議会）
・退職給付に関する会計基準、退職給付に関する会計基準の適用指針等（ASBJ）
・収益認識に関する会計基準（2021年４月１日以降開始する事業年度の期首から適用）

（その他省略）

2. 企業会計原則の一般原則

一般原則は、会計の最も基本となる原則を定めたもので、会計の理解には欠かせないものです。

● 企業会計原則の一般原則・同注解より

① 真実性の原則

企業会計は、企業の財政状態および経営成績に関して、真実な報告を提供するものでなくてならない。

② 正規の簿記の原則

企業会計は、すべての取引につき、正規の簿記の原則に従って、正確な会計帳簿を作成しなければならない。

③ 資本取引・損益取引区分の原則

資本取引と損益取引を明瞭に区別し、特に資本剰余金と利益剰余金とを混同してはならない。

④ 明瞭性の原則

企業会計は、財務諸表によって、利害関係者に対し必要な会計事実を明瞭に表示し、企業の状況に関する判断を誤らせないようにしなければならない。

⑤ 継続性の原則

企業会計は、その処理の原則及び手続を毎期継続して適用し、みだりにこれを変更してはならない。

＊利益操作の排除、財務諸表の比較可能性を確保するため重要であり、変更するには正当な理由が必要。変更した場合は、その旨ならびに変更した理由、変更により財務諸表に与える影響等について注記が必要となる。

⑥ 保守主義（安全性）の原則

企業の財政に不利な影響を及ぼす可能性がある場合には、これに備えて適当に健全な会計処理をしなければならない。

⑦ 単一性の原則

株主総会提出のため、信用目的のため、租税目的のため等種々の目的のために異なる形式の財務諸表を作成する必要がある場合、それらの内容は、信頼しうる会計記録に基づいて作成されたものであって、政策の考慮のために事実の真実な表示をゆがめてはならない。……作成の基礎となる会計記録は同一でなければならない。

(付) 重要性の原則

企業会計は、定められた会計処理の方法に従って正確な計算を行うべきものであるが、企業会計が目的とするところは、企業の財務内容を明らかにし、企業の状況に関する利害関係者の判断を誤らせないようにすることにあるから、重要性の乏しいものについては、本来の厳密な会計処理によらないで他の簡便な方法によることも、正規の簿記の原則に従った処理として認められる。

3. 会計帳簿

会社法では、「株式会社は、法務省令で定めるところにより、適時に、正確な会計帳簿を作成しなければならない」とされています（会432①)。

法務省令(会社計算規則)では「各事業年度に係る計算書類及びその附属明細書は、当該事業年度に係る会計帳簿に基づき作成しなければならない」と規定されています（計規59③)。

会計帳簿は、仕訳帳、総勘定元帳、補助簿から構成されます。主な内容は以下のとおりです。

● 会計帳簿の種類と内容

① 仕訳帳

個々の仕訳の一覧表です。いつどのような取引が行われたのかを記録したものです。

② 総勘定元帳

個々の仕訳を勘定科目別に集計したものです。勘定科目ごとに、いつどのような変化があったのか、残高はどうなっているかを確認できます。各勘定の残高は、決算書の数値と一致しているはずです。

③ 補助簿

個々の仕訳を補助科目別に集計することによって補助簿が作成されます。総勘定元帳よりもさらに 細かい単位で、いつどのような変動があったのか、残高はどうなっているかなどを確認できます。

事例 勘定科目……売掛金 総勘定元帳で増減、残高を記録。
補助科目：A社（への売掛金）を設定……補助簿でA社売掛金の増減、残高を記録

＊仕訳帳と総勘定元帳をあわせて主要簿といいます。

4. 簿記の基本ルールと決算書の作成プロセス

企業の日々の取引は、正規の簿記の原則に従って、会計処理をしていきます。従って、監査役としては、複式簿記の考え方を理解する必要があります。

取引が発生したときに、どのような仕訳がされているのかを考えてみてください。

(1) 仕訳の組み合わせ

複式簿記では、取引ごとに、資産・負債・純資産・収益・費用の5つの構成要素の増減を2つの側面からみて処理を行います。会社の勘定科目は、経理規程などで定めていますので、手元に保有しておくようにします。仕訳事例を以下に示します。

図表 4-2　仕訳の組み合わせ

借　方	貸　方
資産の増加	資産の減少
負債の減少	負債の増加
純資産の減少	純資産の増加
収益の減少	収益の増加
費用の増加	費用の減少

	借方	貸方
①サーバーを購入、代金は未払い	資産の増加	負債の増加
	(備　品)	(未払金)
②翌月上記代金を現金で支払った	負債の減少	資産の減少
	(未払金)	(現　金)
③商品を仕入れて代金は掛とした。	費用の増加	負債の増加
仕入額を売上原価に算入。	(仕　入)	(買掛金)
④上記商品を販売した。代金は現金で受け取った。	資産の増加	収益の増加
	(現　金)	(売　上)
⑤期末処理	資産の増加	費用の減少
期末商品残高の計上、売上原価の調整	(商　品)	(仕　入)

(2) 決算書作成までのプロセス

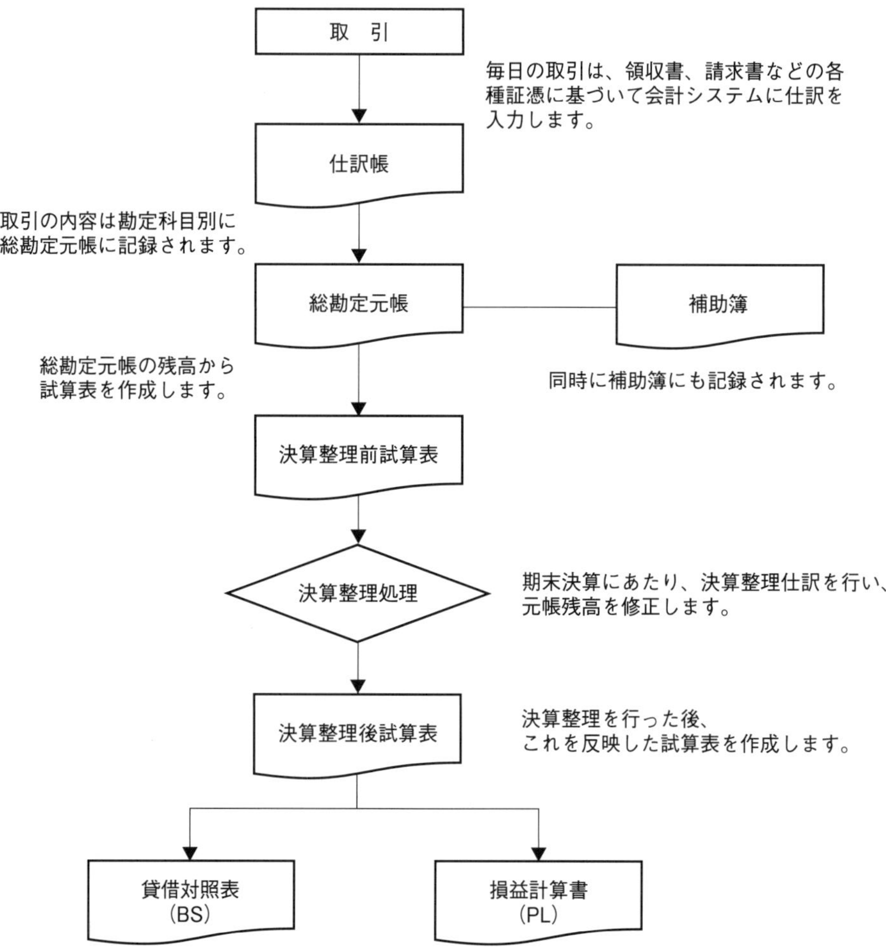

(3) 決算整理処理の主な内容

決算にあたり財務諸表を作成する前に、一定のルールに則って元帳の数字を修正することを簿記では決算整理といいます。

具体的には以下のような項目があります(主な事例)。

- 棚卸資産の修正(棚卸資産の簿価と実際の有り高の差異の修正や評価損の計上など)
- 有価証券評価損益の計上
- 貸倒引当金の計上
- 減価償却費、減価償却引当金の計上
- 税効果会計(法人税等調整額の計算、繰延税金資産の計上など)
- 減損の有無の確認、減損処理

（その他省略）

(4) 決算整理後残高試算表と貸借対照表、損益計算書との関係

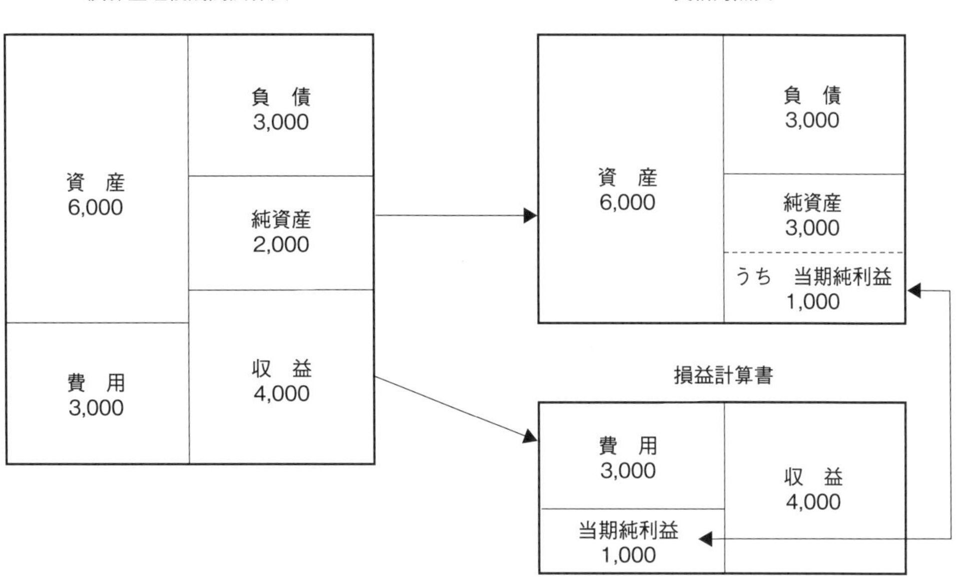

決算書作成における留意点

① 貸借対照表・損益計算書の各数値は、決算修正後試算表の期末残高と一致していること。

② 貸借対照表・損益計算書の各勘定残高は、総勘定元帳、補助元帳などの関連帳票の数値と一致していること。

③ 決算修正処理の内容が貸借対照表、損益計算書に反映されていること。

4-3　計算書類の内容と監査上の留意点

会社法では、株式会社は、法務省令（会社計算規則）で定めるところにより、各事業年度の計算書類とその附属明細書を作成しなければならないと規定されています（会435②）。その計算書類の主な内容と計算書類の相互の関連について整理しました（図表4-3～4-5）。

1．貸借対照表（BS）

貸借対照表は、企業の期末時点の財政状態を明らかにすることを目的としています。財政状態とは、資産、負債、および純資産のすべての勘定科目の残高を表示することにより、当該企業の資本の調達源泉（負債・純資産）と運用形態（資産）を表示します。

左側（借方）に「資産」項目を右側（貸方）に「負債・純資産」項目を記載します。資産の部の合計は、負債と純資産の和に一致します。

①　資産の部

流動資産、固定資産、繰延資産の3つに区分され、さらに固定資産は（イ）有形固定資産、（ロ）無形固定資産、（ハ）投資その他の資産に区分されます。資産は、営業循環基準と1年基準に基づき流動資産と固定資産に分類されます。

②　負債の部

企業外部からの借入などによって調達した資本を記載します。いずれは、返済しなければならないものですが、どのようなかたちで、どのくらいの金額を借りたのかが理解できます。負債の部は、流動負債と固定負債に区分します。この区分により、企業の返済すべき時期と金額などがわかります。

③　純資産の部

純資産の部は、（イ）株主資本、（ロ）評価・換算差額等、（ハ）新株予約権の3つに区分されます。

図表 4-3　貸借対照表記載例

貸借対照表
（××××年××月××日現在）　　（単位：百万円）

科　目	金　額	科　目	金　額
（資産の部）		（負債の部）	
流動資産	×××	流動負債	×××
現金及び預金	×××	支払手形	×××
受取手形	×××	買掛金	×××
売掛金	×××	短期借入金	×××
有価証券	×××	リース債務	×××
商品及び製品	×××	未払金	×××
仕掛品	×××	未払費用	×××
原材料及び貯蔵品	×××	未払法人税等	×××
前払費用	×××	前受金	×××
その他	×××	預り金	×××
貸倒引当金	△×××	前受収益	×××
固定資産	×××	○○引当金	×××
有形固定資産	×××	その他	×××
建物	×××	固定負債	×××
構築物	×××	社債	×××
機械装置	×××	長期借入金	×××
車両運搬具	×××	リース債務	×××
工具器具備品	×××	○○引当金	×××
土地	×××	その他	×××
リース資産	×××	負債合計	×××
建設仮勘定	×××	（純資産の部）	
その他	×××	株主資本	×××
無形固定資産	×××	資本金	×××
ソフトウェア	×××	資本剰余金	×××
リース資産	×××	資本準備金	×××
のれん	×××	その他資本剰余金	×××
その他	×××	利益剰余金	×××
投資その他の資産	×××	利益準備金	×××
投資有価証券	×××	その他利益剰余金	×××
関係会社株式	×××	○○積立金	×××
長期貸付金	×××	繰越利益剰余金	×××
繰延税金資産	×××	自己株式	△×××
その他	×××	評価・換算差額等	×××
貸倒引当金	△×××	その他有価証券評価差額金	×××
繰延資産	×××	繰延ヘッジ損益	×××
社債発行費	×××	土地再評価差額金	×××
		新株予約権	×××
		純資産合計	×××
資産合計	×××	負債・純資産合計	×××

2. 損益計算書

損益計算書は一定期間における経営成績を明らかにするものであり、報告式（図表4-4）で表すことになっています。

冒頭に売上高を表示します。収益項目としては、売上高、営業外収益（受取利息・配当金など）、特別利益（固定資産売却益など）があり、費用項目は売上原価（売上に直接対応する商品などの原価）、販売費及び一般管理費、営業外費用（支払利息など）、特別損失（減損損失など）があります。利益項目は、売上総利益（粗利益）、営業利益（営業活動で生じる利益）、経常利益（事業活動で生じる利益）、税引前当期純利益、当期純利益（法人税等控除後）などに区分し表示します。

図表 4-4　損益計算書記載例（日本経団連のひな型）

損益計算書

（自××××年×月×日　至××××年×月×日）（単位：百万円）

科　目	金　額	
売上高		×××
売上原価		×××
売上総利益		×××
販売費及び一般管理費		×××
営業利益		×××
営業外収益		
受取利息及び配当金	×××	
その他	×××	×××
営業外費用		
支払利息	×××	
その他	×××	×××
経常利益		×××
特別利益		
固定資産売却益	×××	
その他	×××	×××
特別損失		
固定資産売却損	×××	
減損損失	×××	
その他	×××	×××
税引前当期純利益		×××
法人税、住民税及び事業税	×××	
法人税等調整額	×××	×××
当期純利益		×××

3. 株主資本等変動計算書

株主資本等変動計算書は、貸借対照表の純資産の部の各項目について、当期期首残高、当期の変動額（増減）および当期末残高を明らかにする報告書です。

その作成目的は、主として株主資本の各項目の変動事由を明確にすることにあります。

図表 4-5　株主資本等変動計算書記載例（日本経団連のひな型）

株主資本等変動計算書

（自××××年×月×日　至××××年×月×日）　　（単位：百万円）

	株主資本									
	資本金	資本剰余金			利益剰余金				自己株式	株主資本合計
		資本準備金	その他資本剰余金	資本剰余金合計	利益準備金	その他利益剰余金		利益剰余金合計		
						○○積立金	繰越利益剰余金			
××年×月×日残高	×××	×××	×××	×××	×××	×××	×××	×××	△×××	×××
事業年度中の変動額										
新株の発行	×××	×××		×××						×××
剰余金の配当					×××		△×××	△×××		△×××
当期純利益							×××	×××		×××
自己株式の処分									×××	×××
○○○○○										
株主資本以外の項目の事業年度中の変動額（純額）										
事業年度中の変動額合計	×××	×××	−	×××	×××	−	×××	×××	×××	×××
××年×月×日残高	×××	×××	×××	×××	×××	×××	×××	×××	△×××	×××

	評価・換算差額等				新株予約権	純資産合計
	その他有価証券評価差額金	繰延ヘッジ損益	土地再評価差額金	評価・換算差額等合計		
××年×月×日残高	×××	×××	×××	×××	×××	×××
事業年度中の変動額						
新株の発行						×××
剰余金の配当						△×××
当期純利益						×××
自己株式の処分						×××
○○○○○						
株主資本以外の項目の事業年度中の変動額（純額）	×××	×××	×××	×××	×××	×××
事業年度中の変動額合計	×××	×××	×××	×××	×××	×××
××年×月×日残高	×××	×××	×××	×××	×××	×××

4. 個別注記表

個別注記表の記載事項は、会計監査人設置の有無、公開会社か非公開会社か、有価証券報告書の提出義務があるかどうかなどによって異なってきますので注意が必要です。

次の20区分で表示しなければならないとされています（計規98）。

	会計監査人設置会社（有価証券報告書提出義務あり）	会計監査人設置会社以外非公開会社
①継続企業の前提に関する注記	○*2	−
②重要な会計方針に係る事項に関する注記	○	○
③会計方針の変更に関する注記	○	○
④表示方法の変更に関する注記	○	○
⑤会計上の見積りの変更に関する注記	○*2	−
⑥誤謬の訂正に関する注記	○	○
⑦貸借対照表等に関する注記	○	−
⑧損益計算書に関する注記	○	−
⑨株主資本等変動計算書に関する注記	○	○
⑩税効果会計に関する注記	○	−
⑪リースにより使用する固定資産に関する注記	○	−
⑫金融商品に関する注記	○	−
⑬賃貸等不動産に関する注記	○	−
⑭持分法損益等に関する注記	○*1・2	−
⑮関連当事者との取引に関する注記	○	−
⑯一株当たり情報に関する注記	○	−
⑰重要な後発事象に関する注記	○	−
⑱連結配当規制適用会社に関する注記	○*2	−
⑲収益認識に関する注記*3	○	○
⑳その他の注記	○	○

＊1　会計監査人設置会社で有価証券報告書提出会社以外の会社は記載不要。
＊2　会計監査人設置会社以外の公開会社は上記の①・⑤・⑭・⑱は記載不要、その他の項目は記載が必要。
＊3　収益認識に関する注記が追加されました。（会社計算規則115の2参照）

5. 附属明細書

附属明細書は、計算書類の内容を補足する重要な事項を記載することとされています。

主な記載事項は下記の3点です（計規117)。

① 有形固定資産および無形固定資産の明細

② 引当金の明細

③ 販売費及び一般管理費の明細

6. 計算書類の監査上の留意点

監査を実施することが望ましい事項をピックアップしてみました。

会社の規模や業種・業態よっても違ってくると思われますので、自分自身でリスクなども考慮しつつ決定する必要があります。

■ 全般的事項

・会計方針の変更の有無の確認と会計制度に関する法令などの変更への対応状況。

・月次決算と計算書類の相違点（決算整理事項の確認)。

　決算書を受領するときに経理部門からヒヤリングを行い、不明な点があれば質問します。

　また、項目別の差異を自分自身でリストアップして、大きな差異があれば把握します。

・予算との比較、前期との差異分析（大きな変動があった場合はその要因を把握します)。 ☞ B15・16

・剰余金の配当の妥当性、分配可能額との整合性。 ☞ W46

・会計監査人（監査法人）の指摘事項は反映されているか、どのように処理されているか。

・計算書類ごとの留意点。

■ 貸借対照表

資産の実在性、資産評価の妥当性、負債の網羅性に特に留意すること。

前年度との比較を行い、大きな増減があったものについては、その背景などを分析し、必要に応じて説明を求める。

① 資産の実在性

資産の各科目が実在していることを確認する。あわせて、残高の照合を行う。

② 金銭債権（受取手形、売掛金、貸付金など）

残高の異常な増減および回収可能性を確認する。

（長期滞留債権の有無、残高の異常な増減、保有月数の変化などに留意する）

③　貸倒引当金

流動・固定の分類の妥当性、計上金額の計算方法を確認する。

④　棚卸資産

実地棚卸との差異、陳腐化などで評価が著しく減少したもの、保有月数の変化などに留意する。

評価減の必要性、不良在庫の有無などについて確認する。

⑤　有価証券の評価

評価の方法・評価損益の妥当性、減損の必要性などを確認する。

⑥　有形固定資産の減損の有無

減損の必要性の有無、廃棄・除却などの処理の妥当性、減価償却費の計上の妥当性などを確認する。

⑦　固定資産減損会計

固定資産について減損会計を適用している場合、資産のグルーピング・減損の判定について確認する。

⑧　繰延税金資産

繰延税金資産（負債）の計上金額について、妥当性を検証する。

繰延税金資産の回収可能性を確認する。

繰延税金資産（負債）の金額については、その差額のみを繰延税金資産または繰延税金負債として、投資その他の資産または固定負債に表示する。（計規83）

⑨　負債の計上について

各勘定科目の変化を確認し、差異が大きいものについては、妥当性を検証する。

計上漏れがないか、注意する。

⑩　引当金の計上について

引当金の計算根拠、計上漏れがないかどうかを確認する。

⑪　退職給付債務の会計処理

退職給付債務の会計処理について確認する。

■　損益計算書

①　月次損益計算書とのつながり

決算直前の月次損益計算書と決算整理を行った後の最終の損益計算書と大きな乖離がないかどうかを確認する（決算整理の内容の確認と同じ）。大きな差異が生じている場合は説明を受ける。

②　売上高の正当性

新たに制定された「収益認識に関する会計基準」を理解し、自社の収益認識基準について必要な見直しを行う。

売上の計上が「収益認識に関する会計基準」と合致しているかを確認する。

サンプリング調査を行い、検証する。

特に、架空売上、前倒売上などについて留意する（期末に計上された売上の帰属は当期でよいか)。

特定部門、特定顧客、特定商品で売上が急増または急減している場合はその背景を確認する。

③ 販売費及び一般管理費

経費は正しく処理されているか（先送り、未計上の有無など）を確認する。

金額の大きな取引、臨時的または特殊な要因については、その内容を確認する。

巨額の支出、臨時的な支出などがある場合はその妥当性を確認する（稟議書など決裁書類の確認)。

④ 営業外損益、特別損益

大きな、非経常的な損益については、その内容、金額の妥当性を確認する。

⑤ 法人税、住民税及び事業税並びに法人税等調整額

各税金の内容を確認する（説明を受ける)。

法人税等調整額の計算根拠を確認する。

法人税申告書の「課税所得」の計算について説明を受ける。

■ 株主資本等変動計算書の監査上の留意点

① 当期首残高の照合

各項目の当期首残高と前事業年度の当期末残高が一致していることを確認する。

＊過年度修正を行った場合を除く。

② 貸借対照表との照合

各項目の残高が貸借対照表と一致していることを確認する。

③ 損益計算書との照合

株主資本等変動計算書の当期純利益と損益計算書の表示金額が一致していることを確認する。

④ 株主資本の変動事由

株主資本の変動事由の表示の適切性を確認する。

■ 個別注記表の監査上の留意点

① 会計方針の変更について

会計方針の変更があった場合は、変更の理由および変更の影響額などについて適切に記載されているかどうかを確認する。

② 表示方法の変更

表示方法の変更があった場合は、変更の内容および変更の理由についての記載が適正であるかどうかを確認する。

③　会計上の見積りの変更

変更の内容および変更による影響額が適正に記載されているかどうかを確認する。

④　保証債務、担保設定などの注記

保証債務、担保設定などの注記事項について確認する。

取締役会決議または稟議書によって決裁されているかどうかを確認する。

関係会社との債権・債務・取引について内容を確認する。

関連当事者取引があった場合、その内容を確認する。

⑤　重要な後発事象

記載内容を確認する。

■　附属明細書の監査上の留意点

附属明細書に記載された数値は、貸借対照表、損益計算書など他の計算書類と一致しているかどうかを確認する。

7. 監査報告の内容（詳細は「PART Ⅲ 3-3.9.」）

①　会計監査人を設置していない場合

イ　監査役の監査の方法とその内容

ロ「計算関係書類が会社の財産および損益の状況をすべての重要な点において適正に表示しているかどうかについての意見」

②　会計監査人を設置している場合

イ　監査役の監査の方法とその内容

ロ　会計監査人の監査の方法または結果を相当でないと認めたときは、その旨とその理由(実際は相当である場合もその旨を表示するケースが一般的です)

ハ　会計監査人の職務の遂行が適正に実施されることを確保するための体制に関する事項

8. 会計監査人の相当性判断の根拠について

会計監査人を設置している場合の監査役の監査報告は、上記7で述べたように「会計監査人の監査の方法と結果」が相当であるかどうかを表明することにあります。

会計監査人を設置している場合においても、監査役は、どこにリスクが潜んでいるか、監査役として計算関係書類が適正であるといえるかなどについて、意見を形成しておき、会計監査人の監査報告を注意深くヒヤリングし意見交換を行ったうえで、監査役の監査報告書を作成することが望ましい。

● 会計監査人の相当性判断の根拠

① 会計監査人の適格性

イ 会計監査人の品質管理に関する方針・手続・責任者が明確に定められているか。

ロ 会社との特別な利害関係がなく、精神的独立性を保持しているか。

ハ 職業的専門家としての職業倫理を遵守しているか。

ニ 監査法人の監査体制、審査体制に問題がないか。

＊会計監査人の職務の遂行に関する事項について説明を受けること（計規131）。

② 会計監査人の監査の方法

イ 会計監査人の監査計画の妥当性

・「監査計画概要書」は当社に適合し、適切といえるか。

・監査日程、監査体制は適切か。事業所や子会社等への往査の計画は適切か。

・重点監査項目は適切といえるか。

ロ 監査実施状況

・監査が計画通り実施されているか。計画と実施状況に差異があるとき、その理由は何か。

③ 監査の結果が相当であるかどうかの判断ポイント

イ 監査の結果について説明を受け、その内容について納得したか。

ロ 経営者や経理部門との間で意見の調整がなされた事項がある場合は、その内容を確認し、納得できたか。

ハ 監査役が自ら行った監査手続、もしくは監査の立会いなどの結果の判断と違和感はないか。

麻野浅一『監査役の会計監査』2009年　税務経理協会を参考に必要最小限と思われるものに要約。

9. 会計監査人との連携のポイント

・ 定期的に会合を持ち、意見交換・情報交換を行い、効率的な監査を心がける。

・ 会計監査人から監査計画概要書を受領し、KAMなどの重点監査項目などについて説明を受け、意見交換を行う。

・ 監査役は必要に応じて会計監査人の往査および講評に立ち会う。

・ 監査役は、会計監査人に対し監査の実施結果について、適宜報告を求める。

・ 監査役は、会計監査人から取締役の職務の執行に関し、不正の行為または法令もしくは定款に違反する重大な事実がある旨の報告を受けた場合には、取締役に対して、助言または勧告を行うなど必要な措置を講じなければならない。

・ 監査役は監査の過程で知りえた情報のうち、会計監査人の監査の参考となる情報または監査に影響を及ぼすと認める事項について、会計監査人に情報を提供するなど情報の共有に努める。

・ 監査役は、会計監査人が日本公認会計士協会の品質管理レビュー又は「金融庁公認会計士・監査審査会」の検査を受けた場合には、品質管理レビュー又は検査の結果及び指摘事項などへの対応の状況について、原則として書面で受領することとなっている。監査役は、会計監査人から品質管理レビュー又は検査結果についての報告がない場合には、検査の有無、検査の結果などを書面で発行するよう要請する必要がある（「監査事務所検査結果事例集」金融庁　公認会計士・監査審査会　参照）。

＊会計監査人との連携に関する最近の報告

① 会計監査人との連携に関する実務指針（日本監査役協会　2018年8月17日最終改正）

② 監査役等と監査人との連携に関する共同研究報告（日本監査役協会・日本公認会計士協会　20018年1月25日　最終改正）

4-4 監査基準、会計基準等の改正の動き

1. 監査基準の改正の概要

(1) 監査基準改正の背景

近年の不正会計事案を契機として、2015年9月「会計監査の在り方懇談会」が設置され、今後の会計監査の在り方についての検討がなされてきましたが、2016年3月①監査法人のマネジメントの強化、②会計監査に関する情報の株主等への提供の充実、③企業不正を見抜く力の向上、④第三者の目による会計監査品質のチェック、⑤高品質な会計監査を実施するための環境の整備などの5項目の提言がなされました。

これを受けて、金融庁企業会計審議会は、2018年7月「監査基準」を改訂、公認会計士の監査報告書に「監査上の主要な検討事項（Key Audit Matters: 以下KAMという）」の記載を新たに求めることとしました。これは、監査上の重要な課題を明らかにし、監査のプロセスについて記述することで株主に対する情報提供の充実と監査の透明性の向上を実現することを意図したものです。

(2) KAMとは何か

KAMとは、当該事業年度の財務諸表の監査人の監査において、監査役等と協議した事項のうち、職業的専門家として特に重要であると判断した事項をいいます。

監査人は、監査報告書において、監査意見とは別に新たにKAMの記載区分を設け、記述することとなりました。

(3) KAMの決定プロセス

監査人は、監査の過程で監査役等と協議した事項のなかから、

図表 4-6　KAMの決定プロセス

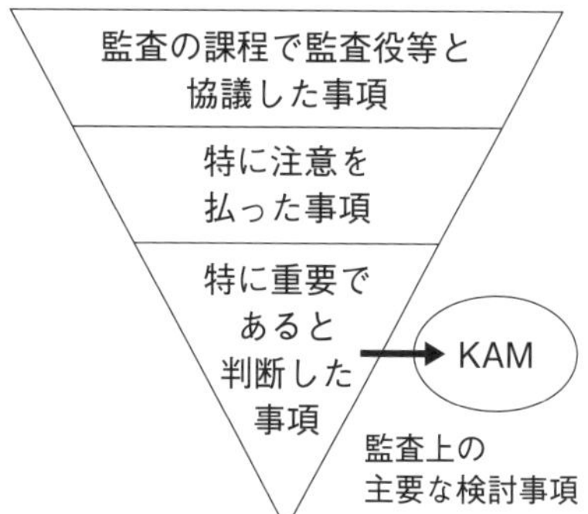

出所：日本公認会計士協会「監査上の主要な検討事項と（KAM）の有意義な導入に向けて」（日本公認会計士協会シンポジウム資料）2019年3月8日 https://jicpa.or.jp/news/information/1-24-0-1-20190315_01_kam.pdf

> ① 特別な検討を必要とするリスクが識別された事項、又は重要な虚偽表示のリスクが高いと評価された事項
> ② 見積りの不確実性が高いと識別された事項を含め、経営者の重要な判断を伴う事項に対する監査人の判断の程度
> ③ 当年度において発生した重要な事象又は取引が監査に与える影響

上記①～③について考慮したなかで、特に注意を払った事項を決定し、当該決定事項のなかからさらに、当年度の財務諸表の監査において、職業的専門家として、特に重要であると判断した事項を絞り込み、KAM（監査上の主要な検討事項）として決定します。

(4) 監査報告書の記載事項（改正前後の比較）

改正前	改正後
独立監査人の監査報告書	独立監査人の監査報告書
● 経営者の責任	● 監査意見
● 監査人の責任	● 意見の根拠（新設）
● 監査意見	● 継続企業の前提（新設） ＊継続企業の前提に関する重要な不確実性が認められる場合に、独立区分を設けて監査人が記載する。
	● 監査上の主要な検討事項（新設）
●追記情報	● 追記情報
	● 経営者及び監査役等の責任 ＊監査役等が追加された
	● 監査人の責任
●利害関係	● 利害関係

＊改正後の監査報告書の文例は日本公認会計士協会から発表されています。（監査・保証実務委員会実務指針第85号（2020年3月17日）日本公認会計士協会）

(5) KAMの適用範囲・適用時期・留意事項など

① 適用範囲

金融商品取引法に基づいて開示される有価証券報告書等の財務諸表についての監査報告書に適用されます。

現時点では、会社法改正の動きはなく、会社法に準拠して作成される計算関係書類についての会計監査人の監査報告書は見直しの対象となっていません。

② 適用時期

イ KAMについての記載

2021年3月決算に係る財務諸表の監査から適用

ロ KAM以外の項目

2020年3月決算に係る財務諸表の監査から適用

③ 監査役の留意事項

KAMは、監査人が監査役とコミュニケーションを行った事項のなかから決定されることとなっており、監査役はこれまで以上に、監査人と緊密なコミュニケーションをとることが要求されます。

また、会社法に基づく監査役（会）の監査報告書については、KAMに言及することは求められていません。各監査役(会)の判断するところとなります。

(6) 会社としての取り組み

① リスク認識の共有化と緊密なコミュニケーション

KAMの目的を達成するためには、経営者、監査役、監査人の3者間で重要な虚偽表示リスクを共有し、意見交換できるコミュニケーションの深化が求められています。

② 開示について

KAMに選定された項目についての情報開示をどのように行うか、検討し対処する必要があります。

③ その他（課題など）

イ 監査人からのより詳細な情報開示の要求

ロ 会社側の事務量の増加

ハ 監査コストが増大する懸念

ニ 定時株主総会の対応（開催時期、質問への対応など）

2. 収益認識に関する会計基準

(1) 開発の背景

これまでわが国においては、「売上高は、実現主義の原則に従い、商品等の販売又は役務の給付によって実現したものに限る。」とされ、包括的な会計基準は存在していませんでした。

一方、国際会計基準審議会（IASB）と米国財務会計基準審議会（FASB）は、共同して包括的な会計基準の開発を行い、2014年5月に「顧客との契約から生じる収益」（IFRS第15号）を公表しました。

これらの状況を踏まえ、企業会計基準委員会（ASBJ）は、わが国における包括的な会計基準の検討に着手し、2019年10月に「収益認識に関する会計基準」を公表しました。

(2) 開発にあたっての基本方針

国際会計基準との財務諸表の比較可能性の観点からIFRS第15号の基本的な原則を取り入れることを出発点とし、わが国で行われる実務に配慮すべき項目については、比較可能性を失わない範囲で代替的な取り扱いを追加することとしました。

なお、本会計基準は、連結財務諸表、個別財務諸表に適用されます。

(3) 適用の範囲

本会計基準は、顧客との契約から生じる収益に関する会計処理および開示に適用されます。

したがって、固定資産の売却など営業外の収益などについては、対象外となります。また、顧客との契約から生じる取引であっても、金融商品取引など、以下については本会計基準の適用外となります。

（対象外の取引）

①「金融商品に関する会計基準（企業会計基準第10号）」の範囲に含まれる金融商品に係る取引

②「リース取引に関する会計基準（企業会計基準第13号）」の範囲に含まれるリース取引

③ 保険法（2008年法律第56号）における定義を満たす保険契約

④ 同業他社との商品または製品の交換取引

⑤ 金融商品の組成または取得に際して受け取る手数料

⑥ 不動産流動化実務指針の対象となる不動産の譲渡

(4) 収益認識の原則的な考え方と収益認識のステップ

顧客との契約に基づく履行義務を充足したとき（または充足するにつれて）収益を認識します。

この原則に則って収益を認識するために、以下の5つのステップを適用します。

●【ステップ1】顧客との契約を識別する（会計基準19項～31項）

会計基準では、「契約」は「法的な強制力のある権利及び義務を生じさせる複数の当事者間における取り決め」としており、必ずしも公式の契約書の締結でなくても、以下の要件をすべて満たしているときに契約として識別されることとしています。（会計基準19項）

イ　当事者間が契約を承認し、義務の履行を約束している

ロ　各当事者の権利を識別できる

ハ　支払条件を識別できる

ニ　契約に経済的実質がある

ホ　対価を回収する可能性が高い

＊1　当該契約に含まれる履行義務が複数ある場合がある。

＊2　複数の契約を結合して単一の契約とみなす場合がある。

●【ステップ2】契約における履行義務を識別する（会計基準32項～34項）

ステップ1で識別した契約に含まれる履行義務を識別します。履行義務とは、顧客との契約において、財またはサービスを顧客に移転する約束をいいます。契約に複数の履行義務が含まれる場合、会計処理をどのように行うべきか、収益認識の時期と金額に影響が及ぶことになります。

具体的な処理をどうすべきかについては、図表4-7を参照ください。

●【ステップ3】取引価格を算定する（会計基準47項～64項）

ステップ3では、収益として認識される金額の基礎となる取引価格を決定します。

●【ステップ4】取引価格を配分する（会計基準65項～76項）

ステップ4では、ステップ3で算定した取引価格をステップ2で識別した履行義務に配分します。配分にあたっては、個別の履行義務の独立販売価格を基礎とし、その比率で按分します。

●【ステップ5】履行義務の充足による収益の認識（会計基準35項～46項）

ステップ5ではステップ4で配分された取引価格に基づき収益を認識します。

企業は、約束した財またはサービスを顧客に移転することによって履行義務を充足したとき、または充足するにつれて、収益を認識します。

(5)「収益認識に関する会計基準」の重要な論点

①　契約の結合、契約変更の会計処理（ステップ1　契約の認識）

複数の契約を結合して単一の契約とみなす場合や、契約変更の会計処理など

個別の検討が必要になるケースがあり、注意が必要です。(会計基準27～31項、適用指針第92項、第101項)

② 本人か代理人か(ステップ3 取引価格の算定)

代理取引の場合は、総額での収益の計上はできないことになりました。

契約の総額1億円、代理手数料5%を受領する場合、収益計上額は5百万円となります。

これまでは、具体的な基準が存在しなかったので、売上高として総額(1億円)を計上することができましたが、本基準適用後は、代理手数料のみを計上することになります。利益は変わらなくても売上高が大幅に減少するケースがあるので注意が必要です。(適用指針第39・40項参照)

③ 一時点で収益を認識するか、一定期間で収益を認識するか(ステップ5)

約束した財またはサービスを顧客に移転することによって履行義務を充足したとき、または充足するにつれて、取引価格のうち当該履行義務に配分した額によって収益を認識します。

図表4-7 取引の事例に基づく収益認識の流れ

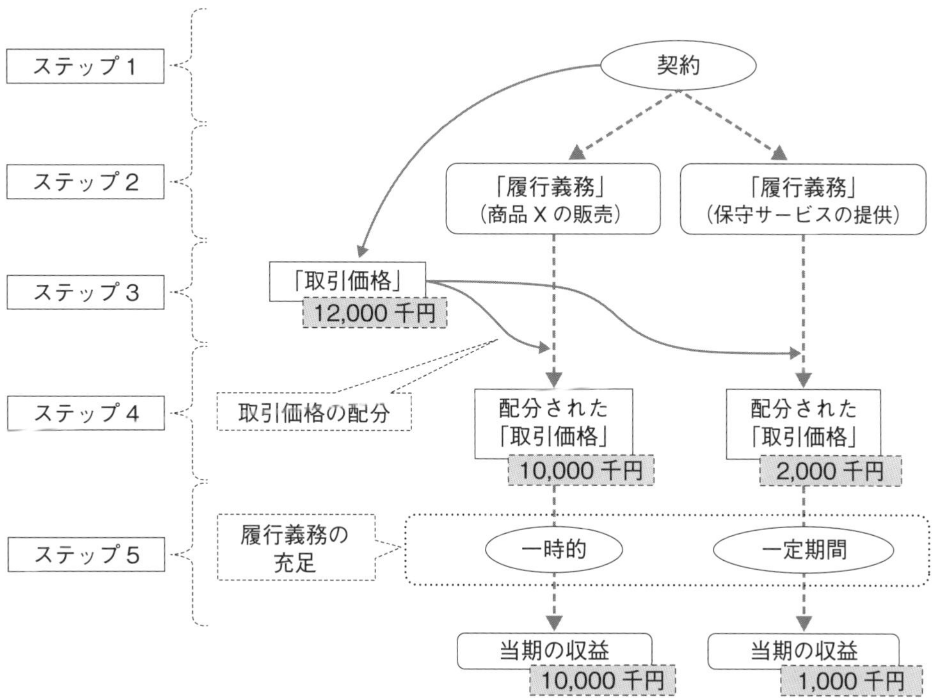

出所:企業会計基準委員会「『収益認識に関する会計基準の適用指針』の設例」2020年3月31日 p.53 https://www.asb.or.jp/jp/accounting_standards/implementation_guidance/y2020/2020-0331.html

イ　商品の販売：顧客に商品を引き渡したとき

ロ　2年間のサービス提供：当期および翌期の2年間にわたり収益を認識します。

(6) 重要性に関する代替的な取り扱い（適用指針第92～104項）

本会計基準等では、これまでわが国で行われてきた実務等に配慮し、財務諸表間の比較可能性を大きく損なわせない範囲で、IFRS第15号における取り扱いとは別に、個別項目（詳細略　適用指針参照）について代替的な取り扱いを定めています。

(7) 収益認識に関する会計基準の構造

収益認識に関する会計基準（以下基準という）	
目的	1項
会計基準	
Ⅰ．範囲	3
Ⅱ．用語の定義	5
Ⅲ．会計処理	
1　基本となる原則	16
2　収益の認識基準	
(1) 契約の識別	19
(2) 契約の結合	27
(3) 契約変更	28
(4) 履行義務の識別	32
(5) 履行義務の充足による収益の認識	35
3　収益の額の算定	46
Ⅳ．開示	
1　表示	78②
2　注記事項	80
Ⅴ．適用時期等	
1　適用時期	81
2　経過措置	84
3　その他	90
●　結論の背景	92

収益認識に関する会計基準の適用指針（以下指針という）	
目的	1項
会計基準	
Ⅰ．範囲	2
Ⅱ．用語の定義	3
Ⅲ．会計処理	
1　収益の認識基準	
(1) 履行義務の識別	4
(2) 別個の財又はサービス	5
(3) 履行義務の充足による収益の認識	8
(4) 一定の期間にわたり充足される履行義務	9
(5) 一時点で充足される履行義務	14
(6) 履行義務の充足にかかわる進捗度	15
2　収益の額の算定	23
3　特定の状況又は取引における取扱い	34
4　工事契約等から損失が見込まれる場合の取扱い	90
5　重要性等に関する代替的な取扱い	92
Ⅳ．開示	
1　表示	104②
2　注記事項	106③
Ⅴ．適用時期等	107
●　結論の背景	109

●　設例（1―32）
参考（開示例及び注記例）

(8) 本基準の適用時期

2021年4月1日以降開始する事業年度の期首から適用

(9) 本基準適用にあたっての留意事項

監査法人とコミュニケーションをとり、これまでの会計処理を継続できるかどうかを検証する必要があります。

経理規程や業績評価システムなどの見直しも必要になることも想定されますので、監査役としては、当会計基準の十分な理解と会計処理の妥当性について検証する必要があります。

3. 企業内容の開示に関する内閣府令の改正

(1) 改正の背景

2018年6月に公表された金融審議会「ディスクロージャーワーキング・グループ報告」において、「財務情報及び記述情報の充実」、「建設的な対話の促進に向けた情報の提供」、「情報の信頼性・適時性の確保に向けた取組」に向けて、適切な制度整備を行うべきとの提言がなされました。

(2) 改正内容の概要（追加記載項目）

① 財務情報および記述情報の充実

- 経営方針・経営戦略等について、市場の状況、競争優位性、主要製品・サービス、顧客基盤等に関する経営者の認識の説明を含めて記載する。
- 事業等のリスクについて、顕在化する可能性の程度や時期、リスクの事業へ与える影響の内容、リスクへの対応策について説明する。
- 会計上の見積りや見積りに用いた仮定について、不確実性の内容やその変動により経営成績に生じる影響等に関する経営者の認識を記載する。

② 建設的な対話の促進に向けた情報の提供

- 役員の報酬について、報酬プログラムの説明（業績連動報酬に関する情報や役職ごとの方針等）を行うとともに、プログラムに基づく報酬実績等を記載する。
- 政策保有株式について、保有の合理性の検証方法等について開示を求めるとともに、個別開示の対象となる銘柄数を現状の30銘柄から60銘柄に拡大する。

③ 情報の信頼性・適時性の確保に向けた取組

- 監査人を選定した理由および方針（解任または不再任の決定の方針を含む）
- 監査役（会）が監査人の評価を行った旨およびその内容の開示
- ネットワークファームに対する監査報酬等の開示
- 監査役会等の活動状況、監査法人による継続監査期間

④ その他

最近5年間の株主総利回りの推移について、提出会社が選択する株価指数に

おける最近5年間の総利回りと比較した記載を求める

(3) 適用時期

2020年3月31日以後に終了する事業年度の有価証券報告書等については、すべての項目について適用されています。

(4) 監査役監査の状況についての記載事例（X社）

各監査役は「当社監査役監査要綱」に則り、取締役から独立した立場において、取締役、執行役員及び使用人の職務執行が法令または定款等に適合しているかを監査するなど取締役の職務の執行状況の監査を行うとともに、計算書類等の適正性を確保するため、会計監査を実施している。なお、社外取締役Nは公認会計士資格を有しており、財務及び会計に関する相当程度の知見を有するものである。

監査役会は、原則として毎月1回開催するほか、必要に応じて臨時に開催しており、当事業年度においては22回開催され、主に監査計画の審議や監査結果の報告等が行われた。常勤監査役は、常勤としての特性を踏まえ、監査環境の整備及び社内の情報の収集に積極的に努め、内部統制システムの構築・運用状況を日常的に監視・検証するとともに、他の監査役と情報の共有及び意思の疎通を図っている。

＊各監査役の監査役会の出席状況（略）

また、監査役会及び監査役の機能強化の一環として、その指揮命令の下に、執行部門から独立して、監査役室を設置し、監査役会及び監査役の職務を補佐する部門として、法令遵守状況のモニタリングなどを重点的に行っている。同室には、専従のスタッフを3名置いている。

(5) 感　想

内閣府令の改正により、記載項目の増加とともに、経営者の資質を問われるような項目が数多くあり、緊張感をもって経営品質の強化にあたる必要性を強く感じています。

PART V　内部統制監査

5-1　内部統制（システム）とは

会社法では、内部統制という言葉ではなく、「取締役の職務の執行が法令及び定款に適合することを確保するための体制その他株式会社の業務の適正を確保するために必要なものとして法務省令で定める体制」と表現しています（会 348 ③四・362 ④六）。これは、すごくわかりにくく、とっつきにくい表現です。

もう少しわかりやすく表現しますと、内部統制とは、「組織がその目的を有効で効率的にかつ適正に達成するために、その組織の内部において適用されるルールや業務プロセス」と理解できます。もっと簡単に割り切ったいいかたをすれば、「会社の業務を適正（適法）に効率よく運営するための仕組み」といえます。

5-2　会社法の内部統制

内部統制には、①会社法の規定、②金商法の規定があります。まず、会社法で規定されている内部統制システムについて述べます。

取締役が構築すべき内部統制システムとは、「取締役および使用人の職務の執行が法令および定款に適合することを確保するための体制」をいい、以下の内容で構成されます。（施規 100）

①　取締役の職務の執行に係る情報の保存および管理に関する体制
（法定備置書類や契約書、稟議書等重要書類の保存、管理体制）

②　損失の危険の管理に関する規程その他の体制
（重大なリスクへの対応体制等）

③　取締役の職務の執行が効率的に行われることを確保するための体制
（経営戦略構築、経営計画の策定、重要な意思決定等についての運営体制等）

④　使用人の職務の執行が法令および定款に適合することを確保するための体制

内部統制システム・善管注意義務違反

ある銀行の海外支店の行員が、約11年間にわたり無断かつ簿外で財務省証券の取引を行い、会社に対して11億ドル(約1100億円)の損害を与えました(A事件)。

頭取への告白状によりこの事件が表面化しましたが、会社は、金融当局に対する報告を所定の期間内に行なわず、隠蔽工作を行ったことから司法当局から起訴され、罰金と弁護士費用を合わせて350百万ドル（約358億円）の支払いを余儀なくされました（B事件)。

この2つの事件の損害賠償を請求する株主代表訴訟が起こりました。本件に関する裁判所の判断の要旨は以下のようなものでした。

①A事件

裁判所は、「健全な会社経営を行うためには、目的とする事業の種類、性質等に応じて生じる各種リスクを正確に把握し、適切に制御すること、すなわちリスク管理が欠かせず、会社が営む事業の規模、特性等に応じたリスク管理体制（いわゆる内部統制システム）を整備することを要する」としました。この事件では、預かり保管していた財務省証券の保管残高の確認方法が極めて不適切であり、同社のリスク管理体制はこの点において実質的に機能していなかったものとされ、関係する取締役、監査役に任務懈怠があるとされました。

②B事件

告白状により事件の発生を知った取締役11名は米国当局への報告を所定の期間に行わず、多額の罰金を課されることとなったことは、企業経営者として著しく不合理かつ不適切な経営判断であり、取締役の善管注意義務及び忠実義務に違反したとされました。

【大阪地方裁判所　2000年9月20日判決】

＊参考文献

・株主代表訴訟事件、共同訴訟参加事件　判決文（2000年9月20日　大阪地方裁判所）
・國吉信男（2013）「第25期新任監査役情報交換会　第4回」テキスト　日本監査役協会
・竹内朗・笹本雄司郎・中村信男（2014）『リスクマネジメント実務の法律相談』青林書院
・鳥飼重和、吉田良夫（2010）『監査役の社会的使命と法的責任』清文社
・山口利昭（2012）「監査役の責任と有事対応の在り方―監査見逃し責任を認めた判例の検討―」『旬刊商事法務』No.1973　pp.96-108.

（コンプライアンス（法令等遵守）体制

⑤　会社ならびにその親会社および子会社からなる企業集団における業務の適正を確保するための体制
（企業集団における法令等遵守体制）

⑥　監査役の監査が実効的に行われることを確保するための体制
（監査役の監査環境整備）

5-3　会社法内部統制と金商法内部統制の評価・監査のポイント

	会社法内部統制	金商法・財務報告内部統制
目的・対象	職務執行全般	財務報告の適正性の確保
経営者による評価の義務	明示的な義務なし ただし、善管注意義務に留意	内部統制報告書の提出義務
整備義務の対象	大会社、指名委員会等設置会社、 監査等委員会設置会社	上場企業、その他政令で 定めるもの
経営者による評価の基準	客観的・具体的な 評価基準はない	法令・本基準・実施基準による 客観的・具体的な評価
経営者による評価の時点	随時	事業年度末
監査役による監査	職務執行監査の対象	明示的な義務はなし ただし、職務執行監査の対象
監査法人による監査	なし	内部統制報告書の監査

5-4　内部統制システムの整備・運用状況の監査（会社法における内部統制監査）

1．内部統制システムの構築義務

大会社である取締役会設置会社においては、取締役会は内部統制システムに係る体制の整備について決定しなければならないとされています（会 362⑤）。

それ以外の会社は（内部統制の構築義務はありますが）、取締役会において体制の整備を決定することは求められていません。

1995 年に表面化した大和銀行ニューヨーク支店巨額損失事件をはじめ多くの不祥事が発生したことが背景にあり、大会社について、内部統制システムの構築を義務付けたものです。

また、決定された基本方針について、取締役会は定期的（年1回程度）に確認し、必要に応じて決議内容を見直していくことが求められています。

2. 内部統制システムの整備・運用状況の監査

☞ B22・24

監査の方法については、日本監査役協会から「実施基準」が公表されていますから、これを参考にしながら、会社の実状を配慮しつつチェックリストなどを整備して監査していくこととなります。そのポイントを整理してみます。

① 内部統制システムの取締役会決議に関する監査

- 決議内容が関係法令に定める事項を網羅しているか（会362④六、施規100）
- 決議の内容について必要な見直しが適時、適切に行われているか

（その他略）

② 内部統制システムの整備・運用状況に関する監査活動

- 内部統制システムの各体制（法令等遵守体制、損失危険管理体制、情報保存管理体制、効率性確保体制、企業集団内部統制など）について、監査役の監査活動を通して重大なリスクに対応しているかどうかを監視し、検証する。
- 取締役会、コンプライアンス委員会、リスク管理委員会等、その他関連す

内部統制システムの構築・運用

ある会社の資金運用担当取締役の資金運用の失敗に係わる責任が、株主代表訴訟により追及されました。判決では、資金運用取締役の責任は認められましたが、内部統制システムが構築・運用されており、監視がなされていたとされ、その他取締役や監査役については、資金運用担当取締役によるリスク管理体制違反の事実を発見できなかったことをもって、善管注意義務違反があったとはいえないとされ、責任が否定されました。

【東京高等裁判所　2008年5月21日判決】

＊参考文献

・各損害賠償請求、共同訴訟参加控訴事件　判決文（2008年5月21日　東京高等裁判所）

・新日本有限責任監査法人（2013）『監査役監査の基本がわかる本』同文舘出版

・竹内朗（2014）研修会資料「監査役の役割と責任」日本監査役協会

・竹内朗・笹本雄司郎・中村信男（2014）『リスクマネジメント実務の法律相談』青林書院

る会議等への出席や代表取締役との定期会合等を通じて、各体制の整備・運用状況とそれに対する取締役の認識について把握し、必要に応じ代表取締役等に対して報告を求める。

- 内部監査部門等の内部監査計画およびその実施状況について説明を受けるとともに、各体制の整備状況についても定期的に報告を受け、必要に応じ内部監査部門が行う調査等に立会いまたは同席する。
- 上記のとおり内部監査部門等との連係を図るとともに、会計監査人と定期的に会合をもち、内部統制システムの整備・運用状況に関する意見等を把握し、必要に応じて報告を求める。

5-5 金商法における内部統制（財務報告内部統制）

1. 背　景

① 米国においてエンロン事件など巨額の不正会計事件を契機として「サーベンス・オクスリー法」（SOX法・企業改革法）が制定され、開示される財務会計情報に対する規制が強化されました。

② 日本においても有価証券報告書の虚偽記載や粉飾決算が多発したため、財務報告の適正化を図ることを目的として、経営者による内部統制報告制度、日本版SOX法（J-SOX）が金商法に組み込まれました。

2. 財務報告内部統制の概要

（金商法24の4の4、193の2、
財務計算に関する書類その他の情報の適正性を確保するための体制に関する内閣府令1～3）

① 投資家保護を目的としていることから「上場企業」を対象としています。

② 業務の範囲を「財務報告」に限定しています。財務諸表（会社法の計算書類）が適切なプロセスを経て正確に作成されているかどうかを対象としています。

③ 上場企業においては、経営者は財務報告が適正に作成されているかどうかについて、自ら評価した「内部統制報告書」を作成し、監査人（公認会計士または監査法人）に提出します。

④ 監査人は提出された「内部統制報告書」を監査し、「財務報告に係る内部統制」が有効であるかどうかについて、「内部統制監査報告書」で意見表明を行います。

＊金商法では、「内部統制報告書」は監査人（公認会計士または監査法人）の監査を受けなければならないとされています（この監査人は、計算書類の監査を行う会計監査人と必ずしも同一でなければならないというわけではありません）。

⑤ 「内部統制報告書」は、期末から３ヵ月以内に有価証券報告書とあわせて提出します（「内部統制監査報告書」添付）。

3. 監査役の監査義務

監査役は取締役の職務執行を監査する立場から、内部統制の整備・運用状況について、監視・検証する義務があります（財務報告に関する内部統制の評価及び監査の基準Ⅰ．4．(3)「企業会計審議会」）。

4. 監査役の監査

☞ B23

① 財務諸表等の監査

会社法に基づき作成される計算関係書類を監査することで、実質的に金商法の財務報告に係る監査を行っていることになります。

② 財務報告内部統制についての監査のポイント

（ⅰ） 財務報告内部統制について、以下の重大なリスクに対応しているか。

・ 財務担当取締役が主導または関与して不適正な財務報告が行われるリスク。

・ 会社の経営成績や財務状況に重要な影響を及ぼす財務情報が、財務担当取締役において適時かつ適切に把握されていない結果、不適正な財務報告が組織的にまたは反復継続して行われるリスク。

（ⅱ） 財務報告内部統制が重要なリスクに対応しているか否かについて、下記の事項を含む統制上の要点を特定したうえで判断する。

・ 財務担当取締役が、会社経営において財務報告の信頼性およびその実効体制の整備が必要不可欠であることを認識しているか。

・ 財務担当取締役が、財務報告における虚偽記載が適時かつ適切に発見・予防されないリスクの重大性を理解しているか。

・ 財務報告を所管する部署に、財務・会計に関する十分な専門性を有する者を配置しているか。

・ 開示すべき財務情報が迅速かつ網羅的に収集され、法令等に従い適時かつ十分に開示される体制が整備されているか。

・ 経営者は財務報告に係る内部統制の有効性を適切に評価し、適正に内部統制報告書に記載しているか。

（ⅲ） 監査人の監査の方法と結果、内部統制報告書の内容はどうか。

5. 監査役の立場

財務報告に係る内部統制における会社の統制環境には、取締役の職務の執行を監査する立場にある監査役が果たすべき機能も含まれます。このため、監査人は、内部統制監査を行うために、監査役の監視機能の状況について確認することになります。

監査役は、会社法においては、計算関係書類についての会計監査人の監査の結果が相当であるかどうかを判断する立場ですが、財務報告に係る内部統制に関しては、監査役の監視機能が有効かどうかについて、監査人から確認されることになります。したがって、下記の点に留意が必要です。

① 監査役は、財務報告とその内部統制に関し経営者（代表取締役社長等）を適切に監視する責任を理解し、実行しているか。

② 監査役は内部監査人および監査人と適切に連携しているか。

③ 上記監視の状況と連携の状況について、適正に記録を整備しているか。

6. 監査役会監査報告と監査人の内部統制監査報告書の関係

① 監査役（会）の監査報告書は、招集通知の発送等の関係から期末（3月末）から2ヵ月後(5月末)頃に開催される決算取締役会に提出する必要があります。

② 提出した監査役（会）監査報告において内部統制システムについて「指摘すべき点はない」と表明した後、監査人から「内部統制監査報告書」において「不適正」との評価が出た場合、監査役の監査について適正性が問われるおそれがあります（「期ズレ問題」と呼ばれています)。

③ これに対処するため監査役としては、会計監査人から監査報告を受領するとき（監査役監査報告書作成前）に、財務報告内部統制について、「開示すべき重要な不備」の有無を確認したうえで、監査役会監査報告を作成することが必要です。

7. 金商法における監査役の責任

監査役は有価証券報告書や内部統制報告書に虚偽の記載がある場合、または記載すべき重要な事項、誤解を生じさせないために必要な重要な事実の記載が欠けている場合には、有価証券報告書の発行時の会社役員として、取締役とともに株主に対して、当該虚偽記載等により生じた損害を賠償する責任を負うことになります。有価証券報告書や内部統制報告書等の作成は、取締役の重要な職務執行であり、取締役の職務執行を監査する監査役として、それらの書類を監査する監査人と適切な連携を図り、その作成プロセスを監査する必要があります。

（会計監査人との連携に関する実務指針　2018年8月17日改正より抜粋）

PART Ⅵ コーポレート・ガバナンスと監査役

6-1 コーポレートガバナンス・コードとは何か

コーポレート・ガバナンスとは、会社が株主をはじめ顧客・従業員・地域社会等の立場を踏まえたうえで、透明・公正かつ迅速・果断な意思決定を行うための仕組みを意味する。

コーポレートガバナンス・コード（以下、CG コード）は、実効的なコーポレート・ガバナンスの実現に資する主要な原則を取りまとめたものであり、これらが適切に実践されることは、それぞれの会社において持続的な成長と中長期的な企業価値の向上のための自律的な対応が図られることを通じて、会社、投資家、ひいては経済全体の発展にも寄与することとなるものと考えられる。（東京証券取引所　CG コード冒頭文）

6-2 CG コード策定までの経緯

「『日本再興戦略』改訂 2014 —未来への挑戦—」に基づき、わが国の成長戦略の一環として策定され、「攻めのガバナンス」を標榜している点に大きな特徴がある（図表 6-1）。

6-3 CG コードの特徴

① ステークホルダーへの配慮と「攻めのガバナンス」
② 海外（OECD 原則等）からの影響を受けている
③ プリンシプルベース・アプローチ（原則主義）
④ コンプライ・オア・エクスプレイン（実施するかさもなければ説明せよ）

図表 6-1　CG コード策定までの経緯

2014 年 6 月	「『日本再興戦略』改訂 2014―未来への挑戦―」が閣議決定 →2015 年株主総会シーズンまでに CG コードを策定することを提言
同年 8 月	金融庁および東京証券取引所を事務局とする「コーポレートガバナンス・コード」の策定に関する有識者会議発足
同年 12 月	「コーポレートガバナンス・コード原案」（案）の公表パブリック・コメント手続き
2015 年 3 月	「コーポレートガバナンス・コード原案」の公表
同年 6 月	コーポレートガバナンス・コードの適用開始
2018 年 6 月	コーポレートガバナンス・コードの改訂

出所：中村慎二・塚本英巨・中野常道（2017）『コーポレートガバナンス・コードのすべて』商事法務　p.7 を基に作成

法令とは異なり強制力はない。（ソフトローといわれる）

各社の事情に照らして、実施することが適当でない原則があれば、それを実施しない理由を説明することとされている。

⑤　スチュワードシップ・コードとの連動

企業と機関投資家は対話を通じて、投資先企業の持続的成長の実現をめざすこととしている。

6-4　CG コードの構成と適用範囲

1. 全体の構成

CG コードは、第 1 章から第 5 章までの 5 つの基本原則、この基本原則に付随した 31 の原則、42 の補充原則（合計 78 項目）から構成されています。

第 1 章から第 5 章にわたる基本原則とこれらを構成する原則・補充原則の主な内容は、以下のとおりです。

構　成（基本原則）	主　な　内　容
第 1 章　株主の権利・平等性の確保	・株主の権利の確保（株主総会における議決権等） ・権利行使に係る環境整備 ・政策保有株式に関する方針の開示 ・株主の利益を害する可能性のある資本政策 ・関連当事者間の取引に関する事項

第２章　株主以外のステークホルダーとの適切な協働	・経営理念、行動準則の策定と実践 ・社会・環境問題をはじめとするサステナビリティを巡る課題 ・女性活躍促進を含む社内の多様性の確保 ・内部通報制度の体制整備
第３章　適切な情報開示と透明性の確保	・財務情報や経営戦略・リスク・ガバナンス等に係る情報等の非財務情報の適正な開示 ・適切な監査の確保（会計監査人）
第４章　取締役会等の責務	・会社の持続的成長と企業価値の向上を実現するための役割・責務の遂行、取締役会の監督責任の遂行 ・監査役及び監査役会の役割・責務 ・経営陣の報酬 ・独立社外取締役の役割と責務 ・取締役会の評価 ・取締役・監査役のトレーニング
第５章　株主との対話	・株主との建設的な対話を行うための体制整備 ・経営戦略や経営計画の策定・公表 わかりやすい言葉・論理で明確に説明すること

2. CG コードの適用関係

<table>
<tr><td rowspan="2">東京証券取引所</td><td>本則市場
（一部及び二部）</td><td>全 78 原則</td></tr>
<tr><td>マザーズ
JASDAQ</td><td>基本原則のみ適用</td></tr>
<tr><td rowspan="2">名古屋証券取引所</td><td>本則市場
（一部及び二部）</td><td>全 78 原則</td></tr>
<tr><td>セントレックス</td><td>基本原則のみ適用</td></tr>
<tr><td colspan="2">福岡証券取引所</td><td rowspan="2">基本原則のみ適用</td></tr>
<tr><td colspan="2">札幌証券取引所</td></tr>
</table>

出所：中村慎二・塚本英巨・中野常道（2017）『コーポレートガバナンス・コードのすべて』商事法務　p.6

6-5 監査役に関連するCGコードの内容

1. 監査役および監査役会の役割・責務について（原則4-4）

(1) 監査役および監査役会は、独立した客観的な立場で適切な判断を行い、取締役の職務の執行の監査、会計監査人の選解任等の役割・責務を果たすべきであると記載されています。

これまでは、監査役の監査は適法性監査にとどめるべきである、あるいは、妥当性監査に踏み込むべきであるなどの議論がなされてきましたが、CGコードでは、「監査役は、その役割・責務を十分に果たすためには、自らの守備範囲を過度に狭くとらえることは適切でない。」と記載されています。

守りの機能を発揮することにとどまらず、CGコードの精神を十分理解して、積極的に権限を行使し、取締役会あるいは、日常の監査活動において、経営陣に対して適切に意見を述べることが期待されています。

(2) 社外取締役との連携（補充原則4-4-①）

監査役または監査役会は、社外取締役が独立性を保ちつつ、情報収集力を強化することができるよう、社外取締役への情報提供や意見交換を行うなど、連携強化を行うことが要求されています。

(3) 株主に対する受託者責任（原則4-5）

取締役・監査役及び経営陣は、株主に対する受託者責任を認識し、ステークホルダーとの適切な協働を確保しつつ、会社や株主共同の利益のために行動すべきであると記載されており、監査役は監査を通じて受託者責任を果たすことを認識すべきです。

また、基本原則5では、株主との間で建設的な対話を行うことを要求しています。主として、取締役・及び経営陣のミッションとされていますが、監査役としても意識しておくことが望ましいと考えます。

2. 監査役（会）の実効性確保のために

(1) 適正な人材の選任（原則4-11）

監査の実効性確保のためには、適切な経験・能力および必要な財務・会計・法務に関する知識を有する者が選任されるべきであり、特に、財務・会計に関する十分な知見を有しているものが、1名以上選任されるべきとしています。

(2) 情報入手と支援体制（原則4-13、4-13②）

監査役は、その役割・責務を果たすためには、能動的に情報を入手すべきであり、必要に応じて会社に対して追加の情報提供を求めるべきであり、会社は、人員面を含む支援体制を整えるとともに、情報の円滑な提供が確保されているかどうかを確認すべきとしています。また、必要と考える場合には、会社の費用において外部の専門家の助言を得ることも考慮すべきであると規定しています。

(3) 監査役のトレーニング（原則 4-14）

監査役は、統治機関の一翼を担う者として期待される役割・責務を適切に果たすため、その役割・責務に係る理解を深めるとともに、必要な知識の習得や適切な更新等の研鑽に努めるべきであるとされています。

3. 内部通報の整備（原則 2-5）

不祥事の未然防止や、実際に発生した場合の拡大防止のために、内部通報に係る体制の整備を行うべきとしています。会社は、内部通報制度が実効あるものとなるよう、また、通報者である従業員等が不利益を被る危険を懸念することなく、違法または不適切な行為・情報開示に関する情報や真摯な疑念を伝えることができるよう、内部通報に係る適切な体制整備を行うべきとしています。取締役会は、こうした体制整備を実現する責務を負うとされていますが、監査役としても、体制の整備状況や運用状況を監視していく必要があります。また、内部通報に係る体制整備の一環として、経営陣から独立した窓口を設置すべきとしていますが、その事例として、社外取締役と監査役による合議体をあげています。（補充原則 2-5 ①）

4. 会計監査人関連事項（補充原則 3-2 ①・②）

会計監査人に対する監査役会の対応として以下を規定しています。

① 会計監査人候補を適切に選定し、かつ適切に評価するための基準の策定。

② 高品質な監査を可能とする十分な監査時間の確保

③ 会計監査人と監査役（会）、内部監査部門や社外取締役との十分な連携の確保

④ 会計監査人が不正を発見し適切な対応を求めた場合や、不備・問題点を指摘した場合の会社側の対応体制の確立

6-6 監査役監査基準の記載事項（監査役監査基準第 13 条）

監査役監査基準には、CG コードを踏まえた対応として、以下の記載があります。

① CG コードの主旨を十分理解したうえで、自らの職務の遂行にあたること。

② 監査役及び監査役会は、取締役が担う以下の監督機能が適切に発揮されているのかを監視するとともに、自らの職責の範囲内でこれらの監督機能の一部を担うものとする。

・　企業戦略の大きな方向性を示すこと

・　代表取締役その他の業務執行取締役による適切なリスクテイクを支える環境整備を行うこと

・　独立した客観的な立場から、代表取締役その他の取締役等に対する実効性の高い監督を行うこと

6-7　市場区分の見直しとコーポレート・ガバナンス

1. 市場区分の見直しの概要

・　上場会社の持続的な成長と中長期的な企業価値向上を支え、国内外の多様な投資者から高い支持を得られる魅力的な市場を提供することを目的として、市場区分を3つの区分に再編する。

・　各市場の新しいコンセプトを踏まえ、コーポレートガバナンス・コードの適用範囲についても見直しを行う。

●現在の市場区分

	市場のコンセプト	CG コードの適用範囲
市場第一部	流通性が高い企業向市場	全原則
市場第二部	実績ある企業向市場	全原則
ジャスダック	多様な企業向市場　スタンダード （実績ある企業・新興企業）　グロース	基本原則
マザーズ	新興企業向	基本原則

●新市場区分

	市場のコンセプト	CG コードの適用範囲
プライム市場	・多くの機関投資家の投資対象となる規模の時価総額（流動性）をもつ ・より高いガバナンス水準を備え、投資家との建設的な対話を行う ・持続的な成長と中長期的な企業価値の向上にコミットする企業であること	全原則の適用 （より高い水準）
スタンダード市場	・一定の時価総額（流動性）をもつ ・基本的なガバナンス水準を備えつつ、持続的な成長と中長期的な企業価値の向上にコミットする企業であること	全原則の適用

グロース市場	・高い成長性を実現するための事業計画をもち、その進捗の適時・適切な開示を行う ・一定の市場評価が得られる一方、事業実績の観点から相対的にリスクが高い企業	基本原則の適用

2. 新市場への移行に向けたスケジュール

時　期	内　容	備　考
2021 年春	CG コードの改訂	・フォローアップ会議の議論を踏まえ改訂
2021 年 6 月	移行基準日	・新市場区分の上場維持基準に適合しているか否かを通知（7 月末を目途）
2021 年 9 月〜 12 月	上場会社による市場選択手続き	・新市場区分の上場基準と改訂 CG コードを踏まえた選択 ・新市場の上場維持基準の適合に向けた計画書の内容を開示
2022 年 4 月	一斉移行日	・新市場区分への移行完了

3. プライム市場に期待されるガバナンス

(1) 取締役会の独立性、諮問委員会の設置やその独立性等の強化……より高い水準へ

- 独立社外取締役の数、構成等の見直しの検討（3 分の 1 以上〜過半数）
- 指名委員会、報酬委員会の設置や実効性確保の検証

(2) 投資家との建設的な対話、情報開示の充実

- 対話の材料となる情報開示、透明性の高い企業情報開示
- 海外投資家とのコミュニケーションが深まるレベルの開示（英文による情報開示など）
- 報酬制度や具体的な報酬額の適切性
- 中長期的な企業価値の向上に向けて収益力・資本効率等に関する目標とその目標を設定した理由
- 中期経営計画が未達に終わった場合には、その原因や自社が行った対応の内容

＊出所：金融庁「市場区分の見直しにおけるコーポレート・ガバナンスの議論の状況について」2020 年 11 月

PART Ⅶ 改正会社法の概要

7-1 会社法改正を巡る流れ

1. 2014年改正会社法と主な改正点

2005年　会社関係法を一本化して会社法を制定

2015年　改正会社法施行、監査等委員会設置会社の創設など、ガバナンスに関する見直しが行われました。主な改正点は以下のとおり。

① ガバナンスに関する規律の見直し

・監査等委員会設置会社制度の新設

これによって、ガバナンスの形態が次の3つから選択されることとなりました。

イ　監査役（会）設置会社

ロ　指名委員会等設置会社

ハ　監査等委員会設置会社

・社外取締役の選任の推奨（義務化ではない）

・社外要件の厳格化

・会計監査人の選任等に関する権限の変更

② 資金調達に関する規律の一部見直し

③ 親子会社に関する規律の見直し（親会社の株主の保護など）

2. 2019年会社法改正の背景

2015年に改正会社法が施行されるにあたり、社外取締役の選任状況、その他の社会経済情勢の変化等を勘案し、企業統治に係る制度の在り方について検討を加え、必要があると認めるときは、社外取締役を置くことの義務付け等所要の措置を講ずるものとするとされていました。

これを受けて、

・2017年2月　法務大臣が法制審議会に対し、企業統治等に関する規律の見直

しについて諮問

・2017年4月　「法制審議会会社法制（企業統治等関係）部会」における調査審議の開始

・2019年2月　法制審議会総会において、「会社法制（企業統治等関係）の見直しに関する要綱」を取りまとめ、法務大臣に答申

・2019年12月　会社法の一部を改正する法律を公布

・2021年3月1日　改正会社法施行

7-2　主な改正事項

Ⅰ．株主総会に関する規律の見直し

1. 株主総会資料の電子提供制度の創設
2. 株主提案権の見直し（議案の個数制限）

Ⅱ．取締役等に関する規律の見直し

1. 取締役の報酬に関する規律の見直し
   - 取締役の個人別の報酬として株式等を付与する場合の規定
   - 取締役の個人別の報酬についての決定方針の決定とその概要等の開示
   - 事業報告による情報開示の充実
2. 会社補償（補償契約）に関する規律の整備
3. 役員等賠償責任保険契約に関する規律の整備
4. 業務執行の社外取締役への委託
5. 社外取締役を置くことの義務付け

Ⅲ．社債の管理等に関する規律の見直し、その他

1. 社債の管理等に関する規律の見直し
2. 株式交付制度の創設
3. その他
   - 会社の支店の所在地における登記の廃止
   - 成年被後見人等についての取締役の欠格条項の削除およびこれに伴う規律の整備
   - 議決権行使書面の閲覧謄写請求の拒絶理由の明文化

7-3 改正の内容

1. 株主総会資料の電子提供制度の創設

(1) 電子提供制度とは

株主総会の招集に際し、株主総会参考書類等の株主総会資料を、株主の個別の承諾を得ていなくても自社のウェブサイトに掲載する方法により、これらの書類を適法に株主に提供したものとする制度が創設されます。(会325の2～7)

この制度では、「狭義の招集通知」(株主総会の日時・場所・目的事項を記載したもの)に株主総会資料を掲載したウェブサイトのアドレス等を記載した書面(以下「アクセス通知」という)を株主に送付し、電子提供すべき事項を一定期間ウェブサイトに掲載した場合には、株主総会参考書類や提供書類等を書面により提供することを要しないこととなりました。

(2) 電子提供制度の対象となる会社、定款変更、登記

定款に電子提供措置をとる旨の規定を置く会社に適用されます。株式会社であれば、上場であるか非上場であるかを問いません。

ただし、上場会社は、電子提供制度の採用を義務付けられることとなりました。改正会社法の施行の日において同日を効力発生日とする定款変更決議をしたものとみなされます。ただし、実務上は、定款変更案を付議することになるものと考えられます。

なお、電子提供措置をとる旨の定款の定めは、「登記事項」とされています。(会911③十二の二)

(3) 電子提供制度の施行日

公布の日(2019年12月)から起算して3年6月を超えない範囲内において政令で定める日(2022年度中の施行を予定)

(4) 電子提供措置をとる場合の必要な措置事項(会325の3①)

① 株主総会の招集の決定の取締役会の決議事項(日時・場所・目的事項・議決権行使関連事項等)

② 書面投票制度を定めた場合は、株主総会参考書類および議決権行使書面に記載すべき事項

③ 電子投票制度を定めた場合は、株主総会参考書類に記載すべき事項

④ 株主提案権により通知を求められた議案の要領(議案の要領の通知請求)

⑤ 計算書類および事業報告(監査報告または会計監査報告を含む)

⑥ 連結計算書類

⑦ ①から⑥までに掲げる事項を修正したときは、その旨および修正前の事項

(5) 電子提供措置をとらなくてもよい場合

① アクセス通知の送付に際して議決権行使書面を交付したときは「議決権行

使書面に記載すべき事項に係る情報」について、電子提供措置は不要とされます。

② EDINETにより提供する場合

上記（4）④～⑦の事項を含んだ有価証券報告書を、電子提供措置開始日までにEDINETにより提出する場合には、電子提供措置そのものが不要とされます。

(6) 電子提供措置期間（会325の3①）

電子提供措置開始日	「株主総会の日の３週間前の日」または「アクセス通知の発送日」（発送期限は株主総会の日の２週間前の日）の、いずれか早い日
終了日	総会の日後３ヵ月を経過する日

(7) 電子提供措置をとる場合の「アクセス通知（書面での通知）」の発送期限と記載事項

① 発送期限

株主総会の日の2週間前までの日（会325の4①）……公開会社ではこれまでどおり。

② 記載事項（会325の4②）

・ 株主総会の日時および場所
・ 株主総会の目的事項
・ 書面投票を採用している場合はその旨
・ 電子投票を採用している場合はその旨
・ 電子提供措置をとっている旨
・ 電子提供措置について、EDINETで必要な開示事項を含んだ有価証券報告書を提出する方法により行ったときは、その旨
・ 法務省令で定める事項
（電子提供措置に係る情報を掲載するウェブサイトのアドレスなど）

(8) 書面交付請求

株主総会資料の電子提供制度を採用する会社において、株主は、会社に対し、株主総会の議決権に係る基準日までに電子提供措置事項を記載した書面の交付を請求することができる権利（書面交付請求権）が認められることとされました。（会325の5①）

なお、会社が書面交付請求から一定期間を経過した株主に対して交付を終了する旨を通知し、かつ当該株主が1ヵ月以上の催告期間内に異議を述べなかった場合は、催告期間を経過したときに、当該書面交付請求は失効することとされました。（会325の5④・⑤）

●まとめ1　電子提供が可能となる株主総会資料

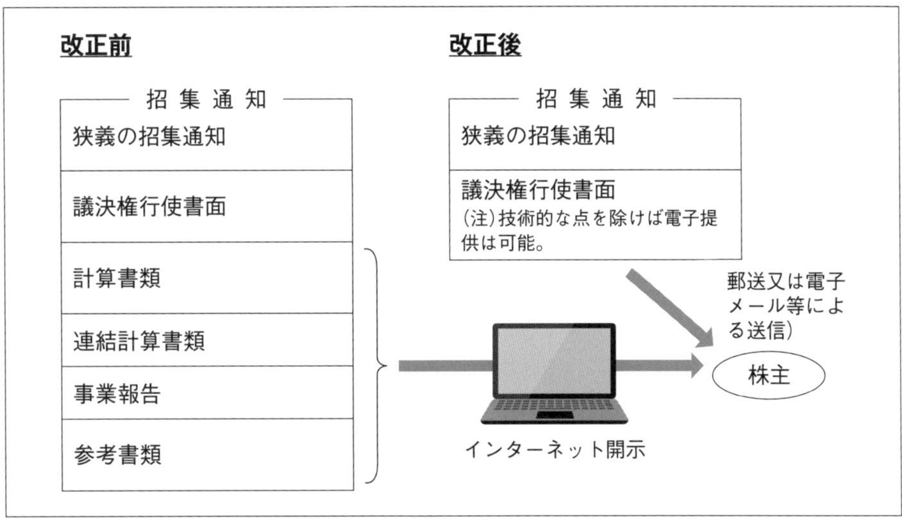

出所：TMI法律事務所　池田賢生（2019）「『改正会社法　会社法制の見直しに関する要綱案』のポイント」（一部修正）

●まとめ2　株主総会資料の提供スケジュール

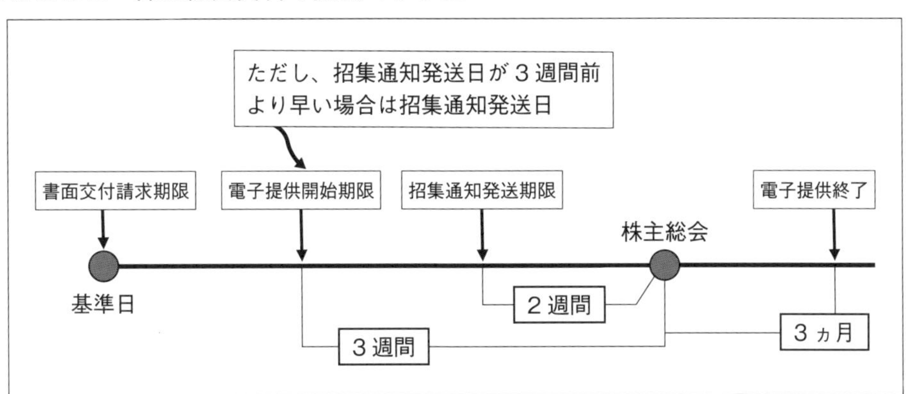

出所：プロネクサス（2019）「『令和元年改正会社法』等の概要」

2. 株主提案権の見直し

株主提案権に関しては、同一の株主が膨大な数の議案を提案することを制限するための規定が新設されました。この規定は、改正法の施行日後になされた株主提案から適用されます。

（提案数の制限）

株主が提案することができる議案の数の上限は、「10」とされました。（会305④・⑤）

当該株主の提案する議案が10を超えるときは、10を超える数に相当することとなる数の議案について、①株主からの優先順位がある場合はその順序に従い、②優先順位の指定がない場合は、取締役がこれを定めることとなります。なお、役員の選任・解任議案および定款変更議案についての個数の数え方については会305④に定めるところによります。

3. 取締役の報酬等に関する規律の見直し

(1) 取締役の個人別の報酬等の決定方針の決定義務の新設

監査役会設置会社（公開会社で大会社であり、かつ有価証券報告書提出会社に限る)、監査等委員会設置会社の取締役会は、取締役（監査等委員である取締役を除く）の個人別の報酬等の内容についての決定に関する方針として、法務省令で定める事項を決定しなければならないこととされました。なお、個人別の報酬等内容が定款または株主総会で定められているときは不要となります(会361⑦)。

＊指名委員会等設置会社は、すでに報酬委員会に個人別の報酬等の内容の決定方針の決定義務が定められています（会409①)。

(2) 取締役の個人別の報酬等の決定方針の決定義務の内容（施規98の5）

報酬等の決定方針についての法務省令の具体的な内容は、以下のとおりです。

① 取締役の個人別の報酬等の額またはその算定方法の決定の方針

② 業績連動報酬等がある場合には、業績指標の内容および業績連動報酬等の額または数の算定方法の決定方針（株価、売上高、ROEなどを用いることが考えられます)

③ 非金銭報酬等がある場合には、非金銭報酬等の内容および額または数の算定方法の決定方針

④ 報酬等の種類ごとの割合の方針

⑤ 報酬等を与える時期または条件の決定方針

⑥ 個人別の報酬等の内容の決定の全部または一部を取締役その他の第三者に委任するときは、次に掲げる事項

イ 委任を受ける者の氏名または会社における地位もしくは担当

ロ 委任する権限の内容

ハ 権限が適切に行使されるための措置を講ずることとするときは、その内容

⑦ 上記⑥以外の個人別の報酬等の内容の決定方法

⑧ その他重要な事項

(3) 事業報告に関する規定の見直し

株主において、報酬等の内容がインセンティブ付与の観点から適切に定められているか否かを判断できるように、事業報告における開示事項を充実すべき

であるとの指摘を受け、以下の見直しが行われています。（関連規定　施規121四、五の二〜六の三）

① 報酬等の種類ごとの総額

② 業績連動報酬等を付与している場合には以下を記載

イ 業績指標の内容および当該業績指標を選定した理由

ロ 業績連動報酬等の額または数の算定方法

ハ 業績連動報酬等の額または数の算定に用いた業績指標の数値

③ 非金銭報酬等を付与している場合においては、当該非金銭報酬等の内容

④ 報酬等についての定款の定めまたは株主総会の定めに関する以下の事項

イ 定款の定めを設けた日または株主総会の決議の日

ロ 当該定めの内容の概要

ハ 当該定めに係る会社役員の員数

⑤ 取締役の個人別の報酬等の内容についての決定に関する方針を定めている場合は、以下の事項

イ 当該方針の決定の方法

ロ 当該方針の内容の概要

ハ 当該事業年度に係る取締役の個人別の報酬等の内容が当該方針に沿うものであると取締役が判断した理由

⑥ 個人別の報酬等の内容の決定の全部または一部を取締役その他の第三者に委任するときは、その旨および次に掲げる事項

イ 委任を受ける者の氏名または会社における地位もしくは担当

ロ 委任する権限の内容

ハ イの者に権限を委任した理由

ニ 権限が適切に行使されるための措置を講ずることとするときは、その内容

4. 会社補償（補償契約）に関する規律の整備

取締役や監査役（受任者）は、委任事務を処理するため自己に過失なく損害を受けたときは、会社（委任者）に対し、その賠償を請求することができるとされています。（会330→民650③）

たとえば、取締役は、第三者から損害賠償を求められた場合において、当該取締役に過失がなければ、会社に対し、当該取締役が要した費用の賠償を求めることができます。しかしながら、その補償の範囲や手続きについての解釈は確立していませんでした。

そこで、「会社補償」に関する規律（会430の2）を導入し、補償契約を締結することにより受任者が受けた損害を会社に請求することができる手続きを規定するこ

としました。

本規定は改正会社法施行後に締結された補償契約について適用されます。(改正省令附則2⑩)

(1) 会社補償の対象

● 補償対象①「費用」

役員等が、その職務に関し、法令の規定に違反したことが疑われ、または、責任の追及に係る請求を受けたことに対処するために支出する費用が対象になります。

たとえば、損害賠償請求訴訟の被告になった場合等における弁護士費用などが該当します。

役員等に悪意または重過失がある場合も、補償可能です。

第三者の訴えだけでなく、会社による責任追及の場合も、対象となります。ただし、通常要する費用の額を超える部分は、補償されません。

費用を補償する会社が、当該役員等が自己もしくは第三者の不正な利益を図り、または、当該会社に損害を加える目的で職務を執行したことを知ったときは、当該役員等に対し、補償した金額の返還を請求することができます。

● 補償対象②「損失」(損賠賠償金)

役員等が、その職務の執行に関し、第三者に生じた損害を賠償する責任を負う場合における次に掲げる損失が対象となります。

(イ) 当該損害を当該役員等が賠償することにより生じる損失

(ロ) 当該損害の賠償に関する紛争について当事者間に和解が成立したときは、当該役員等が当該和解に基づく金銭を支払うことにより生ずる損失

＊ 第三者に生じた損害を賠償する責任を負う場合に限られます。

＊ 会社に対して損害賠償責任を負う場合は補償の対象とはなりません。

● 会社補償実行の手続き

① 補償契約の内容の決定は、取締役会の決議によります。

本件は、利益相反取引規制の適用対象外です。

② 補償契約に基づく補償をした取締役および当該補償を受けた取締役は、遅滞なく、当該補償についての重要な事実を取締役会に報告しなければなりません。

＊ 補償契約に基づく補償を実行する旨の決定それ自体は、取締役会の決議が必須とはされていません。

● 会社補償契約締結に関する開示

公開会社は、取締役または監査役との間で補償契約を締結しているときは、以下の事項を事業報告で開示しなければなりません。(施規121三の2・3・4)

① 当該役員の氏名
② 当該補償契約の内容の概要(当該補償契約によって当該役員の職務の適正性が損なわれないようにするための措置を講じているときは、その措置の内容を含む)
③ 当該役員に対して「費用」を補償した会社が、当該事業年度において、職務の執行に関し、当該役員に責任があることまたは当該役員が法令に違反したことが認められたときは、その旨
④ 当該事業年度において、会社が当該役員に対して、損失を補償したときは、その旨および補償した金額

5. 役員等賠償責任保険契約について(会430の3)

(1) 役員等賠償責任保険契約とは

役員等がその職務の執行に関し責任を負うことまたは当該責任の追及に係る請求を受けることによって生ずることのある損害を保険者が填補することを約する保険契約であって、役員等を被保険者とするものをいいます。主に、D&O保険やそれに準じる保険に係る保険契約が想定されています。

これを受けて、役員等責任保険契約に該当しない保険契約を定める規定(施規115の2)が新設されており、除外される保険契約としては、生産物賠償責任保険契約(PL保険)、企業総合賠償責任保険(CGI保険)、使用者賠償責任保険契約、個人情報漏洩保険、自動車損害賠償責任保険、任意の自動車保険、海外旅行保険等に係る保険契約が想定されています。

(2) 役員等賠償責任保険契約の内容の決定は、取締役会の決議によらなければなりません。

ただし、利益相反取引規制の対象外とされています。

役員等賠償保険契約は、取締役の全員が被保険者になることが多いことを踏まえ、事業年度の末日に公開会社である株式会社は、当該保険契約に関する以下の事項を事業報告の内容に含めなければならないこととされています。(施規119二の2、121の2)

① 被保険者の範囲
② 役員等賠償責任保険の内容の概要(役員等の保険料の負担割合、填補の対象とされる保険事故の概要および当該役員等賠償責任保険契約によって当該役員の職務の執行の適正性が損なわれないようにするための措置を講じているときは、その措置の内容を含む)

＊本規定は、改正会社法施行後に締結された保険契約に適用されます。（改正省令附則2⑩）

6. 社外取締役の活用等に係る制度の整備

(1) 社外取締役の選任義務付け

監査役設置会社（公開会社で、かつ、大会社であるものに限る）であって、その発行する株式について有価証券報告書の提出義務を負うものは、社外取締役を置かなければならないこととされました。（会327条の2）

これに伴い、社外取締役を置くことが相当でない理由の説明義務は削除されました。

＊　適用時期（経過措置）

現在、社外取締役を置いていない会社は、改正法の施行後最初に終了する事業年度に関する定時株主総会の終結のときまでに選任しなければなりません。（改正法附則5条）

(2) 業務執行の社外取締役への委託

会社と取締役との利益が相反する状況にあるとき、その他取締役が当該会社の業務を執行することにより株主の利益を損なうおそれがあるときは、当該会社は、その都度、取締役会の決議によって、当該会社の業務を執行することを社外取締役に委託することができることとなりました。（会348条の2）

7. 株式交付制度の創設

株式交付制度とは、株式会社（株式交付親会社）が他の株式会社（株式交付子会社）をその子会社とするために、当該他の会社の株式を譲り受け、当該株式の譲渡人に対して当該株式の対価として、当該株式会社の株式を交付することをいいます。（会2　三十二の2）

8. 会社の登記に関する見直し

(1) 新株予約権の「募集新株予約券の払込金額又はその算定方法」の登記（会238①）

新株予約権の発行時の登記事項について、登記申請のときまでに払込金額が確定している場合は、当該払込金額を登記することになります。これにより、払込金額が確定している場合は、詳細な算定式の登記が不要になります。（会911③十二へ）

(2) 支店の所在地における登記の廃止

支店の所在地での変更登記（商号変更、本店所在地など）が不要となります。（会930～932、937、938を廃止）

9. 社債管理補助者制度の創設

会社が社債を発行する場合において、社債管理者を定めることを要しない場合における社債の管理に関して、社債管理補助者を定め、社債の管理の補助を委託することができることとなりました。（会714の2）

10. その他の改正

(1) 議決権行使書面の閲覧または謄写の請求についての改正

① 議決権行使書面の閲覧請求を行う場合は、請求の理由を明らかにしなければならないこととなりました。（会311④）

② 上記請求があったときは、一定の理由があるときを除いて、これを拒むことはできないとされました。（会311⑤）

③ 上記閲覧を拒むことができる一定の理由とは、閲覧請求者が株式会社の業務の遂行を妨げ、または株主の共同の利益を害する目的で請求を行った場合等をいう。（会311⑤一～四）

(2) 成年被後見人等に係る取締役等の欠格条項の削除

成年被後見人の欠格条項（会331二）を削除したうえで、これに伴う規律を整備することとしました。（会331の2、335①、402④、478⑧）

(3) 責任追及の訴えに係る訴訟における和解

株式会社が、当該株式会社の取締役等の責任を追及する訴えに係る訴訟における和解をするには、監査役設置会社においては監査役、監査等委員会設置会社にあっては各監査等委員、指名委員会等設置会社にあっては各監査等委員の同意を得なければならないものとされました。（会849の2）

PART Ⅷ まとめ

最後に、多くの監査役が悩んでいる、「監査役の監査は何をどこまでやればよいのか、最低限行うべきことは何か？」ということについて、考えてみたいと思います。このことは、人それぞれ、また、会社によっても状況は異なりますので、すべての方が納得する解はありません。

また、これをやったからといって、責任を追及されることがないことを保証するものではありません。

8-1 監査役の善管注意義務とは

会社法381条に監査役の職務は、取締役の職務を監査することであると規定されています。一言で表現されているわけですが、監査役の職務を具体的に列挙していくと取締役会などの重要な会議への出席、取締役・経営陣との意見交換、監査役会の開催と議事録の作成、稟議書等の重要な書面の閲覧、事業所監査と調書の作成、計算書類・事業報告の監査、会計監査人の選解任および定期的な意見交換、株主総会の適法性監査、有価証券報告書の監査、監査報告書の作成（詳細略）など、これらのことをすべてやらなければならないわけで、閑散役ともいわれていた時代もあったようですが、今では、大変忙しく、会社にとって重要な機関であるといえるでしょう。

コーポレートガバナンス・コードでは、監査役（会）に期待されることとして、『業務監査・会計監査をはじめとするいわば「守りの機能」があるが、こうした機能を含め、その役割・責務を十分に果たすためには、自らの守備範囲を過度に狭くとらえることは適切でなく、能動的・積極的に権限を行使し、取締役会においてあるいは経営陣に対して適切に意見を述べるべきである。』と規定されています。

これらの職務を遂行し、監査役としての責務を果たすことは、そう簡単ではなく、日頃の研鑽が必要と思います。

さらに、もし、企業不祥事に遭遇したときにどう処するべきかについて、日頃から考えておく必要があるのではないかと考えます。

近年発生した重大な企業不祥事、「オリンパスの損失隠し」、「東芝の会計不正」、古くは「大和銀行事件」などを思い浮かべてみますと、不正が発覚したことを知ったときに、これを指摘し、公表することの難しさを痛感します。今、これを公表したら大変なことになる、社長が判断したことだからやむを得ないなどと考え、今、公表しないことが会社のためであるという暗黙の了解（空気）が生じるのではないでしょうか。

山本七平氏の著書『空気の研究』では、太平洋戦争における日本軍の意思決定プロセスにおいて、組織全体が集団催眠にかかったかのように「得体のしれないもの」に覆われたと分析し、それを空気と表現しています。そして、空気による非合理的な意思決定が日本軍の失敗の本質であったとしています。

これらのことを考えたとき、監査役として最も大事なことは、取締役に善管注意義務・忠実義務違反があると認めたときに、これを見逃さず勇気をもって指摘することです。大変難しいことかもしれませんが、「空気に水を差す勇気」を意識することが大事ではないではないかと考えています。

取締役が善管注意義務を果たしているかどうかの判断基準として、「経営判断の原則」があります。重要な会議に臨むにあたって、重要な意思決定が「経営判断の原則」に則っているかどうかを真摯に問い、疑問点や指摘すべき事項があれば、会議の場で発言するよう心がけましょう。

＊経営判断の原則：PART Ⅲ　3-2.4. を参照

8-2　監査報告は自らの活動ならびに判断に基づいていること

取締役の善管注意義務違反を看過しないためには、まず、取締役の意思決定が経営判断の原則に則っているかどうかを確認すべきであることを第1にあげました。典型的な場面が、取締役会の決議事項にどのように対処するかということであります。次に日頃の監査活動をどのように行うべきかについて考えていきます。

監査報告書は監査役の1年間の活動を記録した公式文書でありますから、ここに記載した事項は日頃の活動に裏打ちされたものでなければなりません。したがって、監査の方法およびその内容が実際の活動を記載したものであり、かつ、監査の結果について自分自身が納得し、監査役の善管注意義務を果たしたと実感することが大事だと考えます。

8-3 監査役として押さえておくべき事項

① 監査計画の作成ならびに取締役会への報告 ☞ B1~5

監査方針、重点監査項目、職務の分担、年間の行動計画などが網羅されていること。必要に応じて見直しをかけていきます。

監査役会または監査役間で協議し合意することが必要です。

② 監査役会の開催、議事録の作成・保管 ☞ B6~9 W11

監査役会は会社の正式な機関でありますから、監査役会規則に則り定期的に開催しなければなりません。議事録の作成や押印も必要です。法定備置書類でもありますから、きちんと保存する必要があります。

③ 取締役会その他の重要な会議への出席 ☞ B9 W17~22

取締役会に出席し、必要があるときは意見を述べなければならないと規定されています。よほどの事情がない限り、出席しなければなりません。

取締役の善管注意義務違反を看過した場合には、監査役の善管注意義務違反を問われますので注意が必要です。会議の内容や結果などについて記録(調書)を残しておき、会社として作成する議事録を確認し、重要と思われる発言内容が記載されていない場合は、修正を求める必要があります。

④ 重要な書類の閲覧

重要な稟議書、重要な契約書等の閲覧。

極力調書を作成して保存します。必要に応じて監査役会等で報告して共有します。

⑤ 事業場等への往査

あらかじめ、年間計画で定めて訪問し、調書を作成します。

⑥ 事業報告の監査 ☞ B19·20

網羅性を確認します。また、記載事項に重大な誤りがないかどうか調査・確認します。

記載すべき事項は、会社法施行規則等に記載されていますので、漏れがないかどうか確認が必要です。

⑦ 会計監査

イ 会計監査人設置会社

- 会計監査人から職務の執行に関する事項についての説明を受け、品質管理に関する方針等を確認します。
- 監査計画についての説明を受けるほか、四半期ごとに監査の状況を聴取します。
- KAM（監査上の主要な検討事項）について協議し、決定します。KAMについての監査の状況を把握し、開示が必要な事項などがあれば、経営陣と協議し、対処していきます。

・　実際の監査の体制や日程などが監査計画どおり実施されているかを確認します。

・　監査の経過と結果について相当であるかどうかを判断することになりますが、意見交換を行い疑問点は恐れず質問し、自らが納得することが必要です（監査の結果については、自らの監査の結果と照らして判断します）。

ロ　会計監査人非設置会社

監査役自らが監査を行い、計算書類がすべての重要な点において適正に表示されているかどうかを判断しなければなりません。

経理部門から十分話を聞くこと、会社の事業内容、内部統制の整備状況などを勘案しながら、どこにリスクが内在しているかを考慮し、リスクが高いと思われる部分は重点的に監査を行うことを心がけます。

⑧　定時株主総会関連事項

定時株主総会ならびに株主総会直後の主要な監査活動を列挙しました。

内容については、本文を参照ください。

イ　株主総会招集通知の監査

ロ　議案の監査

ハ　想定問答の準備

ニ　株主総会開催前備置書類の監査

ホ　株主総会議事録の確認

ヘ　株主総会決議事項の実施状況

ト　定時株主総会直後の監査役会の開催・運営

チ　法定備置書類の監査

勘定科目の解説

1. 貸借対照表

① 商品および製品

製品は製造された品物を、商品は売買の目的としての品物を意味します。したがって、「製品」という集合は「商品」という集合に含まれます。

② 仕掛品

製造途中にある製品のこと。原材料をいくらかでも加工してあれば仕掛品として認識されます。半製品とは異なり、それ自身での販売や交換価値を見込めないものをいいます。

＊半製品

製造途中にある製品のこと。仕掛品とは異なり、それ自体が製品として販売可能な状態ですが、企業にとっては製造途中であるものが半製品として認識されます。

③ 貯蔵品

販売目的ではなく、社内で使用するための切手（通信費）、印紙（租税公課）、消耗品などは購入時にいったん費用として計上します、期末までに使用されずに残ったものについては、当期の費用とはせず、資産に計上して次期に繰り越す必要があります。その際、戻入れするための資産科目をいいます。

④ 前払費用

一定の契約に従い継続して役務の提供を受ける場合、未提供の役務に対して当期中に前もって支払った対価をいいます。前払利息、前払保険料、前払家賃などが該当します。

⑤ 貸倒引当金

金銭債権などが回収不能となった場合に備え、将来発生する可能性のある損失をあらかじめ見積もることにより計上される引当金をいいます。

⑥ 有形固定資産

企業が長期にわたって利用する資産で、建物や設備、土地など主に目に見えるものをいいます。

⑦ 無形固定資産

具体的な形がない資産で法律上の権利とそれ以外のものに分けられます。前者の例としては、特許権・借地権などがあり、後者には営業権・ソフトウェアなどがあります。無形固定資産は、通常は定額法で償却します。

⑧ ソフトウェア

ソフトウェアを購入あるいは制作した場合には、無形固定資産の「ソフトウェア」という勘定科目で資産に計上します。減価償却は定額法により残存価額をゼロとして計算します。

⑨ リース資産・負債

ファイナンス・リース取引と判定されたリース取引において、借手側で通常の売買取引に係る方法に準じた会計処理を行う場合に計上されるリース物件をリース資産、リース物件に係る債務をリース債務といいます。

⑩ のれん

営業の譲受けまたは企業結合において、取得によって発生する取得対価から、継承した資産・負債の純額を差し引いた場合に正の数値となる差額をいい、当該差額が負の数値となる場合は「負ののれん」といいます。

⑪ 投資その他の資産

固定資産の区分において、有形固定資産と無形固定資産以外の固定資産を表示する項目をいいます。具体的には、投資有価証券、関係会社株式、長期貸付金、繰延税金資産などがあります。

⑫ 繰延税金資産・負債

繰延税金資産は、企業会計上の費用が税務上の将来減算一時差異（つまり、当期には税務上の損金として認められないが、将来時点では損金として認められる費用）として否認され、税務上の課税所得や納付税額が増加する場合に生じます。いいかえれば、将来の会計期間に帰属すべき税金費用（損金）を当期に前払いしたと考え、これを繰延処理することにより生じる資産です。

これに対して、将来の法人税等の支払額を増額する効果を有する差額（将来加算一時差異）を繰延税金負債といいます。貸借対照表には、繰延税金資産と繰延税金負債の差額を投資その他の資産または固定負債に計上します。

繰延税金資産（負債）は、企業会計と税務との「一時的な」費用（損金）に対する認識時期の相違（一時差異）を調整するための項目であり、交際費のように企業会計上の費用と税務上の損金との不一致が永久に解消されない永久差異については、繰延税金資産の計上は認められません。

⑬ 繰延資産

費用として支出された金額のうち、その支出が多額でしかもその効果がその後長期にわたって期待されるものについては、当期だけの費用とせずに一時的に資産とみなして繰り延べ、その費用の効果が期待される期間にわたり配分します。こうして繰り延べることを認められた費用を繰延資産といいます。

具体的には、創立費、開業費、開発費、株式交付費、社債発行費などがあります。

⑭ 未払費用、未払金

未払費用は、一定の契約に従い、継続して役務の提供を受ける場合において、すでに提供された役務に対して対価の支払いが終わっていないものをいいます。未払家賃、未払給与、未払社会保険料などが該当します。

未払金は、すでに財貨または役務の提供を受けている場合において、その対価の支払いが終了していないものをいいます。たとえば、設備機器の代金、工事代金などがあります。

⑮ 前受金

売上が計上されていない時点、すなわち商品やサービスが提供されていない時点で受け取った代金（内金や手付金）を表す勘定科目です。商品販売で納品が完了する前や、サービスが完了していない時点で代金の支払をお願いしたとき、あるいは購入者の都合で代金が支払われたときは、いったん前受金として負債計上し、納品やサービスが完了した時点で売上に振り替えます。

⑯ 預り金

預り金とは、役員、従業員、取引先などから、後日その者に返金するか、その者に代わって第三者に支払いをするために、一時的に預かった金銭を管理するための勘定科目をいいます。具体的には、従業員などから給与支払いに際して天引きした社会保険料、源泉所得税、住民税などがあります。

⑰ 前受収益

前受収益は、一定の契約に従い、継続して役務の提供を行う場合に、いまだ提供していない役務に対して、当期に前もって支払いを受けた対価を計上するための経過勘定です。具体的には、前受利息、前受保険料、前受家賃などが該当します。

⑱ 引当金

将来の特定の費用または損失であって、その発生が当期以前の事象に起因し、発生の可能性が高く、かつ、その金額を合理的に見積もることができる場合には、当期の負担に属する金額を当期の費用または損失として引当金に繰り入れ、当該引当金の残高を貸借対照表の負債の部または資産の部に記載します。

賞与引当金、退職給与引当金、修繕引当金、貸倒引当金などがこれに該当します。

発生の可能性の低い偶発事象に係る費用または損失については、引当金を計上することはできません。

⑲ 資産除去債務

資産除去債務とは、取得した有形固定資産を法令上の義務により将来除去する必要があるとき、将来発生する合理的に見積もり可能な費用を表します。貸借対照表上、負債に表示される勘定科目です。

⑳　株主資本

株主資本は、純資産のうち株主に帰属する部分の合計額をいい、資本金、資本剰余金、利益剰余金から構成されます。純資産のうち、株主資本以外のものとしては、評価換算差額等、新株予約権があります。

㉑　資本金、資本剰余金（資本準備金＋その他資本剰余金）

資本金は、設立または株式の発行に際して株主となるものが払込または給付した財産の金額のうち、「資本金」とされたものをいいます。

資本準備金とは、株式の払込み金額のうち資本に組み入れなかった部分の金額（払込金額の2分の1以下）、および剰余金の配当時に配当額の10分の1に相当する金額を準備金として積み立てる場合において、資本剰余金として積み立てたものをいいます。

その他資本剰余金とは、資本取引から生じた剰余金のうち、資本準備金以外のものをいいます。これには、資本金および資本準備金減少差益、および自己株式処分差益などがあります。

㉒　利益準備金、その他利益剰余金　利益剰余金

利益準備金は、会社法の規定により、株式会社の利益剰余金の配当を行う場合、配当による減少する剰余金の額に10分の1を乗じた額を資本準備金または利益準備金として計上しなければならないとされており、この規定に従い利益準備金として積み立てられたものをいいます。

その他利益剰余金は利益剰余金のうち利益準備金以外のものをいいます。

利益剰余金は、利益準備金とその他利益剰余金から構成されます。

㉓　評価・換算差額等

評価・換算差額等には、その他有価証券評価差額金、繰延ヘッジ損益、土地再評価差額金などが含まれます。これらは、資産または負債について時価を貸借対照表価額としていますが、その評価差額を当期の損益計算書で認識しない場合に生じる勘定です。

㉔　新株予約権

新株予約権とは、会社に対して一定期間、あらかじめ定めた一定の価格で株式の交付を請求できる権利のことをいいます。特に取締役や従業員などに対して付与するものをストックオプションといいます。現在では、純資産の部に計上されることとなっています。

2. 損益計算書

①　売上高

商品・製品の販売やサービスの提供など企業の主たる営業活動によって得た収益をいいます。商品などの販売やサービスの提供については、実現主義の原則に基づき収益を認識することとされていましたが、2021年4月以降開始する事業年度から「収益認識

に関する会計基準」が適用されることとなりました。経理規程などで定めた自社の売上計上基準が同基準に適合しているかを検証し、必要に応じ規程の見直しを行うなど、適正に会計処理がなされるよう留意する必要があります。(PART Ⅳ　4-4.2. 参照)

② 売上原価

売上原価とは、商品・製品の販売、サービスの提供など、会社の主たる営業活動による収益獲得のために直接要した原価（仕入原価や製造原価などの費用）の合計金額をいいます。

③ 販売費及び一般管理費

企業の営業活動や一般管理業務に関して発生するすべての費用は、販売費及び一般管理費に属します。具体的には、販売手数料、広告宣伝費、給与、福利厚生費、旅費、減価償却費など（以下省略）が含まれます。

④ 減損損失

減損損失とは、固定資産の収益性が低下したために、その投資額の回収見込みが立たなくなった場合、減損会計により一定の条件のもとで帳簿価額を回収可能価額まで減額したときに発生する損失を管理する勘定科目をいいます。

減損の対象とされた資産については、帳簿価額を減額するとともに、これを損益計算書上の損失として計上しなければなりません。

＊減損会計の定義については「PART Ⅲ　脚注 14」を参照ください。

⑤ 法人税、住民税及び事業税

法人税・住民税及び事業税とは、当該事業年度に係る法人税、住民税及び事業税をいいます。

損益計算書への表示は、税引前当期純利益金額または税引前当期純損失金額の次にその内容を示す名称を付した科目をもって記載しなければなりません。

なお、事業税外形標準課税部分（付加価値割および資本割）は、販売費及び一般管理費に含めて表示します。

⑥ 法人税等調整額

法人税等調整額とは、税効果会計の適用により計上される法人税等の調整額をいいます。税効果会計の適用により一時差異など（会計上の費用が税務上の当期の損金として認められない場合など）が生じた場合、当期の法人税、住民税及び事業税を調整するために設けられた勘定科目のことです（繰延税金資産を参照)。

資　料　編

第××期　監査方針・計画

××××年××月××日
監査役会

【Ⅰ】監査の方針

健全で持続的な成長を確保し、社会的信頼に応える良質なガバナンス体制を確立する責務に応える。

1)　監査役会は業務監査・会計監査という守りの機能を含め、その役割・責務を十分に果たすため、能動的・積極的に権限を行使し、取締役会あるいは経営陣に対して適切に意見を述べる。

また、ステークホルダーとの適切な協働を確保しつつ会社や株主の利益のために行動する。

①コーポレートガバナンス・コードを目指した監査役会の監査環境整備
②取締役・会計監査人・内部監査室・執行役員・子会社役員との情報交換

2)　連結経営の視点を踏まえ子会社監査を実施する。

3)　異常損失の未然防止に心がける。

【Ⅱ】監査計画

毎期の内部統制システム改善を推進するため、下記の重点項目を監査する。

・監査役、監査役室、内部監査室、監査人、グループ監査役と協働して、内部統制システムの構築・運用を監査する。

【Ⅲ】監査重点実施事項

何がリスクか判断し、監査の重点事項と監査の方法を選択し、必要な監査に絞って計画的監査を行う。

1)・取締役の職務執行状況ならびに取締役、執行役員の業務執行状況を監査する。
・新たな事業領域への進出等により企業買収、設備投資が増える状況にあり、意思決定プロセスに過誤がないか確認する。
・投資後のPMIが計画通りに進捗しているか関係者から情報収集、また関係者との意見交換を実施する。
2)　管理部門との定期的会合を通じ、企業集団を含む内部統制状況を監査する。
3)　監査役監査基準の運用、コーポレートガバナンス・コード対応の推進を通して、企業集団として業務の適性を確保する。
4)　監査役・監査役室・内部監査室・会計監査人との連携を一層強化するとともに、有識者との意見交換等を通じて監査品質の向上を図る。

※資料参照
上記監査手法による年間監査活動計画　B2

年間監査活動計画

株式会社○○　監査役会

今年度の監査計画	【重点実施事項】 1）取締役・執行役員の職務遂行状況を監査する 2）管理部門との定期的会合を行い、企業集団を含む内部統制を監査する 3）監査役室、内部監査室、会計監査人との連携強化・定期的な意見交換を行う（企業集団法令遵守等遵守体制・損失危険管理体制・情報保存管理体制・効率性確保体制） 4）監査役監査基準の構築・運用を通して、監査役監査環境を整備する（グループ監査役会等）

Ⅰ　全監査役の年間活動概要

監査方法等			第××期　1Q							2Q						3Q						4Q						第××期　1Q						
			××××年 4月		5月			6月		7月		8月		9月		10月		11月		12月		××××年 1月		2月		3月		4月		5月			6月	
年間活動		全監査役	・総会関係日程　適法性審議 ・期末監査計画審議 ・期中監査活動の報告他		・監査調書・期末監査報告・審議 ・会計監査人監査報告受領 ・監査報告書作成・提出 ・決算短信確認 ・会計監査人選任報告（取締役会） ・会計監査人の報酬追加分同意			総会前 ・総会関連報告・審議 ・有価証券報告書監査役情報作成確認(Draft) ・経営者確認書確認 総会後 ・監査役の報酬協議(7月分～) ・常勤監査役・議長・特定監査役の選任 ・有価証券報告書等総会後の調査		・会計監査人の報酬同意		・1Q決算短信確認 ・四半期レビュー確認 ・経営者からの確認書確認 ・会計監査人監査の相当性審議他 ・監査役会下期予算案審議 ・×期監査概要報告9月に延期		・事業所等棚卸 ・会計監査人の棚卸立会い ・×期監査概要報告		子会社に監査役全員での視察		・2Q決算短信確認 ・四半期レビュー確認 ・経営者からの確認書確認 ・会計監査人監査の相当性審議他		・監査役1名選任案審議		・監査役1名選任案同意（最終） ・次年度監査役会監査方針審議 ・次年度監査役会予算案審議		・3Q決算短信確認 ・四半期レビュー確認 ・経営者からの確認書確認 ・会計監査人監査の相当性審議他 ・次年度監査役会予算案同意 ・次年度監査役会監査方針承認		・会計監査人選任の審議 ・事業所等の棚卸 ・会計監査人の棚卸立会い		・総会関係日程　適法性審議 ・期末監査計画審議 ・期中監査活動の報告他 ・会計監査人選任・不再任の審議		・監査調書・期末監査報告・審議 ・会計監査人監査報告受領 ・監査報告書作成・提出 ・決算短信確認			総会前 ・総会関連報告・審議 ・有価証券報告書確認(Draft) 総会後 ・常勤監査役・議長の選任 ・監査役の報酬協議(7月分～) ・有価証券報告書等総会後の調査	
取締役会	取締役会日程	全監査役	4/19		5/10		5/24	6/14	6/26	7/19		8/9	8/16	9/20		10/18		11/8	11/29	12/24		1/24		2/7	2/21	3/27		4/17		5/8		5/16	6/19	6/26
	出席状況（欠席者記載）		●		●		●	●	●	●		●	●	●		●		●	●	●		●		●	●	●		●		●		●	●	●
	書面決議日		4/11													10/29																		
社外役員 MTG（監査役会主催）		全監査役												● 9/4								● 1/29									○			
監査役会			4/19		5/10	5/22	5/24	6/14	6/26	7/19		8/9	8/16	9/20		10/18		11/8	11/29	12/24		1/24		2/7	2/21	3/27		4/17		5/8	5/14	5/16	6/19	6/26
監査役会1	監査役会報告・審議等	全監査役	●		●	●	●	●	●	●		●	●	●		●		●	●	●		●		●	●	●		●		●		●	●	●
	社内情報共有（随時） 子会社・関係会社等情報共有（随時）		●		●	●		●	–	●		●	●	●		●		●	●	●		●		●	●	●		●		●		●	●	●
	その他		●			●	●	●	–																						● 内部監査室			
監査役会2	経理財務報告・社外取締役との情報共有（決算短信・四半期報告書・有価証券報告書）会計方針等	全監査役			●		●	–				●						●						●						●				
	内部監査室・内部統制情報共有（随時）				● 内部統制	● 内部監査室		● 内部監査室						● 内部監査室						SKIP 内部監査→常勤のみ						● 内部監査室					● 内部統制			
	代表取締役との MTG									●			●							●														
	取締役・執行役員等との MTG		●											●		●			●			●			●			●					●	
会計監査人との MTG（三様監査随時）		全監査役				●		●		●		●				●		●		●				●							●			
事業所・子会社等実地調査		全監査役														●				●		●												

監査方法等		第××期 1Q			2Q			3Q			4Q			第××期 1Q		
		××××年 4月	5月	6月	7月	8月	9月	10月	11月	12月	××××年 1月	2月	3月	4月	5月	6月
Ⅱ 常勤監査役の年間活動計画																
代表取締役とのMTG出席（随時）	常勤監査役			●										次年度に移動		
経営会議出席（定例）	常勤監査役	●	●	●	●	●	●	●	●	●	●	●	●			
執行役員報告会（定例）	常勤監査役	●	●	●	●	●	●	●	●	●	●	●				
会計監査人監査の立会・その他打合せ(随時)	常勤監査役		●	●	●	●		●	●	●		●				
管理系取締役・本部長・執行役員・部長との定例MTG出席	常勤監査役	●	●	●				●	●	●	●		●			
グループ監査役会（随時）	常勤監査役	●	●	●		●	●	●	●	●	●	●	●			
監査役室との定例MTG出席	常勤監査役	●	●	●	●	●	●	●	●	●	●	●	●			
内部監査室との定例MTG出席	常勤監査役	●	●	●	●	●	●	●	●	●	●	●	●			
社外役員への情報発信（随時）	常勤監査役	●	●	●	●	●	●	●	●	●	●	●	●			
事業所・子会社等往査（含随時）	常勤監査役		●		●	●	●	●	●	●	●					
執行役員・子会社社長・部長ヒアリング（随時）	常勤監査役	●	●	●		●	●	●		●	●	●				
内部監査室講評会出席（随時）内部監査室×各部門、内部監査室	常勤監査役	●	●	●	●	●	●	●	●	●	●	●	●			
会計監査人監査の立会・その他打合せ（随時・スタッフ）	常勤監査役	●	●	●			●		●	●		●				
内部統制委員会出席（随時/slack対応）	常勤監査役	●	●	●		●	●	●	●	●	●	●	●			
衛生委員会・産業医とのMTG出席（随時）	常勤監査役	●	●	●	●	●	–	–	●	●	●	–	●			
賞罰審議委員会（随時）	常勤監査役	●	–	–	●		–	●	●	●	–					
内部通報（その他相談等）情報聴取（随時）	常勤監査役	–	–	●	–		–	●	●	●	–	–				
その他（随時）子会社取締役会出席（含オブザーバー）	常勤監査役					●	–	●	–	●	●	●				
Ⅲ その他																
日本監査役協会 実務部会等出席（非製造部会・異業種交流会他）	常勤監査役	●	●	●	●	●	●	●	●	●	●	●	–			
自己研鑽（解説会・講演会・研修会等）出席・懇話会講演会	常勤監査役	●	●	●	●	●	●	●	●	●	●	●	●			

××××年××月××日

○○株式会社
常勤監査役　○○　○○
監査役　○○　○○
監査役　○○　○○

第××期　監査計画書

1. 基本姿勢、基本方針

(1) 監査活動を通じて、会社の健全な経営体質の実現と持続的な発展に貢献する。
(2) 役員・従業員との良好なコミュニケーションを通じて信頼関係を構築し、よりよい企業風土づくりに貢献し、「会社を良くする」ことを心がける。
(3) 法令・定款に準拠したコンプライアンス経営の実行をサポートする。
・会社法の規定に準拠した会社運営ができるよう管理本部等関係部門との連携を密にする。
また、会社諸規程の充実を進める。
・コーポレートガバナンスの充実（コーポレートガバナンス・コードの浸透）
(4) 財務会計・管理会計の適正を確保するために管理本部等と連携し、改善を推進する。
(5) 内部監査の活性化、内部統制監査の充実
(6) 社外取締役と連携し、社外役員の視線で経営をチェックしていく。

2. 重点監査項目

(1) コンプライアンスの履行状況の確認
・会社法に準拠した運営ができているかの調査。必要に応じ、改善提案を行い、関係部門との協働により改善を推進する。
・規程整備 WG への参画により規程・マニュアル等の整備状況のフォローとサポートを行う。
・規程の順守状況の調査と提言
(2) 重要な意思決定のプロセスの確認と課題・リスク等の抽出
・決裁権限規程の遵守状況の調査……重要な稟議書、契約書の定期的な点検
・会議運営のあり方についての検討、改善提案
(3) 財務報告の信頼性確保と管理会計の充実
・財務報告の適正性の確保、収益認識基準への対応状況のモニタリング
・管理会計制度、業績評価制度の評価と改善のための提言
(4) プロジェクト管理の状況の調査
(5) 内部統制システムの構築・運用状況の調査と課題の抽出
→　リスクマネジメントの充実（リスク管理表の作成）

（その他　重点監査項目事例）
・文書管理・整備状況監査
・取締役会の意思決定監査
・企業情報開示体制の監査
・事業報告・計算書類の監査
・コンプライアンス体制の監査
・人材育成・強化への取組状況の監査

B4 職務分担（非上場会社事例）

(非上場会社事例)

××××年××月××日

職　務　分　担

(1) 常勤監査役は取締役会・経営会議・監査役会等の重要会議に出席し、日常的かつ継続的に監査活動を行うとともに、監査役会の運営、監査役関連業務の取りまとめなどを担当する。

(2) 非常勤監査役は、取締役会・監査役会に出席し、監査に必要な情報を入手するとともに、専門分野の知見を活かした提言、意見具申等の監査活動行う。

具体的な分担は以下による。

◎：取りまとめ、○：担当、△：不定期又は補佐

業務の分類		常勤監査役	非常勤監査役	備　考
重要な会議への出席	取締役会	○	○	
	経営会議	○		
	リスク管理委員会	○		
	その他重要な会議	○		
日常監査	重要な決裁書類の閲覧	○		
	定款・規程等の整備・運営状況	○		
	取締役、各部門の活動状況	○		
トップとの意見交換	代表取締役との会合	○	○	
	取締役・部門長との面談	○		
内部統制	法令・定款・社内規程の遵守状況	○		
	内部統制の状況（財務報告内部統制を含む）	○	△	
	親会社内部監査部門との連携	○	△	
取締役の業務執行	業務遂行状況、意思決定等 競業取引 利益相反取引 無償の利益供与 通例的でない取引 自己株式の取得・処分	○ 取締役会 日常監査	△ 取締役会への出席を通じて	
会計監査	計算書類・附属明細書	○	△	
	四半期決算等期中監査	○	△	
株主総会	事業報告の監査	○	△	
	株主総会議案、招集通知	○	△	
	株主総会前後、備置書類	○	△	
	口頭報告	○	△	
その他業務	監査報告書の作成・提出	◎	○	
	監査役関連規程等の整備	◎	○	
	監査計画書・重点監査項目	◎	○	
	業務分担	◎	○	
	監査報酬の協議	◎	○	

（「取締役会＋監査役」、非公開・会計監査人非設置会社）

××××年××月××日

年間監査活動計画（××××年6月～××××年6月）

（●：報告書・計画などの作成等の実施事項、◎：会議（全員）、○：会議（常勤）、△：検討開始時期）

実施項目	実施事項	実施	月別計画											
		(6月)	7月	8月	9月	10月	11月	12月	1月	2月	3月	4月	5月	6月
1. 監査役協議会	■：監査役協議会	■		■			■			■			■	■
(1) 定時株主総会終了後	(1) 議長・招集者の選定	●												
	(2) 報酬の協議	●												●
	(3) 監査方針・監査計画・職務分担の審議、決定	●				(見直し)								●
(2) 年度決算関連	(1) 計算書類の受領												●	
	(2) 監査報告書の提出												△---→	●
2. 株主総会														
(1) 提出議案及び書類の監査	・議案及び事業報告等の書類の監査	●											△---→	●
(2) 法定備置書類の監査	・備置書類の状況		●											
(3) 株主総会出席	・株主総会への出席・報告・説明	●												●
(4) 総会後の監査	・議事録、公告、登記等		●											
3. 代表取締役との会合 ◎：面談、意見交換	（テーマ） ・監査計画の説明、監査活動への協力要請 ・経営方針の確認、意見交換 ・監査実施状況報告　その他 ＊四半期毎又は必要に応じ、関係取締役・部門長との面談実施（担当：常勤監査役）	◎	◎			◎			◎			◎		◎
4. 重要会議への出席と意見陳述	(1) 取締役会　議案検討と出席　◎：取締役会	◎	◎	◎	◎	◎	◎	◎	◎	◎	◎	◎	◎	◎
	(2) 経営会議（常勤監査役が出席）	○	○	○	○	○	○	○	○	○	○	○	○	○
	(3) その他重要な会議…必要に応じ出席													
5. 会計監査	(1) 四半期決算		←(1Q)	→		←(2Q)	→		←(3Q)	→				
	(2) 期末決算											←期末監査	→	
6. 内部監査部門との連携	(1) 内部監査部門との意見交換 （○：意見交換会実施）			○					○					
7. 期中監査（日常監査）														
(1) 重要書類の閲覧	(1) 稟議書…四半期ごと実施		●			●			●			●		
	(2) 重要な契約書、その他決裁書類等…必要に応じ													
(2) 各部門の業務遂行状況	(1) 四半期毎に面談を実施		●			●			●		●	●		
(3) 内部統制の体制及び運用状況	(1) 内部統制システムの運用状況（半期ごとに確認）				●									
	(2) リスクへの対応状況、リスク管理表の定期的な検証	＊リスク管理委員会（1回／月）への出席、6ヵ月単位で運用状況を検証												
(4) 取締役の業務執行	(1) 取締役職務執行確認書の受領										○──→ (依頼)	● (受領)		
	(2) 競業、利益相反、無償の利益供与、非通例的取引等取締役会の承認状況、役員等の兼務状況の調査他	＊取締役会への出席、稟議書その他の主要な決裁書類の閲覧等日常監査を通じ実施												
(5) 適正な情報開示・伝達体制の構築・運用	(1) その他主要な会議等への出席等を通じ監視、確認	＊日常監査を通じて実施												

B6 監査役会議事録（リモート開催事例）

（監査役会　リモート開催事例）

監 査 役 会 議 事 録

1. 開催日時　××年××月××日（火曜日）午前10時
2. 開催場所　東京都○○区○○（議長の所在する場所）
3. 出 席 者　常勤監査役　　○○　○○（社外監査役）
　　　　　　監査役A　　　○○　○○（社外監査役）
　　　　　　監査役B　　　○○　○○（社外監査役）
　　　　　　監査役総数3名、出席監査役3名（監査役Aと監査役BはWEB会議システムにより参加）
4. 監査役会の議長　　常勤監査役　○○　○○

定刻、常勤監査役○○○○が議長となり、本監査役会は適法に成立した旨を述べ開会を宣言した。

なお、審議に先立ち議長はWEB会議システムにより、出席者の音声が即時に他の出席者に伝わり出席者が一堂に会するのと同等に適時的確な意見表明が相互にできる状態になっていることを確認し、議事に入った。

（報告事項）

第1号議案××月度監査役監査報告の件

議長は、××月度の監査役監査結果について別紙「×××年××月度　監査報告」に基づき報告し監査役間で情報を共有し意見交換を実施した。

第2号議案　第××期第1四半期監査結果報告の件

議長は、第××期第1四半期の監査役監査結果について、別紙「第××期第1四半期監査役監査報告」に基づき報告し監査役間で情報を共有した。

第3号議案　第××回定時株主総会監査結果報告の件

議長は、××年××月××日に開催された第××回定時株主総会終了後の監査結果につき別紙「第××回定時株主総会監査結果報告」に基づき報告した。

（協議事項）

第1号議案　取締役会上程議案審議の件

議長は、本日の取締役会で上程予定の議案概要について報告し、監査役間で協議、意見交換を行った。

第2号議案　代表者面談の件

議長は、第××期の監査計画に基づき代表者との面談を××月に開催したいとし、テーマについて監査役間で協議した。

以上、本日のWEB会議システムを用いた監査役会は終始異常なく審議を終了したので、議長は午前11時閉会を宣した。

上記議事の経過の要領及びその結果を証するため本議事録を作成し、出席監査役は記名押印する。

××××年××月××日

○○株式会社
監査役会
議長　常勤監査役　○○　○○　㊞
　　　監査役　　　○○　○○　㊞
　　　監査役　　　○○　○○　㊞

（注）リモートによる監査役会等の開催については、塚本英巨『監査等委員会導入の実務』商事法務、2015年、208頁以下に詳細な説明があります。

（株主総会後事例）

監 査 役 会 議 事 録

××××年××月××日　11時本社会議室において監査役会を開催した。

監査役総数　　××名
出席監査役　　××名
記録　　監査役室　○○　○○

以上のとおり出席があり、本会は適法に成立した。
よって監査役○○○○は議長（代理）となり開会を宣し、直ちに議事に入った。

第1号議案　監査役会議長選定の件
議長（代理）は、監査役○○○○を、監査役会規則第×条により監査役会議長に選定することを議場に諮ったところ、全員一致で承認を得た。なお、議長に就任した監査役○○○○はその就任を承諾した。
以後議長を監査役○○○○として議事録に記載する。

第2号議案　常勤監査役選定の件
議長は××月××日の第××期株主総会において、監査役に選任された○○○○を監査役会規則第×条により常勤監査役に選定することを監査役会に諮ったところ、全員一致で承認を得たので、監査役○○○○はその就任を承諾した。なお、別紙のとおり常勤監査役選定書を作成する。

第3号義議案　特定監査役選定の件
議長は監査役○○○○を、監査役会規則第×条により特定監査役に選定することを監査役会に諮ったところ、全員一致で承認を得たので、監査役○○○○はその就任を承諾した。
また、常勤監査役及び特定監査役の選定については別途取締役会に報告することとする。

第4号議案　会計監査人の報酬同意の件
経理財務部からの会計監査人の報酬について説明を受け、議長は下記の内容について監査役会に諮ったところ全員一致で承認を得た。会計監査人報酬同意書を提出するとともに取締役会に報告することとする。

有限責任○○○○監査法人　××期　会計監査報酬　××××万円

第5号議案　監査役の報酬協議の件
議長は監査役の報酬について説明し、議場に諮ったところ全員一致で承認を得たので、別紙のとおりと定め社長に報告することとする。

議長は以上をもって、本日の議事を終了した旨を述べ××時××分閉会を宣した。

上記議事の経過の要領およびその結果を明確にするためこの議事録を作成し、出席監査役がこれに記名押印する。

××××年××月××日

○○株式会社
議長　常勤監査役　○○　○○　㊞
監査役　○○　○○　㊞
監査役　○○　○○　㊞

監査役会議事録（事例集）

（注）事例集は、上場会社で3月決算会社を基準とし、6月の定時株主総会終了後から翌年の定時総会前までの1年間に監査役会に上程が想定される議題を記載している。

（定時総会終了後）

第×号議案　監査役会議長選定の件

監査役○○○○は互選により仮議長となり、監査役会規程第×条第×項の定めにより、監査役会の議長を選定する必要があり、下記のとおり候補者を提案し議場に諮ったところ、全員一致で原案のとおり承認可決した。なお、監査役○○○○はその就任を承諾した。

監査役会議長　　○○　○○

第×号議案　監査役会議長の代行順序決定の件

議長は、監査役会規程第×条第×項の定めにより、監査役会議長の代行順序を決定する必要があり、下記の代行順序について提案し議場に諮ったところ、全員一致で原案のとおり承認可決した。

議長の代行順序　（1）監査役○○　○○
（2）監査役○○　○○

第×号議案　常勤監査役選定の件

議長は、会社法第390条第3項、定款×条および監査役会規程第×条第×項の定めにより、常勤監査役を選定する必要があり、下記のとおり候補者を提案し議場に諮ったところ、全員一致で原案のとおり承認可決した。なお、監査役○○○○はその就任を承諾した。

常勤監査役　　○○　○○

（注）「常勤監査役選定書」の事例 W5

第×号議案　特定監査役選定の件

議長は会社法施行規則第132条および会社計算規則130条ならびに当社監査役会規程第×条に基づき特定監査役を選定したいとして、下記のとおり提案し議場に諮ったところ、全員一致で原案のとおり承認可決した。なお、監査役○○○○はその就任を承諾した。

特定監査役　　○○　○○

（注）「特定監査役選定書」の事例 W6

第×号議案　監査役報酬協議の件

議長は、本日開催の第××回定時株主総会により監査役全員が改選されたので、会社法第387条第2項の定めに基づき監査役の受ける報酬の額について協議したい旨提案し、下記（または「別紙」）のとおり監査役報酬について監査役全員の合意により決定した。

なお、監査役報酬協議書を作成し代表取締役に提出することとした。

記

1. 協議者　　　　　　　　監査役３名全員
2. 各監査役の報酬額
　　常勤監査役　　○○　○○　月額　×××円（年額×××円）
　　監査役　　　　○○　○○　月額　×××円（年額×××円）
　　監査役　　　　○○　○○　月額　×××円（年額×××円）
　　（合計）　　　月額　×××円（年額×××円）
3. 実施時期　××××年××月××日支給分より

なお、××××年××月××日開催の第××回定時株主総会において、監査役の報酬限度額は　年額××××万円以内で決議されております。

（注）「監査役報酬協議書」の事例 W7

（７月頃）

第×号議案　定時株主総会後監査結果報告の件

議長は、××××年×月××日に開催された当社××回定時株主総会監査について別紙「第××回定時株主総会後監査結果報告書」に基づき監査した結果について報告した。

（注）「定時株主総会監査結果報告」の事例 B25

第×号議案　第××期会計監査人の監査報酬同意の件（詳細版）

議長は、会社から提示されている第××期に関わる会計監査人の報酬について協議したいとして、別紙「第××期　会計監査人の監査報酬に関する同意の件」、「監査報酬の推移」、「上場企業監査報酬　一覧」および「××年監査法人監査報酬調査」（日本公認会計士協会調査）、その他、監査法人の内部統制状況、監査実績（監査時間、要員体制）等について説明した。

監査役協議の結果、監査時間は××時間増加するが、これは前期の監査時間の実績を考慮したものであり、子会社数の増加、会計担当者の資質、人数等を考慮すると監査報酬が若干増加することは理解できること、他社の報酬額と比較した結果当社の特殊性を考慮すると相当な額であることから、提示の監査報酬額は当社第××期の監査報酬として会計監査人の独立性を損なう金額ではなく不合理ではないとの結論に至った。

審議の結果、会社提案の第××期の会計監査人の監査報酬××××万円（税抜き）は妥当であるとし、監査役全員同意し承認可決した。

よって、代表取締役に対して会計監査人の報酬等に対する同意書を提出することとなった。

（注）「会計監査人報酬同意書」の事例 W8

第×号議案　会計監査人の報酬同意の件（簡易版）

議長から、代表取締役から第××期に関する会計監査人の報酬等の額について、会社法第399条１項、第２項に基づき監査役会の同意を求められているので協議したいとして算定根拠等を説明した。

審議の結果、全員異議なく下記のとおり同意した。

よって、代表取締役に対して会計監査人の報酬等に対する同意書を提出することとなった。

監査報酬等の額　××××万円
同意の理由　監査役会は、会計監査人の監査計画の内容、会計監査人の職務遂行状況および報酬見積りの算定根拠等が適切であるかどうかについて必要な検証を行ったうえで、会計監査人の報酬等の額について同意の判断をした。

（注）「会計監査人報酬同意書」の事例 W8

第×号議案　第××期会計監査人監査計画報告の件

議長は××××年××月××日開催された会計監査人との面談結果の概況について、以下のとおり報告を行った。

会計監査人からは第××期の会計監査計画につき説明があり、内容として、監査の方法、監査時間（前期比増減）、重点監査項目、監査要員体制、内部統制の状況等について説明があり、さらに会社計算規則第131条に基づく監査役への通知事項として、独立性、ローテーション、内部統制等について報告があった。

監査役からは、第××期の監査方針・監査計画について説明し、四半期レビュー報告会の実施を要請した。

（注）会計監査人の監査計画説明会にすべての監査役が出席していた場合、本件は省略することがある。

（期中）

第×号議案　代表者面談の件

議長は、当期の監査計画に基づき××××年××月××日に開催予定の代表者との面談いついて、別紙「代表者との面談」に基づき、監査役からの報告、要望、改善事項と代表取締役に確認すべき事項等について説明した。

（注）「代表者面談（依頼書）」の事例 B12

第×号議案　○○部門監査結果報告の件

議長は、当期の監査計画により××××年××月××日に実施した○○部門の監査結果について、別紙「○○部門監査結果報告」に基づき報告し、社外監査役との情報を共有した。

（注）「部門監査結果報告」の事例 B11

（3月頃）

第×号議案　来期（第××期）監査役会開催日程の件

議長は、来期第××期の監査役会の開催日程について、別紙「第××期　取締役会、監査役会開催日程案」を提示し、監査役間で調整を行った。

議長は、監査役会の会日は社外監査役の都合も考慮し取締役会の開催日に合わせることとし、開始時間は取締役会の議題について事前に監査役間で意見交換をしておきたいので、原則として取締役会開催の1時間前に監査役会を開始したいと述べ了承された。

監査役○○○○は、他社の会議との調整もあり時間が欲しいとの要望があり、後日調整のうえ回答したいと述べた。

第×号議案　第××期監査役関連費用の件

議長は、第××期の監査役関連費用について、別紙「第××期の監査役関連費用」について提案し、前期との比較を中心に説明した。

協議の結果、第××期の監査役関連費用について議場に諮ったところ出席監査役全員異議なく承認可決した。

よって、議長は第××期の監査役関連費用を会社に提出することとした。

（注）「監査役会監査費用」の事例　W9・W10

第×号議案　取締役職務執行確認書の件

議長は、第××期に関する別紙「取締役職務執行確認書」について提案し、次回の取締役会においてその概要を説明のうえ、取締役から回答をいただく予定であると報告した。

（注）「取締役職務執行確認書」の事例　B30・31　W34～39

（4月頃）

第×号議案　第××期期末監査日程の件

議長は、第××期監査日程について、別紙「第××期定時株主総会までの監査日程」に基づき報告し、期末から定時株主総会までの日程につき確認した。

（注）「定時株主総会までのスケジュール」の事例　W31

第×号議案　事業報告および計算書類ならびにこれらの附属明細書の監査結果の報告の件

議長は、第××期の事業報告および計算書類ならびにこれらの附属明細書についての監査結果を報告し、出席監査役全員は報告内容を了承した。

（注）「計算書類監査記録」「事業報告監査」の事例　B17～B20

（5月頃）

第×号議案　第××回定時株主総会招集手続、提出議案・書類の件

議長は、第××回定時株主総会の招集手続および提出議案・書類について上程した。協議の結果第××回定時株主総会に関わる招集手続、提出議案・書類については法令・定款等に従い適正に作成、決議されていることから、出席監査役全員本件について承認可決した。

（注）「期末から定時株主総会までの監査の方法と内容」の事例　W32

第×号議案　会計監査人の監査報告書受領の件

議長より、××年××月××日会計監査人有限責任○○監査法人から第××期の監査報告書を受領した旨報告があり、監査結果の概要説明と監査報告書の閲覧・確認を行った。引き続き会社計算規則第131条各号に基づく監査法人の監査体制についての説明と文書を受領した旨報告された。

（注）会計監査人の監査結果の概要説明会にすべての監査役が出席していた場合、本件

は省略することがある。

第×号議案　各監査役の監査報告の内容報告の件

議長は各監査役から第××期事業年度に関わる監査役監査報告の内容について報告を求め、各監査役はそれぞれ作成した監査役監査報告の内容について説明を行なった。

(注) 各監査役の監査報告は次の「監査役会監査報告の件」のなかで行うこともできる。

(注)「監査報告書ひな型」の事例　W28

第×号議案　第××期監査役会監査報告の件

議長は第××期××××年××月期の監査役会監査報告書について、××××年××月××日会計監査人有限責任○○監査法人から第××期に関わる会計監査報告について説明を受け、監査結果として無限定適正意見を付した監査報告書を受領した。

また、各監査役からも取締役の職務執行について指摘すべき事項はなく適正である旨の監査報告書を提出いただいているので、監査役会として第××期の監査役会監査報告書を取りまとめたいと監査役会監査報告書（案）を提案し審議の結果、監査役全員はこれに賛成し満場一致で原案のとおり承認可決した。

なお、議長は第××期監査役会監査報告書を代表取締役および会計監査人へ提出することとした。

(注)「監査報告書ひな型」の事例　W28

第×号議案　監査役選任議案に関する監査役会の同意の件

議長は××年××月××日開催の第××回定時株主総会に提出予定の監査役×名の選任議案に関する監査役会の同意について提案し、会社法第343条第1項および第3項に基づき協議した結果、○○○○氏、○○○○氏および○○○○氏の3名を監査役候補者とする議案の提出について、監査役全員はこれに同意し満場一致で承認可決した。よって、議長は監査役選任議案に関する監査役会の同意書を提出することとした。

(注)「監査役選任議案に関する同意書」の事例　W2

第×号議案　会計監査人評価の件

議長は、会計監査人の選任等にあたり、会計監査人の評価をする必要があるとして、別紙「会計監査人の評価および選任に関する判断基準」について説明し協議の結果、監査役全員一致で原案のとおり承認可決した。

(注)「会計監査人の評価調書」の事例　W45

第×号議案　会計監査人再任議案決議の件

議長より、会社法第344条第1項、第3項により、会計監査人の選解任等に関する議案の内容の決定が監査役会に付与されている旨ならびに会社法上の会計監査人の任期は1年であり、株主総会において特段の決議がなければ株主総会で再任されたものとみなされるとの定めについて説明がなされた。××年××月××日に会計監査人より会計監査人の選定・評価に関する説明を受け、協議の結果、会計監査人の再任議案について次のように決定した。

再任監査法人　有限責任○○監査法人

再任契約期間　××年××月××日より××年6月開催の定時株主総会まで

なお、第××期定時株主総会において会計監査人の選任解任等を議案としないことについても決定した。

（注）「会計監査人再任決定通知書」の事例 W4

第×号議案　補欠監査役選任議案に関する監査役会の同意の件

議長は、代表取締役から××年××月××日開催の第××回定時株主総会に提出予定の補欠監査役選任議案について、会社法第343条第1項および第3項に基づき、監査役会の同意を求められているので協議したいとして、補欠監査役○○○○氏の略歴等について説明し、審議の結果監査役全員一致で同意した。

よって、議長は別紙「補欠監査役選任議案に関する監査役会の同意書」を提出することとした。

（注）「補欠の監査等委員選任議案に関する同意書」の事例 W3

第×号議案　会計監査人の解任または不再任の決定の方針の件（事業報告記載事項）

議長は、会社法施行規則第126条第1項4号に基づき事業報告の記載事項である「会計監査人の解任または不再任の決定の方針」について協議したいと提案した。監査役間で協議した結果、下記の方針で監査役全員合意した。

「会計監査人の解任または不再任の決定の方針」

監査役会は、会計監査人が会社法第340条第1項各号に定める項目に該当すると認められる場合は、監査役全員の同意の基づき、会計監査人を解任いたします。

また、上記のほか、監査役会は、会計監査人が職務を適切に遂行することが困難と認められる場合など、その他必要があると判断した場合には、会計監査人の解任または不再任に関する議案の内容を決定いたします。

（6月頃）

第×号議案　第××回定時株主総会の監査報告の内容および報告者決定の件

議長は、××年××月××日開催予定の第××回定時株主総会における、監査役会監査報告の内容および報告者について、報告者は常勤監査役○○○○とし、報告内容については別紙「第××回定時株主総会監査役口頭報告」のとおりとしたいと提案し議場に諮ったところ、出席監査役全員賛成し満場一致で原案のとおり承認可決した。

（注）「株主総会監査役口頭報告」の事例 B20

第×号議案　第××期監査計画の件

議長は第××期の監査計画について別紙のとおり提案し、監査方針、重点監査項目、職務分担等の内容について説明を行った。さらに年間監査計画の日程概要も合わせて報告を行った。

監査役全員協議の結果、議場に諮ったところ監査役全員賛成し満場一致で原案のとおり承認可決した。

なお、議長は近々開催される取締役会において、第××期監査計画について報告したいと提案し監査役全員の了承を得た。

（注）「監査方針・計画」の事例 B1

「監査計画」の事例 B2・3

B9 監査役会・取締役会出席状況一覧

××期　監査役会・取締役会出席状況一覧

取締役会：　1＝定時・臨時出席　2＝書面　スペース＝欠席

開催数			1	2	3	4	5	6	7	8	9	10	11	12	13	14	15	16	17	18	19	20	21	定時・臨時	書面	合計	出席率(注)	メモ
開催日時			4/11	4/19	5/10	5/24	6/14	6/26	7/19	8/9	8/16	9/20	10/18	10/29	11/8	11/15	11/29	12/24	1/24	2/7	2/21	3/5	3/27					
定時・臨時・書面			書面	定時	臨時	定時	定時	臨時	定時	臨時	定時	定時	定時	書面	臨時	書面	定時	定時	定時	臨時	定時	書面	定時					
			2	1	1	1	1	1	1	1	1	1	1	2	1	2	1	1	1	1	1	2	1					
	議事録確認済		○	○	○	○	○	○	○	○	○	○	○	○	○	○	○	○	○	○	○	○	○					MAX 出席数
社内取締役	代表取締役	A	2	1	1	1	1	1	1	1	1	1	1	2	1	2	1	1	1	1	1	2	1	17	4	21	100.0%	21
	取締役	B	2	1	1	1	1	1	1	1	1	1	1	2	1	2	1	1	1	1	1	2	1	17	4	21	100.0%	21
	取締役会長	C	2	1	1	1	1	1	1	1	1	1	1	2	1	2	1	1	1	1	1	2	1	17	4	21	100.0%	21
	取締役	D	2	1	1	1	1	1	1	1	1	1	1	2	1	2	1	1	1	1	1	2	1	17	4	21	100.0%	21
	取締役	E	2	1	1	1	1	1	1	1	1	1	1	2	1	2	1	1	1	1	1	2	1	17	4	21	100.0%	21
	取締役	F						1	1	1	1	1	1	2	1	2	1	1	1	1	1	2	1	13	3	16	100.0%	16
社外取締役	社外取締役	G	2	1	1	1	1																	4	1	5	100.0%	5
	社外取締役	H	2	1	1	1	1	1	1	1	1	1	1	2	1	2	1	1	1	1	1	2	1	17	4	21	100.0%	21
	社外取締役	I	2	1	1	1	1	1	1	1	1	1	1	2	1	2	1	1	1	1	1	2	1	17	4	21	100.0%	21
	社外取締役	J						1	1	1	1	1	1	2	1	2	1	1	1	1	1	2	1	13	3	16	100.0%	16
社外監査役	常勤監査役	K	2	1	1	1	1	1	1	1	1	1	1	2	1	2	1	1	1	1	1	2	1	17	4	21	100.0%	21
	非常勤監査役	L	2	1	1	1	1																	4	1	5	100.0%	5
	非常勤監査役	M	2	1	1	1	1	1	1	1	1	1	1	2	1	2	1	1	1	1	1	2	1	17	4	21	100.0%	21
	常勤監査役	N						1	1	1	1	1	1	2	1	2	1	1	1	1	1	2	1	13	3	16	100.0%	16
	非常勤監査役	O						1	1	1	1	1	1	2	1	2	1	1	1	1	1	2	1	13	3	16	100.0%	16
			11	11	11	11	11	13	13	13	13	13	13	13	13	13	13	13	13	13	13	13	13					

（注）書面決議への参加は出席に含まれない。

監査役会：　1＝出席

開催数			1	2	3	4	5	6	7	8	9	10	11	12	13	14	15	16	17	18	19	集計	開催数	出席率	メモ
開催日時			4/19	5/10	5/22	5/24	6/14	6/26	6/26	7/19	8/9	8/16	9/20	10/18	11/8	11/29	12/24	1/24	2/7	2/21	3/27				
	常勤監査役(社外)	K	1	1	1	1	1	1	1	1	1	1	1	1	1	1	1	1	1	1	1	19	19	100%	
	社外監査役	L	1	1	1	1	1	1														16	6	100%	
	社外監査役	M	1	1	1	1	1	1	1	1	1	1	1	1	1	1	1	1	1	1	1	19	19	100%	
	常勤監査役(社外)	N							1	1	1	1	1	1	1	1	1	1	1	1	1	13	13	100%	
	社外監査役	O							1	1	1	1	1	1	1	1	1	1	1	1	1	13	13	100%	

会計監査人とのMTG：　1＝出席　0＝欠席

開催数			1	2					3	4	5	6	7										集計	開催数	出席率	メモ
開催日時			4/19	5/22					7/30	8/6	11/5	12/5	2/3													
	常勤監査役(社外)	K	1	1					1	1	1	1	1										7	7	100%	
	社外監査役	L	1	1																			2	2	100%	
	社外監査役	M	1	1					1	1	1	1	1										7	7	100%	
	常勤監査役(社外)	N							1	1	1	1	1										5	5	100%	途中出席
	社外監査役	O							1	1	0	0	1										3	5	60%	

××年××月××日

○○本部
本部長○○　○○　殿

常勤監査役　○○○○　㊞

監査役監査へのご協力のお願いについて

××年度（第××期）の監査基本計画に基づき、貴部門の業務につき下記の要領にて監査を実施いたしたく、何卒趣旨をご理解のうえ、ご協力賜りますようお願い申し上げます。

記

監査日程（予定）　・××年××月××日（金）
　　　　　　　　　・午後1時から（予定）

場所　・本社○○会議室

監査事項
(1) 部門業績の状況
(2) コンプライアンス体制（法令、社内ルールの遵守、反社会的勢力等）
(3) 人事労務管理の状況（時間外勤務状況、採用、教育、内部通報等）
(4) 品質管理（クレーム、顧客満足度等）
(5) リスク管理（情報漏洩、不祥事、事故等）
(6) 部門の課題

準備書類　・上記に関連する書類・記録・帳票・証憑等

監査担当　・常勤監査役　○○○○

以　上

○○部門監査結果報告

××年××月××日　常勤監査役○○　○○

監査対象部門　本社○○部門（○○本部長）　監査日時　××××年××月××日　13:00-15:00　場所　本社会議室　監査担当　○○常勤監査役

監査項目	監査内容	評価（○、△、×）	課題・コメント
1. 部門業績の状況			
・売上高（予算対比、前年比較）			
・売上高（増減の原因と対応策）			
・売上高（今後の見通し）			
・与信管理、債権管理			
2. コンプライアンス体制の状況			
・法令遵守状況（業務関連法令、下請法等）			
・社内ルールの遵守（稟議書等起案）			
・反社会的勢力対応（調査、排除条例等）			
・インサイダー取引防止の徹底			
・契約書等重要書類の管理			
3.　人事、労務管理			
・時間外勤務の管理（36 協定の遵守）			
・休暇取得状況			
・各種教育の実施状況			
・パワハラ、セクハラ等			
・メンタルヘルスチェック			
4. 品質管理			
・クレームと対応状況			
・顧客満足度調査			
5. リスク管理			
・情報システム管理（PC、パスワード等の管理）			
・定期的なリスク管理等研修			
・情報漏洩管理			
・不祥事・事故等の状況			
6. 部門の課題と対応			

［監査役所感］

××××年××月××日

代表者面談のお願い

○○株式会社
代表取締役　○○　○○　殿

監査役会
常勤監査役　○○　○○

下記の通り開催いたしますのでご出席をお願いいたします。

記

日時　××××年××月××日（木）　取締役会終了後
場所　本社会議室
出席　代表取締役　○○○○　殿
　　　監査役３名全員

議事

（監査役会からご報告）

1. 第××期監査計画

2. 最近の監査役監査結果報告
   ・第××期第３四半期監査結果報告

3. 要望事項
   ・経理会計要員体制の充実（増員要請）
   ・投資先の定期的な状況報告

（代表取締役にお伺いしたい案件）

1. 資本政策

2. 業績の見通し

3. 新規事業の状況

（その他意見交換）

1. 会社法改正の動き

2. 監査人の監査報告書（KAM：監査上の主要な検討事項）

3. 取締役会の開催方法（WEB 会議システム利用）

4. その他
   次回面談予定

以　上

○○社長殿

××××年××月××日
常勤監査役○○○○

第××期　中間監査実施結果報告

第××期事業年度第２四半期の監査の結果を報告致します。

Ⅰ．実施した監査の内容

1. 会計監査
①貸借対照表、損益計算書の分析（残高推移、対予算・対前年差異分析等）
②主要な資産についての実在性および評価の確認（現預金、固定資産、保証金等）
③売上高の正当性（×月度○○社（構成：×％）について証憑との突合せを実施）
④売掛金の回収状況、滞留売掛金の有無
⑤主な経費の支出について（請求書等と支払金額の確認　××件）
⑥月次損益と最終損益の差異の内容の確認（決算整理仕訳の内容の確認）
⑦繰延税金資産の回収可能性
＊その他省略

2. 業務監査
①取締役ならびに部門長との面談の実施
②稟議書・契約書の閲覧
③会議等への出席、その他日常の監査活動
④必要に応じ資料の提出を求め、ヒヤリングを実施

3. 株主総会ならびに終了後の実施事項についての調査
議事録、商業登記、決算公告、備置書類等

Ⅱ．監査の結果
会計監査ならびに業務監査の結果、重要な指摘事項はありません。

Ⅲ．監査を終えての所感・要望事項等

1. 面談を終えての感想・要望事項
①リモートワーク実施に伴う制度設計の見直しと情報システムの整備
②コンプライアンス教育の継続的実施
③管理者のレベルアップのための教育カリキュラムの充実

2. 業務上の課題、確認事項
①情報セキュリティへの継続的な取り組みと強化
・インシデントの撲滅
・在宅勤務における情報セキュリティの改善（体制整備）
②リスク管理委員会の定期的開催、リスク管理表の定期的な見直し
③売掛金等の債権管理
現時点では不良債権はなく良好。与信管理の徹底など不良債権を発生させないための施策の継続的推進。

以　上

棚卸資産チェックリスト

No.	チェック内容	結果（OK：○、NG：×、やや問題：△、該当無：NA）		参考法令等
		チェック	コメント	
1	棚卸資産の帳簿残高と、実地棚卸した実数値の金額を照合しているか			
2	1で金額が一致しない場合、その原因について、次のような点に注意しながら解明されているか			
	1）注文どおりの棚卸資産が入庫しており、数量は正確か、また、帳簿等への記載は適正か			
	2）入・出庫書類等がないまま、棚卸資産の出し入れをしていないか			
	3）棚卸資産の出し入れは、社内規程に従い適正に実施されているか			
	4）入・出庫の棚卸資産単価は適正か			
	5）棚卸資産を管理するうえでの体制は整備されているか			
3	棚卸資産価額の評価は、会社が採用している基準に従い適正に処理されているか			
4	月次の棚卸資産入庫は、売上量、売上商品の種類等に応じた量、種類となっているか			
5	社外等に「預け」となっている棚卸資産はないか			
	そのような資産がある場合、証明書を受領しているか			
6	倉庫等に「預り」となっている棚卸資産はないか			
	そのような資産がある場合、自社分と区分されているか			
7	棚卸資産管理において、数種類の棚卸資産を一括管理するコード（その他商品」等）がある場合、その使用方法等は適切か			
8	倉庫等に長期間滞留している棚卸資産はないか、また、倉庫は整理整頓されているか			
9	大量または多額な棚卸資産の在庫がある場合、その理由を確認しているか			

貸借対照表の推移と分析

××××年××月××日

勘定科目	前々期末	前期末	当期末	差異 対前期末	差異 対前々期末	
現金及び預金						＊1
売掛金						＊2
貸倒引当金						
棚卸資産						
前払費用						＊3
その他（未収入金他）						＊4
流動資産合計						
建物						
建物付属設備						
工具器具備品						
その他有形固定資産						＊5
減価償却累計額						
有形固定資産計						
ソフトウェア						
無形固定資産計						
保証金						
長期前払費用						
繰延税金資産						＊3
投資その他の資産計						
固定資産合計						
資産の部合計						
買掛金						
未払金						
未払費用						
未払法人税等						
未払消費税等						
前受金等						
預り金						
前受収益						
賞与引当金						
流動負債合計						
長期借入金						
長期前受収益						
資産除去債務						＊5
固定負債合計						
負債の部合計						
資本金						＊6
利益剰余金計						
純資産合計						
負債・純資産合計						

〈差異分析（対前期末）〉

＊1　現金及び預金の増減要因（対前期差異　××百万円）

①　主な増加要因
税引前利益
棚卸資産減少
減価償却費
小　計

②　主な減少要因
売掛金増加
有形固定資産の取得
小　計

＊2　売掛金……保有月数は大きな変化はない。売掛金の増加は当四半期の売上増によるもの。

	前々期末	前期末	当期 1Q	当期 2Q	当期 3Q	当期 4Q
売掛金						
四半期売上						
保有月数						

＊3　繰延税金資産……対前期で××の減少。（主として……による）

	前期末	当期末	増減
繰延税金資産期末残高			
内			
内			

次年度見込み課税所得　×××百万円（回収可能性確認）

＊4　未収入金……

＊5　資産除去債務／有形固定資産
現状復旧費用を期初に資産・負債に計上（資産除去債務　残高　××百万円）

＊6　当期純利益……
税引前当期利益
法人税等
法人税等調整額
差引　当期純利益

損益計算書の推移と分析

××××年××月××日

〈差異分析（対前期）〉 ＊IT 企業を想定。分析や監査のポイントについての理解が進むよう数値を入れていますが実存するものではありません。

勘定科目		前々期	前期	当期	差異 対前期	差異 対前々期
売上高		11,000	11,600	13,000	1,400	2,000
当期製品製造原価	材料費	80	100	120	20	40
	労務費	4,600	4,650	4,800	150	200
	外注加工費	3,700	4,000	4,500	500	800
	その他経費	400	400	410	10	10
	計	8,780	9,150	9,830	680	1,050
期初棚卸資産残高		1,100	1,200	1,250		
期末棚卸資産残高		1,200	1,250	1,400		
売上原価		8,680	9,100	9,680	580	1,000
売上総利益		2,320	2,450	3,320	870	1,000
売上総利益率（%）		21.1%	21.1%	25.5%	4.4%	4.4%
	役員報酬	120	121	140	19	20
	給料及び手当	360	390	420	30	60
	賞与引当金繰入額	25	30	40	10	15
	福利厚生費	90	95	100	5	10
	支払手数料	85	100	100	0	15
	募集費	50	55	100	45	50
	減価償却費	20	22	30	8	10
	賃借料	150	152	155	3	5
	教育研修費	25	30	30	0	5
	研究開発費	100	150	250	100	150
	広告費	100	120	200	80	100
	その他経費	180	190	200	10	20
販売費及び一般管理費計		1,305	1,455	1,765	310	460
（対売上%）		11.9%	12.5%	13.6%	0	0
営業利益		1,015	995	1,555	560	540
営業利益率（%）		9.2%	8.6%	12.0%	3.4%	2.7%
営業外収益		280	300	350	50	70
営業外費用		10	15	50	35	40
経常利益		1,285	1,280	1,855	575	570
経常利益率（%）		11.7%	11.0%	14.3%	3.2%	2.6%
特別利益		100	0	0	0	-100
特別損失		50	20	0	-20	-50
税引前当期純利益		1,335	1,260	1,855	595	520
	法人税、住民税及び事業税	290	270	400	130	110
	法人税等調整額	-10	20	30	10	40
法人税等計		280	290	430	140	150
当期純利益		1,055	970	1,425	455	370
自己資本利益率（ROE）		8.8%	7.5%	9.9%	2.4%	1.1%
純資産		12,000	12,970	14,395	1,425	2,395

分析	監査のポイント
(1) 売上高 前年に対して12%の伸長となった。これは、X社からの500百万円の受注が貢献した。全体として、堅調に推移した。	① 売上計上基準は、収益認識に関する会計基準に準拠しているか。 ② 売上高とその計上の基礎となった証憑（注文書・納品書・受領書等）との突合せを行い、検証する。（サンプリングによる検証） ③ 売掛金の年齢調べを行い、滞留売掛金の有無などを検証し、不良債権などがあれば、その原因を追究する。
(2) 売上総利益（率） ・売上規模の増加による改善　296百万円 ・売上総利益率等による改善　574 売上総利益の改善は、X社から受注した大型PJの原価管理がうまくいき、収益改善に貢献した。 売上規模増加により、貢献利益率が改善し、増益につながった。	① 期末の棚卸資産は適正か。ソフトウエア開発企業については、仕掛残高が適正であるかどうかを検証する必要がある。 ② 利益率が特に高い案件、赤字プロジェクトなどがあれば、これらのプロジェクトを個別に検証する。
(3) 販売費及び一般管理費 ・人材確保のため、募集費を増額した。 ・DX（Digital Transformation）関連事業推進のため、研究開発費を増額した。 ・広告費は、インターネット広告を増加したこととホーム　ページを改修したことにより増加。	① 経費支出の妥当性検証。 ・前年に対して増加している科目、減少している科目については、その増減の主な理由を調査する。 ・請求書と支払額との突合せを行い、不適正な支出がないかどうか検証する。 ・大きな金額の支出については、稟議書等で承認を得ているかどうか確認する。
(4) 営業外収益は主として、受取配当金。	
(5) 営業外費用の増加は、外貨預金、期末売掛金の為替差損	① 外貨預金残高、外貨売掛金残高は、期末の為替レートで置き換えて修正する。
(6) 法人税等	① 申告書を入手する。 ② 法人税等の計算根拠について、経理部門や税理士法人から説明を受け、妥当性を確認する。 ＊決算整理仕訳を入手し、仕訳の内容について経理部から説明を受け、会計処理が妥当であることを検証する。

××××年××月××日
常勤監査役　○○　○○

第××期　計算書類監査記録

Ⅰ．貸借対照表関係

1. 期初残高確認
   昨年度末の残高と期初残高を照合した。
2. 貸借対照表の様式、表示を確認した。
3. 主要勘定科目の残高推移　B15
   別紙にて残高推移の確認ならびに差異分析を行った結果、特に異常な変化はなく、実態を反映していると判断する。
4. 他の計算書類との確認
   ①　試算表と組替後BSの確認……組替表により確認
   ②　株主資本等変動計算書
   ・期初・期末資本金……合致
   ・期初・期末利益剰余金、繰越利益剰余金……合致
   ・株主資本、純資産……合致
   ③　損益計算書
   当期純利益と利益剰余金の変化……合致
   ④　計算書類の附属明細書との関係（期末のみ実施）
   ・有形固定資産、無形固定資産の明細……合致
   ・引当金……合致
5. 資　　産

	BS残高	確認状況
①　現金		経理部の内部統制ルーチンを確認。
②　預金		BS残高と銀行発行の残高証明書、預金通帳と照合。
③　売掛金		長期滞留債権なく保有月数も適正であった。与信限度の超過もなかった。期末の外貨売掛金の為替差異についても適正に処理されていた。
④　前払費用		家賃の前払い、サービス費用等の未経過分(主な内容を確認した)
⑤　貸倒引当金		引当金の計算根拠を確認、計上額は適正であった。
⑥　立替金他		未収入金を含む
⑦　有形固定資産		設備の棚卸に立ち会った。(棚卸実施確認書受領)
⑧　無形固定資産		同　　上
⑨　保証金		敷金預り証（　　千円）等の書面を確認。

⑩　繰延税金資産		回収可能性のスケジューリングを確認
⑪　破産更生債権		S社への債権。同額の貸倒引当金を計上。
資産合計		

6. 負　　債

	BS残高	確認状況
①　未払金		出向者給与、データセンター経費、社会保険料等
②　未払費用		法定福利費等
③　未払法人税等		
④　未払消費税等		
⑤　前受金		
⑥　預り金		
⑦　前受収益		フリーレント未経過分（金額は長期を含む）
⑧　賞与引当金		引当金の計算根拠を確認、計上額は適正であった。
⑨　長期借入金		銀行発行の残高証明書と照合
⑩　資産除去債務		
負債合計		

Ⅱ．損益計算書関係

1. 損益計算書の様式、表示を確認した。
2. 月次損益との乖離状況の確認（差異　△××千円）
   月次営業利益　→　公表営業利益　××千円
   決算整理仕訳の内容を確認した。特に、異常な処理はなかった。
3. 予算ならびに前年との差異の分析
   ①　営業利益対予算差異……＋ ×百万円（改善）
   売上高は未達（△ ××百万円）であるが、人件費（含む役員報酬）・販売経費の削減により改善した。
   ②　営業利益対前年差異……＋ ××百万円（改善）
   売上高は若干の増収（×百万円、伸長率　△×％）
   人件費の削減に加え、支払報酬（監査法人・弁護士費用等）等の削減効果が大きい。
4. 売上高の正当性の確認
   当社の売上基準は「収益認識に関する会計基準」と合致していることを確認した。
   ××社を抽出し、各々の3月度の売上高と証憑を突合せた結果、一致した。
   ××社の3月度売上高××千円（売上構成　×％）
5. 経費等の支出
   3月度のキャッシュアウト分について、請求書等の証憑と突合せ、確認した。

特に問題なし。

対象額：×件、××百万円

6. 計算書類の附属明細書との整合性確認
・販管費トータルならびに主な明細……合致
・減価償却費……合致

Ⅲ．その他の計算書類（株主資本等変動計算書、個別注記表、附属明細書）

1. 様式、表示の確認
2. BS、PL などとの数値の整合性……確認
3. 個別注記表記載事項　（計規 98 条他）

〈重要な会計方針に関する事項〉

① 固定資産の減価償却の方法　記載あり
② 引当金の計上基準　記載あり
③ 消費税の会計処理　記載あり
④ 会計方針の変更　記載あり
資産除去債務に関する会計基準の適用について記載

〈株主資本等変動計算書に関する注記〉

① 発行済株式数の値を表示

＊その他の注記事項については、省略

4. 計算書類の附属明細書記載事項　（計規 117 条）

① 有形固定資産および無形固定資産の明細　記載あり（数値確認）
② 引当金の明細　記載あり（数値確認）
③ 販売費及び一般管理費の明細　記載あり（数値確認）

以　上

××××年××月××日

第××期事業年度　計算書類　監査調書

監査項目	監査結果
I．貸借対照表	
1. 継続性……会計方針の変更等について 今期より資産除去債務に関する会計基準を適用した。 これは、企業会計基準第18号に基づくものであり、適正である。 その他については変更なし。 資産除去債務の計算結果を確認した。	適正
2. 前年同期との科目別比較	
(1) 貸借対照表の全項目について、前期との比較を行い、金額差額の大きいものについて分析するとともに、その理由を確認した。	適正
(2) 重要な後発事象はないか。	該当なし
3. 現預金残高	
(1) 現金残高は経理部担当者が金種表を作成し、管理者が確認のうえ、押印している。	適正
(2) 預金残高と金融機関発行の残高証明書を照合した。	合致した
4. 売掛金	
(1) 滞留債権、不良債権の有無 顧客別に回収状況を確認したが、停滞している債権はなかった。	異常なし
(2) 売掛債権の残高は、直近3ヵ月の売上高（月平均）の×ヵ月前後で推移しており、良好と判断する。	良好
5. 前払費用、未収入金	
(1) 前払費用：家賃（翌月分）、サービス費用等の未経過分	適正
6. 有形固定資産	
(1) 有形固定資産の属する各科目ごとに減価償却累計額控除形式で表示しているか。	適正
(2)無形固定資産については償却額控除後の残額が記載されているか。	適正
(3) 資産の実在性について期末に棚卸しを実施した（立会い）。	異常なし
7. 保証金等の実在性……預り証等を確認した	異常なし
8. 繰延税金資産	
(1) 繰延税金資産の計上は適正か。	適正
(2) 回収可能性についての検証	適正
9. 固定資産の減損兆候について	異常なし
10. 引当金は適正に計上されているか 賞与引当金、貸倒引当金等について調査を行った。	適正

監査項目	監査結果
II．損益計算書	
1. 継続性……会計方針の変更等について 今期より資産除去債務に関する会計基準を適用した。 これは、企業会計基準第18号に基づくものであり、適正である。 資産除去債務の計算結果を確認した。	適正

2. 前年同期との科目別比較 損益計算書の全科目につき金額の比較を行い、差額の大きいものについて分析、検証した。	適正
3. 売上	
(1) 当社の売上計上基準は収益認識に関する会計基準と合致しているか	適正
(2) 売上の計上は適正か 3月度の売上につき、××社（構成比　×%）を抽出し、売上と証憑の突合せを行った。	適正
4. 経費の支払 経費の支払は請求書等に基づき支出されているか、異常な支払等はないか。……3月の支払分について、×件・×百万円について請求書と支払いの突合せを実施した。	適正
5. 税効果会計	
法人税等調整額等の科目で適正に処理されたか。	適正
Ⅲ．株主資本等変動計算書	
1. 様式、表示内容は法令に準拠しているか。	適正
2. 貸借対照表等の前期・当期残高と合致しているか。	合致している
Ⅳ．個別注記表	
1. 重要な会計方針に係る事項に関する注記 必要な記載事項は記載されていた。	適正
2. 株主資本等変動計算書に関する注記（発行済株式数の記載） ＊記載すべき項目について、漏れなく記載されていた。	適正
Ⅴ．計算書類附属明細書	
1. 有形固定資産および無形固定資産の明細	
附属明細書の数値は貸借対照表、損益計算書、事業報告および株主資本等変動計算書の数値、その他決算数値と合致しているか。	合致している
2. 引当金の明細	
附属明細書の数値は貸借対照表、損益計算書、事業報告および株主資本等変動計算書の数値、その他決算数値と合致しているか。	合致している
3. 販売費および一般管理費の明細	
附属明細書の数値は貸借対照表、損益計算書、事業報告および株主資本等変動計算書の数値、その他決算数値と合致しているか。	合致している

● 作成日　　××××年××月××日
● 監査意見
会社の財産および損益の状況をすべての重要な点において適正に表示しているものと認める。
● 担当監査役
常勤監査役　○○　○○　　印

第××期　事業報告等チェックリスト（上場会社事例）

××××年××月××日

施行規則条文	項	号	条文内容	記載の確認
【事業報告の内容】				
第 118 条		1 号	当該株式会社の状況に関する重要な事項	—
		2 号	会社法 348 号 3 項 4 号等に規定の体制の整備に関する決定内容の概要及び当該体制の運用状況の概要（内部統制システム）	○
		3 号	当該株式会社の財務及び事業の方針の決定を支配する者の在り方に関する基本方針	—
		4 号	当該株式会社（完全親会社等があるものを除く）のある完全子会社等の株式の帳簿価額が当該株式会社の貸借対照表の資産の部に計上した額の合計額の 1/5 を超える場合における当該ある子会社がある場合、名称、住所、株式の帳簿価額の合計額、貸借対照表の資産の部に計上した額の合計額	-
		5 号	当該株式会社とその親会社との間の取引であって、当該株式会社の個別注記表において会社計算規則 112 条 1 項に規定する注記を要するものがあるときは、 イ）当該取引をするにあたり当該株式会社の利益を害さないように留意した事項 ロ）当該取引が当該株式会社の利益を害さないかについて当該株式会社の取締役（取締役会）の判断及びその理由 ハ）社外取締役を置く株式会社において、ロの取締役の判断が社外取締役の意見と異なる場合にはその意見	-
【公開会社の特則】				
第 119 条		1 号	株式会社の現況に関する事項	○
		2 号	株式会社の会社役員に関する事項	△
		2 号 2	株式会社の役員等賠償責任保険契約に関する事項	*
		3 号	株式会社の株式に関する事項	○
		4 号	株式会社の新株予約権等に関する事項	—
【株式会社の現況に関する事項】				
第 120 条			第 119 条 1 号に規定の「株式会社の現況に関する事項」とは	
		1 号	当該事業年度の末日における主要な事業内容	○
		2 号	当該事業年度の末日における主要な営業所・工場及び使用人の状況	○
		3 号	当該事業年度の末日において主要な借入先があるときは、その借入先及び借入額	○
		4 号	当該事業年度における事業の経過及び成果	○
		5 号	当該事業年度における次に掲げる事項についての状況 イ）資金調達　　ロ）設備投資　　ハ）事業の譲渡等　　ニ）他の会社の事業の譲受　　ホ）吸収合併等 へ）他の会社の株式その他の持分又は新株予約権の取得又は処分	○
		6 号	直前 3 事業年度の財産及び損益の状況	○
		7 号	重要な親会社及び子会社の状況（当該親会社と当該株式会社との間に当該株式会社の重要な財務及び事業の方針に関する契約等が存在する場合にはその内容の概要を含む。）	△（*）
		8 号	対処すべき課題	△
		9 号	前各号に掲げるもののほか、当該株式会社の現況に関する重要な事項	○
	2		連結計算書類を作成している場合は、前項各号は企業集団の現況に関する事項とすることができる	○
	3		省略	
【株式会社の会社役員に関する事項】				
第 121 条			第 119 条 2 号に規定する「株式会社の役員に関する事項」とは	
		1 号	会社役員の氏名	○
		2 号	会社役員の地位及び担当	○
		3 号	会社役員と当該株式会社との間で責任限定契約（会社法 427 条 1 項）契約をしているときは、当該契約の内容の概要	○
		3 号 2	会社役員と当該株式会社との間で補償契約を締結しているときは、①当該会社役員の氏名　②当該補償契約の内容の概要	*
		3 号 3	当該株式会社が会社役員に対して補償契約に基づき費用を補償した場合において、当該株式会社が、当該事業年度において当該会社役員が職務の執行に関し法令の規定に違反したこと又は責任を負うことを知ったときは、その旨	*
		3 号 4	当該株式会社が会社役員に対して補償契約に基づき損失を補償したときは、その旨及び補償した金額	*
		4 号	会社役員の報酬について区分（略）に応じて記載	○
		5 号	当該事業年度において受け、又は受ける見込みの額が明らかとなった役員の報酬等について前号の区分に応じて記載	○
		5 号 2	会社役員の報酬等の全部又は一部が業績連動報酬等である場合には、当該業績連動報酬の額その他本号で定める事項（略）	*
		5 号 3	会社役員の報酬等の全部又は一部が非金銭報酬等である場合には、当該非金銭報酬等の内容	*
		5 号 4	会社役員の報酬等についての定款の定め又は株主総会の決議による定めに関する事項（当該定めの内容の概要他）	*
		6 号	取締役の個人別の報酬等の内容についての決定の方針について　イ）方針の決定の方法、ロ）方針の内容の概要 ハ）当該事業年度に係る取締役（監査等委員である取締役を除く）の個人別の報酬等の内容が当該方針に沿うものであると取締役会が判断した理由	*
		6 号 2	各会社役員の報酬等の額又はその算定方法に係わる決定に関する方針を定めているときは、方針の決定の方法等	—
		6 号 3	取締役会（指名委員会等設置会社を除く）から委任を受けた取締役等が当該事業年度に係る取締役の個人別の報酬等の内容の全部又は一部を決定したときは、その旨並びに当該委任を受けた者の氏名、地位、委任された権限の内容、権限が適切に行使されるための措置の内容等	*
		7 号	辞任等した会社役員があるときには、氏名、意見の内容、理由	—
		8 号	当該事業年度に係わる会社役員の重要な兼職の状況	—
		9 号	監査役（監査等委員、監査委員）が財務及び会計に関する相当程度の知見を有しているものであるときは、その事実	○
		10 号	監査等委員会（指名委員会等）設置会社である場合、常勤の監査等委員（監査委員）の選定の有無及びその理由	-
		11 号	その他役員に関する重要な事項	
【株式会社の役員等賠償責任保険契約に関する事項】				
第 121 条の 2			第 119 条第 2 号の 2 に規定する「株式会社の役員等賠償責任保険契約に関する事項」とは	
		1 号	当該役員等賠償責任保険契約の被保険者の範囲	*
		2 号	当該役員等賠償責任保険契約の内容の概要	*

B19 事業報告等チェックリスト（上場会社事例）

【株式会社の株式に関する事項】				
第122条			第119条3号に規定する「株式会社の株式に関する事項」とは	
		1号	当該事業年度の末日において上位10名の株主の氏名等、所有株式数、所有割合	○
		2号	当該事業年度中に会社役員に対して職務の執行の対価として当該株式会社が交付した当該株式会社の株式があるときは、次に掲げる者の区分（取締役（執行役を含む）・社外取締役・監査等委員である取締役・取締役以外の役員）ごとの株式の数及び株式を有する者の人数	＊
		3号	その他株式に関する重要な事項	—
【新株予約権等に関する事項】				
第123条			新株予約権等に関する事項（詳細略）	—
【社外役員等に関する特則】				
第124条	1	1号	社外役員が他の会社における他の会社等の業務執行者であることが第128条8号の重要な兼職に該当する場合、会社と他の法人等との関係	○
		2号	社外役員が他の法人等の社外役員等を兼任し重要な兼職に該当する場合、他の法人等との関係	○
		3号	社外役員が次に掲げる者の配偶者、三親等以内の親族その他これに準ずる者であることを当該株式会社が知っているときは、その事実。（重要でないものを除く）イ）当該株式会社の親会社等　ロ）当該株式会社又は当該株式会社の特定関係事業者の業務執行者又は役員	—
		4号	各社外役員の当該事業年度における主な活動状況 イ）取締役会への出席状況、社外監査役の監査役会（監査等委員の監査等委員会、監査委員の監査委員会）への出席状況 ロ）取締役会における発言状況 ハ）当該社外役員の意見により事業の方針又は事業その他の事項に係る決定が変更されたときは、その内容（重要でないものは除く） ニ）法令又は定款に違反する重要な事実その他不当な業務執行が行われた事実があるときはその概要 ホ）当該社外役員が社外取締役であるときは、当該社外役員が果たすことが期待される役割に関して行った職務の概要	○ ＊
		5号	社外役員の当該事業年度に係る報酬等について区分に応じ記載	該当なし
		6号	当該事業年度において受け、又は受ける見込みの額が明らかとなった社外役員の報酬等について区分に応じ記載	○
		7号	社外役員が次のイ又はロに掲げる場合の区分に応じ、当該イ又はロに定めるものから役員として報酬を受けているときは、当該報酬の総額 イ）親会社等がある場合：親会社等又は親会社等の子会社等（当該株式会社を除く） ロ）親会社がない場合：当該株式会社の子会社	イを採用
		8号	前各号に掲げる事項の内容に対する意見があるときは、その意見の内容	○
【会計監査人設置会社における事業内容の報告】				
第126条		1号	会計監査人の氏名又は名称	○
		2号	当該事業年度における会計監査人の報酬等の額及び報酬等について監査役（会）（監査等委員会、監査委員会）が会社法399条1項の同意をした理由。	○
		3号	非監査業務の対価を払っているときはその内容	—
		4号	会計監査人の解任又は不再任の決定の方針	○
		5号	会計監査人が現に業務の停止の処分を受け、その停止の期間を経過しない者であるときは、当該処分に係る事項	○
		6号	会計監査人が過去2年間に業務の停止の処分を受けた者である場合における当該処分に係る事項のうち、当該株式会社が事業報告の内容とすることが適切であるものと判断した事項	—
		7号	責任限定契約があるときは、その内容の概要	—
		7号2	補償契約を締結しているときは、補償契約の内容の概要	＊
		7号3	補償契約に基づき補償をした場合において、会計監査人が職務の執行に関し法令の規定に違反したこと又は責任を負うことを知ったときはその旨	＊
		7号4	会計監査人に対して補償契約に基づき損失を補償したときは、その旨及び補償した金額	＊
		8号	株式会社が大会社であるときは次に掲げる事項 イ）当該株式会社、子会社が会計監査人に支払うべき金銭その他の財産上の利益の合計額 ロ）当該株式会社の会計監査人以外の監査法人等が子会社の監査をしているときは、その事実	—
		9号	当該事業年度中に辞任した会計監査人があるときは次に掲げる事項　イ）氏名又は名称　ロ）理由　ハ）意見	—
		10号	略	—
【事業報告の附属明細書】				
第128条		1号	事業報告の附属明細書は、事業報告の内容を補足する重要な事項をその内容とするものでなければならない	○
		2号	他の会社の業務執行取締役、業務を執行する社員又は法598条1項の職務を行うべきものを兼ねる会社役員の兼職の状況の明細	—
		3号	当該株式会社とその親会社との間の取引であって、当該株式会社の個別注記表において会社計算規則112条1項に規定する注記を要するものがあるときは、当該取引に係わる118条5号イからハまでに掲げる事項	-

注1）本チェックリストは、2021年3月1日から施行される改正会社法施行規則に基づくものです。
本規定は、原則として施行日以後にその末日が到来する事業年度の事業報告から適用されます。
会社法施行規則の改正に伴い、新たに適用される項目については、「記載の確認」欄に＊印を記入しました。

注2）役員等賠償責任保険契約に関する事項（施規119条2号2）、補償契約に関する事項（施規121条3号2~4）については、施行日後に締結された役員等賠償責任保険契約及び補償契約に適用されます。（改正省令附則2⑩）

（非公開、会計監査人非設置会社）

××××年××月××日

事業報告　監査調書（非上場会社事例）

対象期間：第××期事業年度（××××年4月1日～××××年3月31日）

Ⅰ．必須項目（公開・非公開共通）　（施行規則118条）　○は適正

		（記載の状況）
1	会社の状況に関する重要な事項	○
2	内部統制システム構築の基本方針についての決定又は決議があるときはその決定又は決議の内容の概要及び当該体制の運用状況の概要	○
3	財務及び事業の方針の決定を支配する者の在り方に関する基本方針の内容の概要他	該当なし
4	特定完全子会社に関する事項	該当なし
5	親会社等との取引で個別注記表に注記を要するものがあるときの記載事項	該当なし

Ⅱ．株式会社が公開会社である場合の記載事項　（非公開会社は任意）　○は適正

［株式会社の現況に関する事項］　（施行規則120条）

		（記載の状況）
1	事業年度末日における主要な事業内容	○
2	事業年度末日における主要な営業所、工場、従業員の状況	○
3	事業年度末日における主要な借入先、借入額	該当なし
4	事業の経過及びその成果	○
5	次に掲げる事項についての状況（重要なもの）	
	①資金調達	該当なし
	②設備投資	○
	③事業の譲渡、吸収分割、又は新設分割	該当なし
	④他の会社の事業の譲り受け	該当なし
	⑤吸収合併又は吸収分割による他の法人等の事業に関する権利義務の承継	該当なし
	⑥他の会社の株式その他の持分又は新株予約権の取得又は処分	該当なし
6	直前3事業年度の財産及び損益の状況	○
7	重要な親会社及び子会社の状況	○
8	対処すべき課題	○
9	その他株式会社の現況に関する重要な事項	該当なし

［会社役員に関する事項］　（施行規則121条）

1	会社役員の氏名	○
2	会社役員の地位及び担当	○
3	会社役員と責任限定契約を締結している場合はその内容の概要	○
3-2	会社役員と補償契約を締結しているときはその内容の概要	*
3-3	補償契約に基づき費用を補償した場合において、法令の規定に違反したことを知ったときは、その旨	*
3-4	補償契約に基づき損失を補償したときは、その旨及び補償した金額	*
4	当該事業年度に係る会社役員の報酬等について、下記に定める事項	—
	イ　会社役員の全部につき取締役、監査役ごとの報酬等の総額を掲げることとする場合……上記区分ごとの報酬の総額及び員数	—
	ロ　会社役員の全部につき当該会社役員ごとの報酬等の額を掲げることとする場合……当該会社役員ごとの報酬等の額	—
	ハ　会社役員の一部につき当該会社役員ごとの報酬等の額を掲げることとする場合……当該会社役員ごとの報酬等の額並びにその他の会社役員についての取締役、監査役ごとの報酬等の総額及び員数	—
5	当該事業年度において受け、又は受ける見込みの額が明らかとなった会社役員の報酬等（業績連動型報酬等に関する規定（5号2～4は省略）	—
6	取締役（監査等委員である取締役を除く）の個人別の報酬等の内容の決定についての方針、報酬等の額の算定方針の決定の方法、その他121条6号の1～3に定める事項	*
7	辞任した会社役員又は解任された会社役員ががあるときは、その役員の氏名、意見の内容、理由等	該当なし
8	当該事業年度に係る会社役員の重要な兼職の状況	○
9	監査役（監査等委員、監査委員）が財務及び会計に関する相当程度の知見を有しているものであるときは、その事実	○
10	監査（等）委員会設置会社である場合、常勤の監査（等）委員の選定の有無及びその理由	該当なし
11	その他役員に関する重要な事項	該当なし

B20 事業報告監査調書（非上場会社事例）

[役員等賠償責任保険契約に関する事項]　　(施行規則121条の2)

1	当該役員等賠償保険契約の被保険者の範囲	*
2	当該役員等賠償保険契約の内容の概要	*

[株式に関する事項]　　(施行規則122条)

1	事業年度の末日における発行済株式の上位10名の株主の氏名又は名称、当該株主の有する株式の数及び保有割合	○
2	その他株式に関する重要な事項	○

[新株予約権に関する事項]　　(施行規則123条)

1	事業年度末日において会社役員が新発予約権等を有しているときは、その会社役員の区分ごとの新株予約権の内容の概要、有するものの人数等	—
2	当該事業年度中に使用人等に交付した新株予約権があるときは、その区分ごとの新株予約権等の内容の概要、人数等	該当なし

[社外役員を設けた場合の特則]　　(施行規則124条)

1	社外役員が他の法人等の業務執行者であることが、重要な兼職に該当する場合は、当該会社と当該他の法人等との関係	○
2	社外役員が他の法人等の社外役員を兼任していることが重要な兼職に該当する場合は、当該会社と当該他の法人等との関係	該当なし
3	社外役員が次に掲げる者の配偶者、三親等以内の親族その他これに準ずるものであることを会社が知っているときは、その事実	該当なし
	イ　当該株式会社の親会社等	
	ロ　当該株式会社又は当該株式会社の特定関係事業者の業務執行者又は役員	
4	社外役員の主な活動状況（取締役会・監査役会等への出席状況、取締役会における発言の状況などを含む）	○
5	社外役員の報酬（方法は3択）	—
6	当該事業年度において受け、又は受ける見込みの額が明らかとなった社外役員の報酬等について前号の区分に応じて記載	該当なし
7	社外役員が当社の親会社又はその子会社役員報酬を受けている場合はその総額	該当なし
8	上記に関して社外役員の意見があるときは、その意見の内容	該当なし

Ⅲ．事業報告の附属明細書　　○は適正

[事業報告の内容を補足する重要な事項]　　(施行規則128条)

		(記載の状況)
1	他の会社の取締役等を兼ねる役員についての重要な兼職の状況の明細	○
2	親会社等との取引で個別注記表に注記を要するものがあるときの記載事項 (会計監査人設置会社以外で事業報告への記載を省略できる場合)	該当なし

Ⅳ．講　評　　記載すべき項目は漏れなく記載されており、適正と判断する。

以　上

(注1) 本チェックリストは、2021年3月1日から施行される改正会社法施行規則に基づくものです。
本規定は、原則として施行日以後にその末日が到来する事業年度の事業報告から適用されます。
この改正により、新たに適用される項目については、「記載の状況」欄に*印を記入しました。
(注2) 役員等賠償責任保険契約に関する事項（施規119条2号2・121条の2)、補償契約に関する事項（施規121条3号2～4）については、施行日後に締結された役員等賠償責任保険契約及び補償契約に適用されます。(改正省令附則2⑩)

第××期事業年度　競業・利益相反・無償の利益供与　監査調書

監査項目	監査結果
1. 競業・利益相反取引（会356）	
①　取締役の競業取引は法令・定款に基づき行われているか	・取締役において競業取引はない。
・取締役が会社の事業の部類に属する取引をしていないか	
・上記がある場合、取締役会の承認を受けているか、事後報告はなされているか	
②　利益相反取引は法令・定款に基づき行われているか	・取締役会の承認を受け実施、取引条件も公正価格による。
・取締役（取締役の会社）と会社との取引はないか	
・取締役と会社間で資金、土地等の貸借関係はないか	・該当なし
・取締役個人（取締役の会社）の銀行借入に対する保証・担保の提供はないか	・該当なし
2. 無償の利益供与（会120）	
・会社が無償でした財産上の利益の供与（反対給付が著しく少ない財産上の利益供与を含む）につき取締役の法令・定款違反はないか	・該当なし
・購読者が限られた出版物に多額の広告料を支払っていないか	・該当なし
・不要な物品購入やサービス等に対してアンバランスな対価を支払う取引はないか	・該当なし
・寄附金、広告宣伝費、交際費、会議費、図書費、雑費等で非通例的なものはないか	・該当なし
3. 通例的でない取引	
・通例的でない取引が内部統制上チェックできる体制になっているか	・職務権限規程等の社内規程の適正な運用
・期末の大量取引、事業に重大な結果をもたらすものはないか	・該当なし
・無利息、低利の融資、無担保・担保不足融資、返済期限のない融資はないか	・該当なし
・無担保、担保不足の債務保証はないか	・該当なし
・通常の割合を超える値引きはないか	・×％を超える値引きについては都度申請、承認
4. 株主等との非通例的取引	
・会社がした株主との通例的でない取引につき、取締役の法令・定款違反はないか	・該当なし
・株主との間の独占的な契約はないか	
5. 自己株式の取得、消却等の手続き	
・自己株式の取得および処分等の手続きにつき取締役の法令・定款違反はないか	・該当なし

監査の方法及び結果

1. 監査の方法と経過
　①　取締役会等に出席して監査を実施した
　　・取締役において競業取引はない。
　　・利益相反取引については、発生の都度取締役会の承認を受け実施している。
　　　取引条件も公正価格に基づいている。
　②　稟議書等の決裁書類の閲覧を行ったが特に問題となる取引はなかった
　　・×％を超える値引きや定価の定めのない取引については、稟議書等で申請し、承認されている。
　　・交際費その他の経費についても特に高額なもの、異常なものはなかった。
　③　取締役職務執行確認書の受領
　　取締役全員から受領した。
　　この中で競業取引、利益相反取引、無償の利益供与、通例的でない取引等の有無を確認した。
2. 監査の結果
　本件に関し、違反行為等はなく適法であると判断する。

××××年××月××日
常勤監査役　○○　○○

内部統制チェックリスト（会社法）　××期

【Ⅰ】内部統制システム構築の基本方針の監査チェックリスト

1. 取締役および使用人の職務の執行が法令および定款に適合することを確保するための体制

着眼点	回答	根拠・メモ事項
①法令等遵守を経営の最重要課題と位置づけているか		
②企業の倫理方針や行動綱領、法令等遵守の基本方針や遵守基準等を制定しているか	○	制定している
③法令遵守を実現するための具体的な手引書（コンプライアンス・マニュアル）を作成しているか。自社の事業活動、経営環境、組織風土等を勘案して抵触・違反する危険性のある法令等の条項を内容に盛り込んでいるか	○	重要なリスクについて盛り込まれている。またコンプライアンス研修が行われている
④法令等遵守のための組織の設置と職務分掌が制定され、必要な権限が付与されているか	○	法務部門は設置されている
⑤法令等遵守を実現するための具体的な実践計画（コンプライアンス・プログラム）を策定しているか。定期的にレビューする仕組みが組み込まれているか。また、法令等遵守の状況に関する取締役会への報告事項が明確になっているか	○	重要度の高いものについては取締役会に報告している。

2. 取締役の職務執行に係る情報の保存および管理に関する体制

着眼点	回答	根拠・メモ事項
①情報の保存・管理に関する規程が制定されているか。以下の点が定められているか a）保存・管理の対象とすべき情報が、明確化されているか b）情報の保存期間および管理方法が定められているか。セキュリティ・ポリシー（情報セキュリティ関する基本方針）が制定されているか c）情報の保存・管理のための組織が定められているか。必要な権限が付与されているか d）情報の漏洩、滅失、紛失時の対応方法が定められているか	○	セキュリティポリシーが制定されている。
②取締役の意思決定を支援する以下の体制が構築されているか a）重要な会議への付議基準や報告基準が適切なものとなっているか。計画であり、恣意的な解釈の余地のないものとなっているか b）取締役の重要な意思決定を法務的な側面から支援する部門の設置、あるいは担当者の配置がなされているか c）重要な会議の付議資料や重要な決裁書類について、案件類型毎に必要記載事項が標準化されているか	○	・取締役会・○○会議事務局として、法務部門・○○室が対応している ・案件については弁護士等の意見をもらっている ・重要会議で利用される付議資料のフォーマットは標準化されている

3. 損失の危機管理に関する規程その他の体制

着眼点	回答	根拠・メモ事項
①リスク管理を経営の最重要課題と位置づけているか	○	最重要課題としている
②以下の経営環境の変化への対応力を備えたリスク管理になっているか a）経済環境・金融環境の変化 b）通信手段の変貌 c）技術革新 d）企業のグローバル化 e）産業構造の変化 f）安全性・環境に対する社会的価値観の変化 g）法的規制の変化　など	○	
③企業戦略と整合性が取れたリスク管理になっているか a）どのリスクをどの程度取り、どの程度の収益を目標とするのかといった戦略目標が定められているか b）各部門の戦略目標は、収益確保を優先するあまり、リスク管理を軽視したものとなっていないか c）リスク管理を重視しリスクの最小化を目指すあまり、必要なリスクテイク（リスク負担）を取り得ないものとなっていないか	○	・企業戦略を決定している ・リスクを軽視するものにはなっていない
④リスク管理に関する以下の規程が定められているか a）各種リスクに応じて管理規程が作成されているか b）各種リスクに関する測定・モニタリング・管理方法について、規程のなかで規定されているか	○	リスク管理委員会により必要とされる管理状況について討議している。
⑤以下のようなリスク管理組織の設置と職務分掌が制定され、必要な権限が付与されているか a）各種リスクを管理するリスク管理部門 b）リスク管理全体を統括・管理する部門	○	
⑥リスク管理を有効にするための具体的なリスク管理計画を策定しているか。また、定期的にレビューする仕組みが組み込まれているか	○	取締役会に報告している
⑦リスク管理に関する取締役会への報告事項が明確になっているか	○	
⑧内部監査部門によるリスク管理体制の有効性のチェックがなされる仕組みになっているか	○	

4. 取締役の職務の執行が効率的に行われることを確保するための体制

着眼点	回答	根拠・メモ事項
①自社の経営計画および各部門の業務計画等において、戦略目標を達成するうえで必要な資本・資金、要員等の経営資源は効率的に配分されているか。著しく非効率的な資源配分となっていないか	○	取締役会に十分な説明がなされている
②取締役の職務分担、各部門の職務分掌・権限の付与は、職務の執行の効率性を確保するものとなっているか。著しく非効率的なものとなっていないか 例）間接部門の肥大化、管理部門の重複、権限の錯綜等	○	重要会議で利用される付議資料のフォーマットは標準化されている
③自社の経営計画および各部門の業務計画等は、著しく過剰な管理水準や品質水準を求める内容となっていないか	○	
④赤字部門の業務継続に関し、適切な対策が講じられているか。合理的な理由もなく放置されていないか	○	経営方針を決議していて、適切な対策は講じている
⑤経営計画および各部門の業務計画等は、進捗状況および施策の実施状況を定期的にレビューする仕組みとなっているか	○	取締役会報告 ○○状況報告
⑥取締役会決議その他において行われる取締役の意思決定に関して、以下に定める事項が遵守されるプロセス・体制が整備されているか a）事実認識に重要、かつ不注意な誤りが生じないこと b）合理的な意思決定過程を経ること c）意思決定内容が法令または定款に違反しないこと d）意思決定内容が通常の企業経営者からして明らかに不合理とならないこと e）意思決定が会社の利益を第一に考えてなされること	○	取締役会・○○会議における経営5原則に従った意思決定が行われているかを確認している

5. 企業集団における業務の適正性を確保するための体制

着眼点	回答	根拠・メモ事項
①企業集団において、内部統制システムを整備すべき会社がすべて網羅されているか。重要な位置を占める会社、リスク（固有リスクおよび内部統制リスク）の大きな会社が除外されていないか	○	重要な子会社が増加　内部統制リスク整備を重視している

②子会社が大会社である場合に、会社法および会社法施行規則により当該企業の取締役会が決議すべき事項のすべてが決議されているか。子会社において整備されている内部統制システムが、企業集団全体の内部統制システムの状況および企業経営の健全性確保と効率性向上の要請に照らして、過不足なく必要、かつ最適なものとなっているか	—	
③親会社において、企業集団に属する会社の内部統制システムの構築・整備・運用を指導、管理、監視する以下のような仕組みが講じられているか a）企業集団に属する会社が整備すべき内部統制システムに関する基準が定められているか b）事業の特性および規模等に照らして、重要な子会社との間で法令遵守およびリスク管理に向けた適切な体制が整備されているか c）企業集団に属する会社が、内部統制システムを整備するに際して参考となるモデル（規程、マニュアル、組織等）が作られているか d）企業集団に属する会社の内部統制システムの構築・整備・運用を指導、管理、監視する部署が明確になっているか。その部署は必要な陣容を備え、必要な権限が付与されているか	○	子会社体制整備は行われている

6. 監査役の監査が実効的に行われることを確保するための体制

着眼点	回答	根拠・メモ事項
①監査役監査の環境整備に関して、監査役が要求した事項に留意した内容となっているか	○	
②監査役監査の環境整備の重要性および必要性を軽視した内容となっていないか	○	環境整備の重要性・必要性を確認している

【Ⅱ】内部統制システムに関する監査チェックリスト

1. 統制環境の観点から問題はないか

着眼点	回答	根拠・メモ事項
①経営トップのあり方は適切で明確か 経営トップは、内部統制システム整備の重要性を認識しているか 経営トップは、リスクを適切に認識しているか 経営トップは、内部統制システム整備の重要性を、経営方針や基本規程等のなかで明確に示しているか 経営トップは、組織の内外、業務執行の中で自らの言動を通じて、内部統制システム整備の重要性を強調しているか	○	認識している

②経営管理組織のあり方について、経営方針等を組織内に周知徹底し、業務に対するコントロールの基本的な仕組みが構築されているか	○	経営方針をもとに組織をコントロールしている

2. リスク評価の観点から問題はないか

着眼点	回答	根拠・メモ事項
①企業経営において予見されるリスクを的確に識別・分析・評価しているか	○	○○会議・取締役会での議案については重要リスク想定をしている
②予見されるリスクへの対応方法・管理手法が講じられているか	○	

重要なリスク（利益供与・贈収賄・当局への報告義務違反・特別背任・利益相反取引・業務上横領・インサイダー取引違反・業法違反）

3. コントロール（統制）活動の観点から問題はないか

着眼点	回答	根拠・メモ事項
①企業構成員が各体制に関する職務執行（リスク対応・管理を含む）を適切に行うために準拠すべき方針、規程、手続、マニュアル等が制定されているか。その内容は、合理的・現実的で、相互牽制機能が内在したものとなっているか	○	相互牽制機能を含めたマニュアルが制定されている
②各体制に関する職務を主体的・統括的に行う部署が明確になっているか。その部署は職務目的を達成するために必要な陣容、専門性、権限を具備しているか。適切な職責の分離はなされているか	○	専門性が不足した部分は業務委託等を利用して適切な事業展開をしている
③各体制が有効に機能するための実践計画が策定さているか。定期的にレビューされる仕組みが構築されているか	○	各部門の計画のもと、職務が行われているか状況報告している
④企業構成員が各体制に関する職務執行（リスク対応・管理を含む）を適切に行えるように、適切な研修計画・体制が講じられているか	○	コンプライアンス研修など、体制が講じられている
⑤危機的な事象が発生した場合のコンティンジェンシープラン（緊急時対応計画）が策定されているか。その内容は合理的・現実的なものとなっているか	○	BCP プランについては期ごとに策定

4. 情報と伝達の観点から問題はないか

着眼点	回答	根拠・メモ事項
①各体制が有効に機能するために必要な情報システムが構築されているか	○	
②企業構成員が各体制に関する職務執行を恒常的に適切に行えるように、必要な情報が適時・的確に伝達される仕組みが講じられているか	○	会社全体が必要な情報について○○を利用して伝達が行われている

着眼点	回答	根拠・メモ事項
③各体制の統括部署が、経営トップに対して各体制の執行・管理状況、リスクの状況等を定例的に報告する仕組みが構築されているか	○	取締役会に定期的に報告をしている
④経営トップや各体制の統括部署に対し、経営管理上重要な情報、経営に重要な影響を与える情報、各体制の目的に反するような事象の発生情報が、適時・的確に報告される仕組みが講じられているか	○	同上

5. モニタリング（監視）活動の観点から問題はないか

着眼点	回答	根拠・メモ事項
①各体制の実施状況を、各業務部門において日常的に点検・監視し、不備な点があれば、自律的に改善する仕組みが講じられているか	△	一部理解を深めており、改善する仕組みとなりつつある
②内部監査部門は設置されているか	○	設置されている
③内部監査部門の独立性は確保されているか	○	内部監査室は取締役会直下 独立性を確保されている
④内部監査部門に必要な権限（特に情報入手権限）は付与されているか。また、責任の範囲は明確になっているか	○	情報入手権限は付与されている 取締役会にて計画・監査報告を承認。監査役会にも定例報告している
⑤内部監査部門の陣容は、専門性および員数の点で不足はないか	○	部門が増加することを想定して体制を強化している
⑥内部監査基本規程は制定されているか。その内容は適切か	○	
⑦内部監査計画の基本事項を取締役会で承認する仕組みになっているか。基本事項の中に、内部統制システムの有効性のチェックが含まれているか	○	
⑧内部監査結果等を取締役会に報告する仕組みになっているか	○	取締役会付議
⑨内部監査が発見・指摘した問題点が是正される仕組みになっているか	○	

【コメント】
・今後もコンプライアンス教育を十分に行っていただきたい。

財務報告に係る内部統制チェックリスト　××期

ポイントチェック（会計監査人・経営者に聴取）	対応	根拠
①経営者が金商法の内部統制を適正に構築し運用しているか		
a）取締役会で計画・方針等について適切に審議し決定しているか	✓	取締役会議事録　承認済
b）全社的な内部統制、対象子会社及び業務プロセスの範囲、経営者が行うべき評価や年間スケジュール等について監査人との事前協議は済んでいるか	✓	内部統制委員会議事録（データ） 監査人とのMTG
c）構築・運用に遅れや問題はないか。全社評価の42項目は対応済みか。3点セットの整備状況はどうか。ウォークスルー（監査人の監査の事前整備テスト）の結果はどうか	✓	内部統制委員会データ
d）報告された不備は適切に対応されているか	✓	取締役会議事録　不備なし
e）構築・運用状況等について取締役会に定期的に報告しているか	✓	取締役会議事録　報告済
②経営者は、財務報告に係る内部統制の有効性を自ら適切に評価し、その結果を適正に内部統制報告書に記載しているか	✓	内部統制報告書・EDINET 確認済
③監査人の監査の方法と結果は相当か。内部統制監査報告書は適正か		
a）会社法内部統制とは別立てで基本方針を作成したか（①質問と同じ）	✓	内部統制委員会議事録（データ）
b）会計監査人の監査報酬は監査役・監査役会が同意したか	✓	監査役会議事録　承認同意済
c）監査役の有する機能が統制環境の1つとされ、監査人による内部統制監査を受けたか ①監査役の責任が記載された規定が存在しているか ②監査役会の開催実績の記録や議事録が存在しているか ③監査役は、経営者を適切に監督・監視する責任を理解したうえで、それを適切に実行しているか ④監査役は内部監査人と適切な連係を図っているか	 ✓ ✓ ✓ ✓	 監査役会規程・監査役監査基準 監査役会議事録 監査役会議事録・日常監査メモ 定期的な会合他随時・議事録（データ）
Q4　会計監査人は内部統制監査の過程で、監査役会の議事録の閲覧を要請しているか（ただし妥当性監査にはおよばない）	✓	閲覧している
Q5　今年度の内部統制評価（監査役向け） 1）監査役会のメンバーには、金融商品取引法、会社法に精通した監査役が含まれているか	 ✓	 1）株主総会議事録にある監査役選任議案より、現監査役の経歴を確認

ポイントチェック（会計監査人・経営者に聴取）	対応	根拠
2）常勤監査役により、取締役社長、本部長等へのモニタリングは適切に行われているか	✓	2）代表取締役とのMTG議事録・監査活動一覧・グループ共有会・各本部長等とのMTG・経営会議
3）監査役は倫理規定違反、利益相反取引等についてモニタリングしているか	✓	3）取締役の職務執行確認書・日常監査メモ
4）監査役は取締役会、経営会議等の重要な会議に参加し、随時部門担当者にヒアリングを行っているか	✓	4）経営会議議事録確認・必要に応じて担当者等にヒアリングを行っている
5）規定上、取締役社長と会社の対処すべき課題、監査や上の重要課題等について定期的に会合をもつ旨が明記されており、それに従い報告がなされているか	✓	5）代表取締役とのMTG議事録・日常監査メモ
6）監査役は監査の発見事項があれば取締役会で報告し、かつ適切な対応がとらえているか、フォローアップしているか	✓	6）日常監査メモ
7）監査役は、会計監査人を含めた三様監査を行い、財務報告の合理性や内部統制に係る重要な問題点について議論しているか	✓	7）会計監査人とのMTG議事録・日常監査メモ
8）内部通報の仕組みなど、通常の報告経路から独立した伝達経路が利用されているか	✓	8）仕組あり、通報先となっている 日常監査メモ

3点セット：業務フロー・業務記述書・リスクコントロールマトリックス

ウォークスルー：監査人の監査の前に、経営者として内部統制がきちんと整備できているかを確認するため、一定の手順に従って行う事前チェックを行い成果物の内容を報告する

○○社長殿

××××年××月××日
常勤監査役　○○　○○

第××期　内部統制監査実施結果

日本監査役協会作成の内部統制システムの監査の実施基準に沿って監査を実施した。

内部統制システムに関する取締役の職務の執行は全体として、適正と判断するが、個別の項目については課題もあり、監査の結果の概要と要望事項等を下記にて取りまとめた。

1. 法令等遵守体制

取締役等は会社経営において、法令等遵守やそのための体制整備が必要不可欠であるとの認識をもっており、このための基本方針や規程等は整備されている。また、内部統制も機能しており、良好と判断する。

〈要望事項等〉

(1) コンプライアンス教育の定期的な実施

(2) 法務リスクへの対応力強化

2. 損失危険（リスク）管理体制

定期的（1回／月）にリスク管理委員会を開催し、リスクへの対応状況の確認、新たなリスクの発生の有無、リスク管理表の定期的更新等を実施してきた。

年度末に脆弱性診断を実施し、指摘事項についてはすべて対策を行った。

〈要望事項、課題〉

(1) 情報セキュリティは最も重要度の高いリスクであり、今後も手を抜くことなく管理体制を強化していく必要がある。

3. 情報保存管理体制

法定備置書類等保存状況は良好。

議事録等については、PDFでも保存され、必要により閲覧できる。

〈要望事項等〉

社内規程の必要に応じた見直し、会社の重要な書類・資料等の管理や開示区分等については、継続的な努力が必要なので、手を抜くことなくお願いしたい。

4. 効率性確保体制

効率性確保体制の重要なテーマとして、経営戦略の策定、経営資源の配分、組織の構築、業績管理体制の整備等があげられている。

こうしたなかで、過度の効率性追求により会社の健全性が損なわれることはなかった。

また、重要な意思決定は、職務権限規程に基づき決裁されていた。

5. 財務報告内部統制

四半期ごとおよび期末の監査により、計算書類がすべての重要な点において、適正であることを確認した。

また、財務部門の体制や専門性の確保、期間損益計算の適正性への配慮等についても良好であった。

内部監査部門の監査の結果も有効とされた。

以　上

第××回定時株主総会監査結果報告

調査テーマ	第××回定時株主総会（×××／×）終了後監査

実施日：××／×／×　午後4時00分～5時00分　本社×階会議室　法務：○○氏、担当：○○　常勤監査役

常勤監査役	○○○○　㊞

【根拠条文略号】定：定款、会：会社法、施：会社法施行規則、商登：商業登記法、商登規：商業登記規則、金商：金融商品取引法

監査項目	確認事項	根拠条文	確認結果	確認方法	監査結果所見
1. 取締役会開催	・株主総会終了後の取締役会開催の確認 □ 代表取締役・役付取締役の選任 □ 取締役報酬の決定（枠の範囲内、個人別明細の記載、決議方法，時期） □ 株主総会・取締役会の招集権者・議長・代行順序の決定	会369③、施101 定×× 会369② 定××，××	→取締役会議事録への記載を確認 →取締役会議事録への記載を確認。個人別明細は別紙にて確認 →取締役会議事録への記載を確認	・取締役会議事録	
2. 株主総会議事録	・議事録に次の記載があること □ 日時、場所 □「議事の経過の要領およびその結果」（決議要件・結果） □ 法定の事項に係る意見又は発言の内容の概要 □ 出席した取締役、監査役、会計監査人の氏名又は名称 □ 議長の氏名 □ 議事録の作成に係る職務を行った取締役の氏名（実務上押印） （注）総会の議事録には、取締役、監査役の署名・記名・押印は求められていない □ 株主総会の議事録は、総会日より本店に原本を10年間、支店に写を5年間備置	定××、会318 施72 会318②③、施72	→議事録作成は×/2、×/11に社長印を受領 →株主総会議事録の記載を確認 →株主総会議事録の記載を確認（審議状況、決議状況・結果の記載を確認） →株主×名からの質問内容・回答の要旨の記載を確認 →出席の取締役、監査役の氏名の記載を確認（監査法人は出席していない） →議長の氏名の記載を確認 →作成した代表取締役氏名の記載・押印を確認 →本店への備置を確認、○支店へは今月中に完了予定（今秋支店往査時確認）	・株主総会議事録 ・議決権行使書 ・各種集計表 ・登記簿	・株主総会議事録作成と登記期限（2週間以内）との関係について、株主総会議事録の作成に時間がかかるのであれば、未確定部分を除き作成しておくことで時間を短縮することも可能
3. 株主総会決議事項の実施状況	・決議事項の実施状況の確認 □ 決算公告の実施（有価証券報告書提出会社は公告不要） □ 株主に対する決議通知の発送、時期 □ 剰余金の配当の実施 □ 定款変更議案決議の場合、定款・HP修正 □ 定款変更議案否決の場合の対応（東証・HPへ開示の実施）	 会440、939 会453	 →有価証券提出会社につき公告は不要 →株主総会にて議案が全て可決したことを確認後、株主総会当日発送を確認 →確認 →社内規定中の定款が修正されていることを確認。HP上も変更を確認 →今回該当なし →定款変更に付き東証へ報告・開示を実施済（×/13）	 ・決議通知書 ・修正後定款・HP	 ・定款変更の開示時期が適切であったか否か
4. 商業登記	・登記事項の確認 □ 取締役、監査役・代表取締役の選任を登記簿で確認 □ 新株予約権の発行、変更、抹消登記を確認（毎月末日より2週間以内） □ 株主名簿管理人 □ 取締役会・監査役会・会計監査人設置および社外役員の旨 □ 会計監査人の重任登記 □ 責任限定契約 □ ○監査法人の法人変更登記（×／×有限責任法人へ変更）	商登7節、 商登規49 会911③ 会915③ ×/1から2W以内	 →登記簿で×/14変更登記済を確認 →新株予約権の行使登記を実施、直近は×/9を確認 →変更なし →変更なし（ただし、社外役員の変更登記は確認） →毎年重任の登記が必要であり、×/14変更登記を確認 →変更なし →×/1以降2週間以内に実施	・商業登記簿謄本 ・新株予約権原簿	 ・変更登記実施後登記簿にて確認する
5. 議決権行使書面	・回収日別、議案別、有効・無効別枚数、株（個）数等の確認 □ 集計表と議決権行使書枚数チェック □ 賛否株数確認 □ 郵便代金支払件数との照合 □ 最終締切日の状況（×/27、午後×時締切） □ 前日分＋総会当日分の合計と総会議事録記載数字との一致確認	会311	 →日次で集計されていることを確認 →議案毎に賛否別で集計されていることを確認した →毎日郵便局の配達時に交付される領収書と議決権行使書枚数を確認した →株主総会前日営業終了時刻での締切り結果を集計表で確認した →集計表・株主総会議事録の一致を確認した	・議決権行使書 ・各種集計表 ・郵便局領収書明細 ・株主出席一覧	・株主総会当日受領の議決権行使書等は適切に保管されている（株主総会から3ヵ月以内に株主は決議取消しの訴えを請求可能：会310⑥、831） ・株主総会決議結果の公表（臨時報告書） ・今回、議決権行使書提出済株主が出席した事例があり、集計表等の変更手続きについて、受付担当に十分事前に理解・周知しておき正確な集計ができる体制の構築

B25 定時株主総会監査結果報告（上場会社事例）

6. 法定備置書類（会社法）	□ 株主総会議事録（総会日から本店10年、支店写5年）	会318②③、施72	→本店への備置は確認、○支店へは今月中に完了予定（今秋支店往査時確認）	・株主総会議事録	
	□ 取締役会議事録（開催日から本店10年）	会371①	→備置は完了（担当は○）	・取締役会議事録	
	□ 監査役会議事録（開催日から本店10年）	会394①	→備置は完了（担当は○）	・監査役会議事録	
	□ 議決権行使書（総会日から3ヵ月間本店に備置）	会311③④	→備置は完了	・議決権行使書	
	□ 計算書類＋附属明細（総会2週間前から本店5年間、支店写3年）	会442①②	→備置は完了	・計算書類	・備置書類で写を保管する場合は「原本証明」社長印、日付、原本の写に相違ない旨記載
	□ 事業報告＋附属明細（同上）	同上	→備置は完了	・事業報告書	・過去の分の備置を確認のこと
	□ 監査報告書（監査役個人、監査役会、会計監査人分）（同上）	同上	→備置は完了	・監査報告書	・事業報告（附属明細所を含む）の○○○が定かではなく明確にすべきである
	□ 定款（本店、支店）	会31①	→備置は完了	・定款	
	□ 株式取扱規則（本店、支店、株主名簿管理人の営業所）	会31①準用、定×	→備置は完了（変更なし）	・原簿	
	□ 株主名簿・新株予約権原簿（本店、株主名簿管理人の営業所）	会125①、252①	→備置は完了（株主名簿は名義書換代理人保管、新株予約権原簿は財務会計）		
	□ 会計帳簿・重要な資料（帳簿閉鎖から10年）	会432②	→備置は完了（○担当）		
（金商法）	金商法上の備置書類（四半期報告書等受理から5年）				・金商法上の備置書類の整備も進めること
7. 開示・提出	□ 有価証券報告書（EDINET）　5年　（公衆縦覧）	金商25①②③	→×/31提出済	・EDINET	
	□ 内部統制報告書（EDINET）　5年　（公衆縦覧）	金商25①六	→×/31提出済	・EDINET	
	□ 四半期報告書（EDINET）　3年　（公衆縦覧）	金商25①七	→×/31提出済	・EDINET	
	□ コーポレート・ガバナンス報告書（東証）		→×/31提出済	・東証HP	
	□ 法人税等確定申告書		→×/28付○○税務署受理、金額×円を確認		
	□ 臨時報告書（議決権行使結果の開示）	内閣府令			
8. 公告	□ 有価証券報告書提出会社は不要	会440	→上記「3. 株主総会決議事項の実施状況」に記載		
9. 備置管理	・備置管理				
	□ 閲覧請求書の確認		→準備されていることを確認	・閲覧請求書	
	□ 閲覧請求実績		→過去に請求実績がある		
	□ 閲覧手続マニュアルの整備（手順書、閲覧請求手数料）		→未整備		・マニュアル整備については、「6. 法定備置書類」の「監査結果所見」欄参照

××××年××月××日
常勤監査役　　○ ○

定時株主総会前後の実施事項の監査

1. 定時株主総会招集通知の監査

項目	監査結果
(1) 招集通知の取締役会承認　　×月×日（○）承認	
(2) 招集通知の発送　　×月×日（○）発送（会 299） 2 週間前までに発送（非公開会社は 1 週間前まで）	
(3) 招集通知記載事項（会 298）	
① 株主総会の日時及び場所	
② 株主総会の目的である事項があるときは、当該事項	
③ 株主総会に出席しない株主が書面によって議決権を行使することができることとするときは、その旨	
(4) 議案・参考書類等（会 301、302、437、438、施規 73）	
① 議案、提案の理由その他必要な事項	
② 計算書類（貸借対照表、損益計算書、株主資本等変動計算書、個別注記表）	
③ 事業報告	
④ 株主の議決権行使について参考となると認める事項	
⑤ 議決権行使書面（委任状）	

2. 株主総会後の実施事項

項目	監査結果
(1) 株主総会議事録（会 318、施規 72）	
① 株主総会開催の日時・場所	
② 議事の経過およびその要領	
③ 監査役の株主総会への報告	
④ 出席した取締役、監査役	
⑤ 議長がいるときは議長の氏名	
⑥ 議事録の作成に係わる職務を行った取締役の氏名	
(2) 株主総会決議事項の実施状況	
① 株主総会決議通知	
② 配当金の支払い	
③ 取締役・代表取締役・監査役の選任、退任の登記	
④ 貸借対照表の公告	
⑤ 議決権行使書の本店における備え置き	
⑥ 有価証券報告書等・臨時報告書の作成・提出	

××××年××月××日
常勤監査役　　○　○

定時株主総会前後の実施事項の監査

1. 定時株主総会招集通知の監査

(1)　招集通知の取締役会承認　　×月×日（○）承認	
(2)　アクセス通知の発送　　×月×日（○）発送（会 325 の 4①） （狭義の招集通知に株主総会参考資料を掲載するウェブサイトのアドレスなど法務省令に定める事項を記載した書面）	
(3)　アクセス通知（書面）の記載事項（会 325 の 4②、施規 95 の 2・3）	
①　株主総会の日時及び場所	
②　株主総会の目的である事項があるときは、当該事項	
③　書面投票を採用している場合はその旨	
④　電子投票を採用している場合はその旨	
⑤　株主総会参考資料の電子提供措置をとっている旨	
⑥　電子提供措置について、EDINET で必要な開示事項を含んだ有価証券報告書を提出する方法によったときはその旨	
⑦　電子提供措置措置に関わる情報を掲載するウェブサイトのアドレスなど	
(4)　電子提供措置事項（会 325 の 3①）	
①　株主総会の招集の決定に係る取締役会の決議事項（日時・場所・目的事項・議決権行使関連事項等）	
②　書面投票制度を決めた場合は、株主総会参考書類及び議決権に行使書面に記載すべき事項（書面で交付した場合は不要）	
③　電子投票制度を定めた場合は、株主総会参考書類に記載すべき事項	
④　株主提案権により通知を求められた議案の要領	
⑤　計算書類及び事業報告	
⑥　連結計算書類	

電子提供措置期間：株主総会の 3 週間前の日またはアクセス通知発送日のいずれか早い日から総会日後 3 ヵ月を経過した日

2. 株主総会後の実施事項

(1)　株主総会議事録（会 318、施規 72）	
①　株主総会開催の日時・場所	
②　議事の経過及びその要領	
③　監査役の株主総会への報告	
④　出席した取締役、監査役	
⑤　議長がいるときは議長の氏名	
⑥　議事録の作成に係わる職務を行った取締役の氏名	
(2)　株主総会決議事項の実施状況	
①　株主総会決議通知	
②　配当金の支払い	
③　取締役・代表取締役・監査役の選任、退任の登記	
⑤　議決権行使書の本店における備え置き	
⑥　有価証券報告書等、臨時報告書の作成・提出	

株主総会監査役口頭報告事例

(監査役会事例)
事例1(上場会社)

私は、常勤監査役の○○○○でございます。

各監査役の監査報告に基づき、監査役会にて協議いたしました結果につきまして、私からご報告申し上げます。

第××期事業年度における当社グループの連結計算書類につきましては、○○有限責任監査法人より、お手元招集ご通知×ページの「連結計算書類に係わる会計監査人の会計監査報告」に記載のとおり報告および説明を受け監査いたしました結果、×ページから×ページに記載のとおり、○○有限責任監査法人の監査の方法および結果は相当であると認めました。

また、私ども監査役および監査役会は、第××期事業年度における取締役の職務執行全般について監査を行ってまいりました。

その結果につきましては、お手元×ページから×ページに記載のとおり、計算書類および附属明細書に関する○○有限責任監査法人の監査の方法および結果は相当であると認めました。

事業報告および附属明細書は法令定款に適合しており、会社の状況を正しく示しているものと認められ、取締役の職務の執行に関する不正の行為または法令定款に違反する重要な事実は認められませんでした。

あわせて、内部統制システムに関する取締役の職務の執行についても、財務報告に係わる内部統制を含め、指摘すべき事項は認められませんでした。

なお、本総会に提出されております議案および書類につきましても、法令定款に適合しており、指摘すべき事実は認められませんでした。

以上、ご報告申し上げます。

事例2(上場会社)

常勤監査役の○○○○でございます。

監査役会を代表いたしまして、私から監査報告をさせていただきます。

私ども監査役は、第××期事業年度における取締役の職務の執行全般につきまして監査を行ってまいりました。

その方法と結果につきましては、お手元の招集ご通知添付書類××ページの監査役会の監査報告書の謄本に記載いたしましたとおりでございます。

まず、事業報告およびその附属明細書は、法令および定款に従い、会社の状況を正しく示しているものと認めます。

また、取締役の職務の執行に関する不正の行為または法令もしくは定款に違反する重大な事実は認められません。

さらに、内部統制システムに関する取締役会決議の内容は相当であり、取締役の職務の執行についても、指摘すべき事項は認められません。

計算書類およびその附属明細書については、会計監査人有限責任○○監査法人の監査の方法および結果は相当であると認めます。

次に連結計算書類についても、会計監査人有限責任○○監査法人の監査の方法および結果は相当であると認めます。

最後に、本日の株主総会に提出されております議案および書類につきましても、法令ならびに定款に適合しており、指摘すべき事項はございません。

以上、ご報告申し上げます。

事例3（上場会社）

私は常勤監査役の○○○○でございます。○○○○監査役、○○○○監査役と同意見でございますので、監査役会の合意により私からご報告申し上げます。

第××期事業年度における当グループの監査の方法および結果につきましては、株主様への「招集ご通知」の××ページに監査役会監査報告書の謄本を掲載しております。

すでにご覧をいただいているとは存じますが、事業報告およびその附属明細書は、法令および定款に従い、会社の状況を正しく示しており、取締役の職務の執行に関する不正の行為または法令定款に違反する重大な事実は認められませんでした。

また、計算書類および附属明細書ならびに連結計算書類に係わる会計監査人である○○○○監査法人の監査の方法と結果は相当であると認めました。

なお、本総会に提出されております議案および書類につきましても、法令・定款に適合いたしており、指摘すべき事実は認められませんでした。

以上、ご報告申し上げます。

事例4（上場会社）省略型報告事例

常勤監査役の○○○○でございます。

すべての監査役の意見が一致しておりますので、私からご報告申し上げます。

監査役会の監査の方法および結果につきましては、お手元の招集ご通知××ページに記載の「監査役会の監査報告書」のとおりであり、指摘すべき事項はございません。

また、会計監査人の監査結果も、お手元の招集ご通知××ページの会計監査人の「会計監査報告書」のとおりでございます。

なお、本総会に、提出しております議案および書類につきましても、指摘すべき事項はございません。

以上、ご報告申し上げます。

事例5（監査役会非設置・非上場会社）

常勤監査役の○○○○でございます。

監査役2名の意見は一致しておりますので、私からご報告申し上げます。

監査の方法およびその結果はお手元の招集ご通知××ページに記載のとおりであり、指摘すべき事項はございません。

また、本総会に提出された議案・書類につきましても、指摘すべき事項はございません。

以上、ご報告申し上げます。

（監査等委員会事例）
事例6（上場会社）

私は常勤監査等委員の○○○○でございます。
監査等委員会が作成した監査報告書に基づいて、私からご報告申し上げます。
まず、当社第××期事業年度における取締役の職務の執行全般について監査を行ってまいりましたが、お手元の招集ご通知××ページから××ページの監査等委員会の監査報告書謄本に記載のとおり、事業報告は、法令、定款に従い会社の状況を正しく示しているものと認めます。取締役の職務の執行に関する不正の行為、または法令、定款に違反する重大な事実は認められません。また、内部統制システムに関する事業報告の記載内容および取締役の職務の執行についても、指摘すべき事項は認められません。
会計に関しましては、会計監査人有限責任○○監査法人の監査の方法および結果は相当であると認めます
また、各監査等委員は本株主総会に提出されるすべての議案および書類を調査いたしましたが、法令、定款に違反する事項および不当な事実はございません。
次に、連結計算書類についての会計監査人の監査結果につきましては、お手元の招集ご通知××ページから××ページの「連結計算書類に係る会計監査人の監査報告書謄本」のとおり、会計監査人有限責任○○監査法人より、連結計算書類は、わが国において一般に公正妥当と認められる企業会計の基準に準拠して、当社および連結子会社からなる企業集団の財産及び損益の状況をすべての重要な点において適正に表示しているとの報告を受けており、監査役等委員会としては、会計監査人の監査の方法および結果は相当であると認めます。
以上、ご報告申し上げます。

株主総会想定問答　事例①

Q1　会社法上、会計に知見のある監査役が求められているが、当社にはいないようだが問題はないか

A　(常勤監査役の○○でございます。ただ今のご質問にお答え申し上げます。)

会社法施行規則上、「監査役が財務会計に関する相当程度の知見を有している場合には、その内容を記載する」との定めがありますが、これは監査役の要件とはされているものではないと考えており、当社の監査役には記載するほどの知見を有する監査役はおりませんが、事業形態も複雑でなく、会計上の疑問点は会計担当者や会計の専門家である会計監査人に確認するなどの方法で十分に対応できると考えております。

以上、ご回答申し上げます。

(参考)　施規 121 ⑨

Q2 「社外監査役」と「独立役員」の違いは何か。独立役員の選任の意義は。独立役員の選任基準は何か

A　(常勤監査役の○○でございます。ただ今のご質問にお答え申し上げます。)

「社外監査役」につきましては、会社法上「監査役であって会社又はその子会社の取締役、支配人などになったことのないもの」をいい、取締役会等において、独立の立場から客観的に忌憚のない意見を表明し監査体制の独立性・中立性を図る目的で選任しております。

一方、「独立役員」は、上場会社のコーポレートガバナンスの充実に向け、上場会社において一般株主保護の観点から、株主と利益相反が生じるおそれのない社外役員をいいます。

当社におきましては、社外監査役で要件に一致する監査役×名を選任し○○証券取引所へ届け出ております。

以上、ご回答申し上げます。

(参考)　会 2 ⑯、有価証券上場規程 436 条の 2

Q3　なぜ特定監査役を選定しているのか

A　(常勤監査役の○○でございます。ただ今のご質問にお答え申し上げます。)

特定監査役につきましては、法定書類の受け渡しを明確にするため、会社法の定めにより常勤監査役の私が選任されております。

以上、ご回答申し上げます。

(参考)　施規 132、計規 130、

監査役会規程×条　特定監査役は、(特定) 取締役・会計監査人に対して監査報告の内容を通知し、会計監査人から通知を受ける監査役。

選定は任意。定めないときはすべての監査役が特定監査役となる。

監査役会選任日：××年××月××日選定

監査役会規程（×条×項）

Q4　社外監査役の他社兼任状況は多すぎないか

A　(常勤監査役の○○でございます。ただ今のご質問にお答え申し上げます。)
当社の社外監査役は他社×社から数社程度の監査役を兼務しているのみで、決して多すぎるとはいえず、また、第××期の取締役会、監査役会ともすべての回に出席いただいておりますので、当社の監査に支障をきたすものではないと考えております。
以上、ご回答申し上げます。

Q5　会計監査人の監査結果の相当性の判断根拠を説明して欲しい

A　(常勤監査役の○○でございます。ただ今のご質問にお答え申し上げます。)
会計監査人からは、年度監査開始時「監査計画の概要」について説明を受け、期中は監査計画に基づいた監査が行われていることを確認し、四半期毎に会計監査結果報告を受けております。さらに、会計監査人の監査が、監査法人の定めた「品質管理基準」に基づき実施されているかにつきましても、監査の立会いや質問・意見交換等により確認しております。このような監査等を通じて、監査役会としては、「監査法人の監査は独立した監査が行われたと評価」し、監査結果も「無限定適正意見」をいただき、一方、監査役の実施した業務監査・会計監査と照らし合わせた結果相違点はなく、会計監査人の監査は相当であると判断いたしました。
以上、ご回答申し上げます。

Q6　監査報告書作成にあたり監査役会としてどの程度審議したのか

A　(常勤監査役の○○でございます。ただ今のご質問にお答え申し上げます。)
監査役会監査報告を作成するにあたっては、×/×会計監査人の決算監査結果の概要報告を受け、監査役会としては、×/×計算書類等重要監査項目につきチェックリストで確認を実施（第１回目）後、第２回目×/×は監査役会監査報告の内容の検討を行い、×/×会計監査人から第××期会計監査結果報告を受けました。第３回目×/×各監査役の監査報告も同意見につき最終的に監査役会監査報告を取りまとめ、同日代表取締役・会計監査人に監査役会監査報告を提出いたしました。したがいまして監査役会としては十分審議を尽くしたと考えております。
以上、ご回答申し上げます。
(参考)　施規 130 ③、計規 123 ③・128 ③（1 回以上開催）

Q7　具体的にどのような監査を実施しているか（監査の方法・内容について）

A　(常勤監査役の○○でございます。ただ今のご質問にお答え申し上げます。)
常勤監査役は、取締役会、○○役員会等の重要会議に出席し、取締役の業務執行の適正性を監視するとともに、内部監査部門とともに業務監査や重要な決裁書類である稟議書、契約書、支払関連書類等の監査を実施し、会計についても月次決算書類、帳簿等を監査し、会計監査人とも適宜協議・意思疎通を図るなどにより監査を実施しております。

これらの監査結果については毎月監査役会に報告し、社外監査役に対して情報の共有化を図るなかで、取締役の職務執行の状況を監査しております。

以上、ご回答申し上げます。

Q8 （常勤）監査役は取締役会に出席して、どのような観点から取締役の職務執行を監査しているのか

A （常勤監査役の○○でございます。ただ今のご質問にお答え申し上げます。）

監査役は取締役会の意思決定に関して、善管注意義務、忠実義務等の法的義務の履行状況を「経営判断の原則」の観点から監視・検証し、必要があるときは助言・勧告しております。

以上、ご回答申し上げます。

（参考） ①事実認識に重要かつ不注意な誤りがないこと
②意思決定課程が合理的であること
③意思決定内容が法令、定款に違反していないこと
④意思決定内容が通常の経営者として明らかに不合理でないこと
⑤意思決定が取締役や第三者ではなく会社の利益を第一に考えていること

Q9 監査役の会計監査の方法を具体的に説明して欲しい

A （常勤監査役の○○でございます。ただ今のご質問にお答え申し上げます。）

会計監査につきましては、毎月取締役会へ報告される月次決算の状況を、前月と対比し増減額の理由を確認するとともに、期末においてはチェックリストに基づき計算書類を監査し、会計部門に対し作成基準である会社法、計算規則、企業会計の慣行に準拠して作成されているか、また、会社の財産、損益の状況を正しく表示しているか説明を求め、同時に会計監査人からも、四半期、期末において会計監査の結果の報告を受け、計算書類の適正性を確認しております。

以上、ご回答申し上げました。

（参考） 計算関係書類：B/S、P/L、株主資本等変動計算書、個別注記表 / 計算書類の附属明細書

Q10 監査役は寄付金、使途不明金等の有無の調査をどのように行っているのか

A （常勤監査役の○○でございます。ただ今のご質問にお答え申し上げます。）

監査役は会計責任者とのヒヤリングのなかで寄付金等の有無につき該当無しとの報告を受け、会計士からも会計監査の結果指摘はございません。

また、当社の場合は金銭の支払いについては、すべて予算の裏付けが必要となり、予算の流用についても金銭の多寡にかかわらず、すべて役員会の決定事項、かつ、支払いについては毎月、監査役および内部監査部門にて、支払先、

金額、根拠稟議書等の調査しており、ご指摘のような支出は該当ございません。
以上、ご回答申し上げます。

（参考）使途不明金は税務処理に関するもので、議題と関係ないことから説明義務はありません。（大阪地裁判例）

Q11　計算書類が報告事項となっているが決議事項ではないか

A（常勤監査役の○○でございます。ただ今のご質問にお答え申し上げます。）
計算書類につきましては、原則として株主総会承認事項でございますが、会計監査人設置会社で、取締役会の承認を受けた計算書類が、法令および定款に従い、会社の財産および損益の状況を正しく表示しているものとして法務省令（計135）で定める要件に該当する場合は、株主総会の承認を必要とせず、内容を報告することで足りることになっております。
当社の場合も、会計監査人から「無限定適正意見」をいただき、監査役会の監査報告の内容として「会計監査人の監査の方法または結果は相当でないと認める意見」がないこと、取締役会設置会社であることなどの条件を満たしておりますので、報告事項となります。
以上、ご回答申し上げます。

（参考）会438（総会への提出・承認）・439（総会へ報告で足りる）
計規135（承認特則規定：報告とするための条件①無限定適正意見、②監査役会の監査報告の内容に会計監査人の監査方法または結果を相当でないと認める意見がないこと）

Q12　監査役の個別報酬はどのように決めているのか

A（常勤監査役の○○でございます。ただ今のご質問にお答え申し上げます。）
各監査役の報酬は、××××年×月開催の第××回定時株主総会で決議いただきました報酬限度額（××××万円）の範囲内で、監査役の協議により決定しております。第××期の監査役の報酬総額と該当員数は「招集ご通知」××ページに記載のとおりでございます。
以上、ご回答申し上げます。

（参考）会387②
監査役報酬限度額　××××年×月×日開催　第××回定時株主総会決議
年額　××××万円以内

Q13　当社の「内部統制システムの相当性」に対する（各）監査役の意見を伺いたい

A（常勤監査役の○○でございます。各監査役の意見は一致しておりますので私からお答え申し上げます。）
取締役会におきまして、当社の業務の適正を確保するために必要な体制について決議されており、その決議に沿った体制が構築され、状況の変化に応じて適宜見直しもなされ、運用状況も適切であると判断しております。
以上、ご回答申し上げます。

Q14　会計監査人の任期は1年だが、毎年総会で選任すべきではないか。また、監査役の同意を得ているのか

A　（常勤監査役の○○でございます。ただ今のご質問にお答え申し上げます。）

会計監査人の任期につきましては、会社法の定めにより1年でございますが、株主総会で特段の決議がなされないときは、再任されたものとみなされることとなっておりますので、上程しなくとも毎年選任されたこととなっております。

以上、ご回答申し上げます。

（参考）　会338①（任期は1年）・②（再任されたものとみなされる）変更登記は毎年実施する必要がある。

（最近の状況に関する追加質問）

Q15　有価証券報告書に記載される監査法人の監査報告書に「監査上の主要な検討事項」（KAM）が記載されることが義務付けられたと聞いたが、受け取った招集通知の監査報告には記載がない、漏れているのではないか。KAMとは何か。いつから記載されるのか

A　（常勤監査役の○○でございます。ただ今のご質問にお答え申し上げます。）

招集通知に記載しました会計監査人の監査報告は、会社法に基づき作成されておりますのでKAMの記載は求められておりません。

監査人の監査基準の改訂により、有価証券報告書の監査人の監査報告書に、「監査上の主要な検討事項」、英語表記で「Key Audit Matters：KAM」を記載することが義務付けられました。当社もその対象企業であり、2021年3月期の有価証券報告書から監査人の監査報告書にKAMが記載されます。

（参考）　KAMは「財務諸表の監査の過程で監査役と協議した事項にうち、職業的専門家として当該監査において重要であると判断した事項」であり、監査意見ではなく監査のプロセスに関する情報提供であって、監査報告上も監査意見とは明確に区別して記載されます。

監査人は監査役と協議した事項からKAMを選定し、監査報告書には個々のKAMについて「KAMの内容」「当該事項をKAMであると判断した理由」「当該事項に対する監査上の対応」の3点が記載されることになります。

Q16　当社の場合、KAMについて監査人と監査役はどのような項目について協議したのか（有価証券報告書の監査人の監査報告におけるKAMの内容は？）

A　（常勤監査役の○○でございます。ただ今のご質問にお答え申し上げます。）

監査人と監査役が協議したところ、次のような項目がKAMになるものと思われます。

※事例、各社の状況により記載

・KAMの内容：のれん（○○社）の評価の妥当性

・KAMの決定理由：当該のれんは純資産の5%を占めるところから金額的重要性が高く、また不確実性が高い会計上の見積りを含み、経営者の判断により重要な影響を受けることから決定した。

・監査上の対応：試算表レビューおよび業績推移分析、当初買収時の計画と現在の状況把握とその乖離要因の分析、管理担当者への質問、契約書の検討を含む組織再編のスキームの検討等により、買収時に見込んだ超過収益利力が毀損していないかを検討し、実質価格下落の状況の確認および将来回復性を検討した。

Q17　有価証券報告書に監査役の活動状況等を記載するようになったと聞いたが内容は（企業内容の開示に関する内閣府令の改正関連）

A　（常勤監査役の○○でございます。ただ今のご質問にお答え申し上げます。）

2019年1月31日に内閣府令第3号「企業内容等の開示に関する内閣府令の一部を改正する内閣府令」が公布されました。

これは2018年6月に公表された金融審査会「ディスクロージャーワーキング・グループ」の財務情報および記述情報の充実等の提言を踏まえ、有価証券報告書等の記載事項を改正することとしたものです。

監査役関連につきましては、監査役会等の開催頻度、主な検討事項、監査役の出席状況および活動状況等を記載することになり、すでに適用されております。

（注）2020年3月31日以後に終了する事業年度に係る有価証券報告書から適用

Q18　最近は監査役も自宅でリモートワークをしていることも多いと思うが、リモートで監査ができるのか（IT系の企業の場合）

A　（常勤監査役の○○でございます。ただ今のご質問にお答え申し上げます。）

当社の場合、IT企業でもあり全社的にリモートワークにより業務を進めております。

監査役につきましても原則としてリモートワークにて監査を実施しており、WEB会議で行われている取締役会や稟議書、契約書等の書類の監査もリモートにて閲覧できる体制になっておりますので監査上特段支障はございません。

なお、事業所等の実査につきましてはリモートでも監査は可能ですが、現地に赴き対面でその場の状況に触れることも監査の重要な要素でありますので、できるだけ足を運ぶように心がけております。

××年×月××日
監査役会

取締役職務執行確認書実施の件
（法令遵守確認書）

1. 目　的

・取締役は会社法等の求めるコンプライアンス遵守の精神を十分に理解・把握し職務執行をすることが求められております。よって、監査役は取締役の職務執行が法令定款に違反がないかを確認するため本確認書を提出いただくものです。

2. 対象者

・取締役
なお、監査役に対しても提出をお願いしております。

3. 対象期間

・第××期

4. 今後の日程

・××××年２月　　取締役会説明
・××××年３月中旬　配布
・××××年４月上旬　回収（提出）

以　上

監査役会　御中

取締役職務執行確認書

（対象期間：××××年４月１日　～　××××年３月31日）
＊新任の場合は就任日から年度末まで

記入方法：各項目の該当する□欄に✓マークをお付け下さい。

1. 取締役の善管注意義務および忠実義務についての確認

□私は善管注意義務および忠実義務を履行している
□その他（　　　　　　　　　　　　　　　　　　　　　　　　　）

【解説】取締役は法令および定款の定めならびに株主総会の決議を遵守し、会社の為に忠実にその職務を遂行する義務を負う。（会社法第355条）
　また、会社と取締役の関係は会社法第330条によって、民法第644条（委任に関する規定）に従うとされ、いわゆる「善良なる管理者の注意義務」がある。

2. 取締役の競業および利益相反取引の制限義務についての確認

□私と会社との間の競業取引および利益相反取引はない
□法定の手続きを経て実施している
□その他（　　　　　　　　　　　　　　　　　　　　　　　　　）

【解説】取締役が自己または第三者のために、会社の事業の部類に属する取引を行う場合、または、取締役が自己または第三者のために会社と取引を行う場合には、株主総会（取締役会設置会社では取締役会）において、その重要な事実を開示してその承認を受けることが必要である。（会社法第356条、第365条）

3. 無償の利益供与についての確認

□私は会社の財産に関し、無償の利益供与を行っていない
□その他（　　　　　　　　　　　　　　　　　　　　　　　　　）

【解説】会社は何人に対しても株主の権利の行使に関し、財産上の利益を供与してはならない。（会社法第120条）
　会社法では「株主の権利行使に関する利益供与の罪として、３年以下の懲役又は300万円以下の罰金」としている。（会社法第970条）

4. 子会社・株主との通例的でない取引についての確認

□私は子会社または株主と通例的でない取引を行っていない
□その他（　　　　　　　　　　　　　　　　　　　　　　　　　）

【解説】通例的でない取引の例：決算前後に生じた巨額の取引、金銭貸借、債務保証、代位弁済、仕切価格の著しい変更、株主が発行する出版物の大量購入や多額の

広告掲載など株主に対する商取引上の独占的地位の承認とそれに基づく取引をいう。
＊非通例的取引は100％子会社も対象。従業員が関係する機会もあるので管理・監督に留意が必要。

5. 不正の行為についての確認

□私は取締役の職務の遂行に関して不正の行為または法令もしくは定款に違反する重大な行為は行っていない。
□その他（　　　　　　　　　　　　　　　　　　　　　　　　　）

【解説】役員等がその職務を行うにあたって悪意または重大な過失があったときは、当該役員等はこれによって第三者に生じた損害を賠償する責任を負う。（会社法第429条）

6. 取締役が任務を怠った時の責任についての確認

□私は取締役が任務を怠ったときの責任を承知している
□その他（　　　　　　　　　　　　　　　　　　　　　　　　　）

【解説】会社法では、役員等がその任務を怠ったときは、会社に対して、これによって生じた損害を賠償する責任を定めている。（会社法第423条）

7. 取締役の監査役への報告義務についての確認

□私は「取締役の監査役に対する報告義務」を承知している
□その他（　　　　　　　　　　　　　　　　　　　　　　　　　）

【解説】取締役は、会社に著しい損害を及ぼすおそれがある事実を発見したときは、直ちに当該事実を監査役に報告しなければならない。（会社法第357条）

8. 内部統制の構築、運用責任についての確認

□私は取締役として会社の内部統制を法務省令に基づき構築・運用する責任を有することを承知している
□その他（　　　　　　　　　　　　　　　　　　　　　　　　　）

【解説】会社法は、「取締役の職務の執行が法令及び定款に適合することを確保するための体制、その他株式会社の業務の適正を確保するために必要なものとして法務省令に定める体制」を整備する義務を定めている。なお、取締役会はこのことを取締役に委任することを禁じている。（会社法第362条第4項6号）

9. インサイダー取引を行っていないことの確認

□私はインサイダー取引を行っていない
□その他（　　　　　　　　　　　　　　　　　　　　　　　　　）

【解説】金融商品取引法第166条では、未公表の重要な会社情報を知った役員または従業員等は重要事実が公表された後でなければ、当該上場会社等の特定有価証券等に係る売買をしてはならないと規定している。

10. 取締役欠格事由不存在の確認

□私は下記に該当しない

□その他（　　　　　　　　　　　　　　　　　　　　　　　）

【解説】会社法は役員等の欠格要件として次のとおり定めている。（会社法第331条）

1. 法人
2. 会社法の規定違反等331条1項3号の規定に該当する者
3. 上記2以外の罪で禁固以上の刑に処せられる等会社法331条1項4号に該当する者

以上、すべて相違ありません。

××××年××月××日

取締役（署名捺印）＿＿＿＿＿＿＿＿＿＿＿＿＿＿印

××××年××月××日
常勤監査役　○○○○

備置書類の監査

項目	書類名	備置	備置の状況	監査結果
計算書類等	①貸借対照表 ②損益計算書 ③株主資本等変動計算書 ④個別注記表 ⑤附属明細書	定時株主総会の2週間前から 本店：5年間 支店：3年間（写）（会442①②）		
事業報告等	①事業報告 ②附属明細書	同　上		
監査報告書	①監査役監査報告書 ②監査役会監査報告書 ③会計監査人監査報告書	同　上		
会計帳簿資料等	①仕訳帳 ②総勘定元帳 ③補助簿他	会計帳簿の閉鎖の時から10年間（会432②）		
重要書類議事録等（主なもの）	①定款	本店・支店（会31①）		
	②株式取扱規則	本店・支店、株主名簿管理人の営業所（会31①準用）		
	③株主名簿 新株予約権原簿	本店、株主名簿管理人の営業所（会125①、会252①）		
	④代理権を証明する書面 議決権行使書面	株主総会の日から3ヵ月（会310⑥、311③）本店		
	⑤株主総会議事録	定時株主総会の日から 本店：10年間 支店：5年間(写)(会318②・③)		
	⑥取締役会議事録	取締役会の日から10年間(本店)(会371①)		
	⑦監査役会 監査(等)委員会議事録	監査役会等の日から10年間(本店)（会394①、399の11①、413①）		
	⑧有価証券報告書 臨時報告書	5年間（金商法25①・②・③）		
	⑨有価証券報告書等の記載内容に関する確認書	5年間（金商法25①五）		
	⑩四半期報告書	3年間（金商法25①七）		
	⑪内部統制報告書	5年間（金商法25①六）		

＊⑧・⑨・⑩・⑪は本店ならびに主要支店に備え置くものとする。

〈参考文献〉

著　者	書　名	発　行	略　称
麻野　浅一	監査役の会計監査	税務経理協会	会計監査
重泉　良徳	監査役監査のすすめ方【10 訂版】	税務経理協会	
高橋　均	監査役監査の実務と対応【第 6 版】	同文舘出版	
田中　亘	会社法【第 2 版】	東京大学出版会	
塚本　英巨	監査等委員会導入の実務	商事法務	
鳥羽　至英	財務諸表監査【基礎編】【発展編】	国元書房	
鳥羽　至英	内部統制の理論と制度	国元書房	
中村　慎二・ 塚本　英巨・ 中野　常道	コーポレートガバンス・コードのすべて	商事法務	
日本監査役協会	監査役監査要領	日本監査役協会	実施要領
日本監査役協会	月刊監査役	日本監査役協会	月刊
日本監査役協会	新任監査役ガイド （月刊監査役　No.669）	日本監査役協会	ガイド
日本監査役協会	会計監査人非設置会社の監査役の 会計監査マニュアル （月刊監査役　No.704）	日本監査役協会	
日本監査役協会	中小規模会社の「監査役監査基準」の 手引書　（月刊監査役　No.677）	日本監査役協会	
西山　芳喜	会社法が期待する監査役の役割 日本監査役協会（研修会資料）	日本監査役協会	
間藤　大和 他	監査役ハンドブック	商事法務	ハンドブック
山添　清昭	監査役のための会計知識と決算書の 読み方・分析の仕方【第 2 版】	同文舘出版	

索　　引

さ　行

索　引

た　行

な　行

執筆者略歴

國吉　信男（くによし　のぶお）

1969年　㈱東芝入社
2007年　フォートラベル㈱常勤監査役に就任
2016年　㈱メトロ常勤監査役に就任（2020年　退任）

松永　　望（まつなが　のぞむ）

1971年　大協石油㈱（現 コスモエネルギーホールディングス㈱）入社
2007年　㈱パイプドビッツ（現 パイプドホールディングス㈱）入社
2008年　同社常勤監査役に就任
2019年　みんなのマーケット㈱常勤監査役に就任

柳澤　文夫（やなぎさわ　ふみお）

1970年　㈱大沢商会入社
1985年　建設ファスナー㈱（現 ㈱ケー・エフ・シー）入社
2005年　同社常勤監査役に就任
2014年　㈱フリークアウト常勤監査役に就任
2016年　㈱フリークアウト・ホールディングス（旧 ㈱フリークアウト）取締役常勤監査等委員に就任

加藤　孝子（かとう　たかこ）

1970年　日本無線㈱入社
2000年　ネイブルリサーチ㈱取締役に就任
2004年　エトー建物管理㈱入社
2004年　㈱イー・マーキュリー（現 ㈱ミクシィ社）常勤監査役に就任

監査役実務入門　3訂版
ゼロから始める監査役監査

〈検印省略〉　《禁無断転載》

2012年11月15日　初版発行　2015年4月30日　改訂版発行
2021年3月1日　3訂版発行

著　者　國吉信男　松永　望　柳澤文夫　加藤孝子
発行者　國　元　孝　臣
発行所　株式会社 国　元　書　房
〒113-0034
東京都文京区湯島 3-28-18-605
電話（03）3836-0026　FAX（03）3836-0027
http://www.kunimoto.co.jp　E-mail：info@kunimoto.co.jp

印　刷：プリ・テック㈱
製　本：協栄製本㈱
表紙・カバー：㈲岡村デザイン事務所

Printed in Japan

ISBN978-4-7658-0573-5